营销安全管理实战读本

安全的营销

营销的

MARKETING

企业如何摆脱营销风险与危机的困扰

实战咨询策划专家

贾昌荣 著

中国社会科学出版社

图书在版编目(CIP)数据

营销的安全·安全的营销:企业如何摆脱营销风险与危机的困扰/贾昌荣著.—北京:中国社会科学出版社,2008.10

ISBN 978-7-5004-7130-1

Ⅰ.营… Ⅱ.贾… Ⅲ.市场营销学 Ⅳ.F713.50

中国版本图书馆 CIP 数据核字(2008)第 120512 号

策　划	门小薇
责任编辑	门小薇
责任校对	易　凡
责任印制	戴　宽
封面设计	李尘工作室

出版发行	中国社会科学出版社		
社　　址	北京鼓楼西大街甲 158 号	邮　编	100720
电　　话	010-84029450(邮购)	传　真	010-84017153
网　　址	http://www.csspw.cn		
经　　销	新华书店		
印刷装订	三河市君旺印装厂		
版　　次	2008 年 10 月第 1 版	印　次	2008 年 10 月第 1 次印刷
开　　本	710×1000　1/16		
印　　张	20.75		
字　　数	319 千字		
定　　价	39.60 元		

目　录

CONTENTS

第六章　服务安全 ■■■275

后记　成为第一胜过做得更好 ■■■319

前　言

为企业营销安全保驾护航

作为实战营销人，笔者在为企业提供咨询策划服务过程中，发现大部分企业的营销体系残缺不全，甚至漏洞百出，这就势必导致企业营销抗风险能力弱、危机抵御能力差，在市场上弱不禁风。企业营销潜在风险之大、危机之重，令人忧心。虽然中国企业无不喊着"以市场为导向"、"以营销为重心"，但绝大部分中国企业都没有建立起一个完整的、系统的营销体系。在这种情况下，往往市场打个喷嚏，企业就会患上重感冒。可能就在一瞬间，企业就会遭遇大起大落，甚至阴阳两重天。这就要提及本书的核心关键词——营销安全。对于企业来说，拥有一个庞大的安全体系，包括生产安全、质量安全、财务安全、人力资源安全、供应安全、营销安全等诸多内容。企业安全体系中的任何一个安全环节出现问题都会给企业带来巨大的损失，甚至置企业于死地。尤其营销安全更为关键，后果也更为严重。如果说生产安全关系到员工生命，那么营销安全则关系到企业命脉。可以说，大多数企业夭折或者在长大后失败都与营销因素有关。中国企业营销已经到了最危急的时刻，营销安全压倒一切！然而，对大多数企业来说，营销安全还是一个很陌生的概念。在创作本书时，我特意通过百度搜索了一下，有关"生产安全"的网页数量已经超过了 500 万。在我敲入"营销安全"之后，却惊讶地发现网页数量只有 80 万，并且对"营销安全"真正有所关联的网页寥寥无几。营销安全不仅在理论上是空白，在实践上也近乎一张白纸。这对于已经加入市场经济大潮的中国似乎大不应该，不能不说是一个不和谐音符。

企业必须正视中国市场竞争的现实，大多数行业还处于"春秋战国"阶段，企业间竞争还处于一种混战与胶着状态。也就是说，大多数行业市场成熟度不够，品牌集中度不高，并且在跨国公司重兵压境的情况下，竞争环境极其复杂，市场的不确定性因素越来越多。直到一个行业市场为三四个品牌所主导，并且领导品牌的市场占有率达到 30%以上，这个行业市场才算充分成熟。在这个过程中，无数企业将被残酷地淘汰出市场，这个过程充满了血腥、痛苦与挣扎。在此，有必要提醒中国企业必须警醒了，如果再不打造营销安全体系，并开展无缝化营销，企业将无力抵御市场竞争的风寒！营销安全重于泰山！

对于企业来说，打造营销安全体系并不容易，这是一个庞大的系统工程。不但要立足于营销环节深挖细究，还需要企业研发、采购、生产、财务、行政、人事、技术、服务等环节的强力支持。抛开营销环节的外部因素，就营销环节的内部安全要素而言，则主要包括战略战术安全、营销资源安全、品牌安全、渠道安全、服务安全等安全要素。可以说，这些要素任何一个方面存在安全隐患，一旦隐患引发事故与危机都可能置企业于死地，这绝非危言耸听。本书就是主要从这些要素对营销安全的隐患、预防、治理进行细致探讨，使读者朋友洞悉营销安全的雷区与陷阱，并把握营销事故、危机的防御与治理的策略、技能与方法。总之，本书就是要给企业戴上 5 顶营销安全帽，让企业能够防患于未然。

或许读者朋友会问，企业真能做到营销体系天衣无缝、无懈可击吗？要知道营销安全是一个全程管理过程，包括事先风险防范与规避、事中风险控制与应对、事后补救与恢复。可以说，任何企业在打造营销体系上都无法做到一蹴而就，但却能在否定之否定过程中快速建立起来。只要企业敢于挑战自我，不断向自己发起进攻，就一定能不断强壮自己，这样企业就不再弱不禁风。如果企业不敢树立打造天衣无缝、无懈可击的营销安全体系的目标，那么一切都只能是空谈。最终也会像很多"死去"的企业一样，无果而终。这不是企业所希望发生的，也不是笔者所愿看到的。基于此，笔者才奋笔疾书快速完成了这本书的创作，以期早为企业提供打造营销安全体系的思路与实战兵法。

这既是一部实战营销专著，又是一本营销安全培训读本。所以在本书的创作上，笔者采用了培训图书的写作手法与风格，使读者易学易用。在内容结构上，本书由阅读导引、知识点、案例自检、读书心得等构成，力求以读者为本，为读者创造最大的阅读便利。不但让读者明确知道应该重点学习什么，还通过具体案例加以支撑，更通过模拟问题设置把读者带入模拟思考的境界。最后，还给读者机会，把所思所想以笔记的形式写出来，自由发挥、自主创作。

总体来说，本书具有以下 6 大特点：**一是本土化**。企业界有一个口号："民族的才是世界的"，在营销上则是"本土的才是实效的"。因此，本书完全以本土营销为蓝本，为中国企业打造营销安全体系出谋划策。**二是实战化**。只有实战，才能成为企业决胜商海的营销"利器"。那些无实用价值的营销大道理或者过于深奥的营销理论，在市场面前都是"花拳绣腿"，必然缺乏战斗力，而本书则以实战为魂。**三是原创化**。只有原创的，才是鲜活的，才具有生命力。在新营销时代，创新是营销的永恒动力，所以本书力求原创性与创新性，不去咀嚼别人嚼过的东西，否则淡而无味。**四是细节化**。细节决定成败，营销功夫尽在细节。营销环节的任何一个细节出现问题，都有可能导致营销系统的崩溃。因此，从细节入手，解决细节问题成为本书的一大指导思想。**五是现实化**。本书中所涉及的每一个营销问题都是企业营销中实际存在的，并且往往是企业在营销过程中容易遇到的敏感问题。我相信只有现实的问题，才能吸引读者的眼球，使本书成为读者的必读书、工具书。**六是通俗化**。本书中没有连篇累牍的营销大道理，也没有深奥难懂的营销理论，完全做到了深入浅出、通俗易懂，让读者易学、易懂、易用，使营销理论可以真正指导营销实践。

本书不但适于企业中高层营销管理人员阅读，而且也适于企业基层营销人员阅读。对于企业中高层管理人员来说，不但应把企业营销安全管理体系化，更应从战略层面对营销安全予以总体把握。而基层营销人员作为执行人员，在工作中不但要做对的事，还要把事做对，这样才能把企业安全战略落到实处。如果基层营销人员根本不知何为营销安全，或者对营销安全一知半解，那就难于做到创新化执行，结果也就难于完美。管理就是这样，既需要一个自上而下的过程，也需要自下而上的响应。如果上边没方向、没目标，下边没反馈、没建议，就难于形成企业内部管理的良性循环。所以，对于中国 8000 万营销人来说，无论你职位高低，也无论你来自哪个行业，本书对你的工作都具有参考意义。同时，对于从事营销理论研究与教学工作的读者来说，本书亦具有极强的阅读价值与参考价值。另外，本书还适合于营销、商业、贸易、管理等专业的在校大学生阅读，并为他们日后走向社会、参与具体的营销及管理工作提供了重要的知识储备。

　　为使本书的内容更为完美，笔者做出了不懈的努力。即便如此，由于时间仓促，加之本人水平所限，书中仍难免会出现不尽如人意之处。在此，欢迎读者朋友把在阅读过程中所发现的问题及时与我沟通，提供宝贵意见，以便日后加以修订。

2008 年 2 月 1 日

第一章

营销已经到了最危急的时刻

　　我国很多本土企业历来都存在着共同的致命隐患：营销模式不成熟、营销体系不完善、营销机制不健全。这就导致企业营销系统缺乏稳定性，在各种风险面前显得十分脆弱甚至不堪一击。实践证明，90%以上的失败企业"死"于营销不善，另外10%的幸存企业也在不同程度上存在营销隐患。可以说，企业营销已经到了最危急的时刻！营销安全压倒一切！

阅读导引

　　在生产安全之后，营销安全将成为企业安全管理的新热点、新视点。随着企业对营销安全的认识日趋深刻，营销安全将成为企业安全战略的重要组成部分。营销安全管理将被提升到一个新高度，从前企业过多的战术性营销及随机性营销将被战略营销所替代。为此，企业必须积极构建营销安全体系，积极进行营销危机的防御与危机应对，以确保企业在营销上的长治久安。

　　通过对本章的阅读与学习，希望读者达到以下阅读目标：

　　1.深刻理解什么是营销安全，以及营销安全对于企业安全及国家安全的重要意义；

　　2.掌握营销安全体系的构成，认识到营销安全的系统性、全局性、全程性；

　　3.了解什么是营销安全管理，并把握营销安全管理的基本规则；

　　4.认识到营销危机防御与预警管理的价值，不断健全完善营销安全管理体系；

　　5.学会在企业危急时刻如何快速反应，化解营销危机并把企业的损失降到最低点。

第一节　营销安全压倒一切

读者朋友对几年前发生于煤炭、石化行业的重特大生产安全事故一定还记忆犹新：2003 年 12 月 23 日，重庆市开县川东北气矿因员工的疏忽和违章操作酿成井喷事故，造成了巨大人员伤亡：243 人因硫化氢中毒死亡，2142 人住院治疗，65000 人被紧急疏散。2004 年 4 月 15 日至 16 日，位于重庆市江北区的天原化工总厂因设备老化和工作人员违规操作而相继引发氯气泄漏和爆炸事故，造成 9 人失踪 3 人死亡。2005 年 11 月 13 日，中国石油天然气股份有限公司吉林石化分公司双苯厂硝基苯精馏塔因操作工错误操作导致进料系统温度超高引起爆裂，随之发生了连环爆炸，造成 8 人死亡 60 人受伤，直接经济损失 6908 万元，并引发松花江水污染事件⋯⋯事故，灾难，一切似乎历历在目。

或许恰恰基于此，"安全"已经成为最热、最受人瞩目的关键词之一，民众对加强生产安全的呼声越来越高，政府对生产安全的监管力度也越来越大，企业的生产安全意识也在不断增强。对于企业安全，企业关注最多的就是生产安全，了解最多的也是生产安全，想得最多的还是生产安全。在此，笔者想问一问读者朋友，你听说过营销安全吗？在企业里，企业领导提到过营销安全吗？相信大多数读者朋友的回答都是否定的。没听说过不要紧，不知道也没关系，关键是从现在开始，认认真真地认识、了解和体会营销安全，乃至把营销安全管理纳入企业营销管理体系。

我们知道，对于一个国家要强调国家安全，对于一个企业则要强调企业安全。其实，企业安全是由多方面要素构成的，或者说企业安全是一个系统、一个体系，包括生产安全、质量安全、财务安全、人力资源安全、供应安全、营销安全等诸多内容。换句话说，企业有一条以供、产、销、支持（包括行政、财务、服务等）等环节构成的安全链，安全链上的各环节环环相扣，一旦某个环节出现问题，这条链就可能断裂，其后果不堪设想。这绝非危言耸听，企业在任何一个环节上出现了"安全事故"，对企业的打击都可能是致命的，大伤元气还是小事，甚至可能使企业走上"不归路"。21 世纪是营销的世纪。21 世纪，企业最难驾驭的是营销，企业最应做好的是营销，营销已经成为关系企业命运的最关键环节。可以说，企业要想安全，营销就必须安全！

企业安全管理的产销失衡

生产企业对"安全为了生产，生产必须安全"这句纲领性安全标语可谓耳熟能详。这意味着生产安全重于一切，并且"安全"是"生产"的前提，这就是安全优先原则。但是因一些企业缺乏重视或疏于管理，导致生产安全事故仍连绵不绝，安全隐患已经成为"毒瘤"，危害着人民群众的生命安全和企业的财产安全。根据国家安监总局 2008 年 1 月发布的数据，2007 年全国事故总量下降，较大以上事故减少，事故中 3~9 人较大事故起数和死亡人数分别下降 10.6% 和 9.4%，10 人以上重特大事故起数和死亡人数分别下降 10.4% 和 3.5%。事故死亡从 2003 年开始下降，2007 年比 2002 年减少 37913 人，五年累计下降 27.2%。当然，成绩的取得离不开政府的有效监管以及企业生产安全管理意识的提高。但是生产安全管理形势依旧不容乐观。

为什么生产安全得到了如此程度的重视？生产安全不仅关系到企业及国家经济财产的损失，更关系到企业职工的生命安全。尤其是人本社会，人权日益得到重视，而生命权是人权的最基本形式。同时，生产安全事故影响国家形象。因此，国家对生产安全的监管与责任处理日益强化，使企业不得不进行更大的安全成本投入，以降低生产安全风险。但是如果提起营销安全，对这个概念很多企业可能闻所未闻。即使一些企业认识到了营销安全问题，但在营销安全系统上也缺乏系统的认知，甚至是一知半解。在这种懵懂的状态下，企业疏于对营销风险的防范与应对，无疑置企业于巨大的风险与危机之中。要知道，安全无小事，安全问题最可怕的就是出现"漏洞"，哪怕一个小"漏洞"也可能为企业带来巨大的遗憾和损失。

我们来看一组数据：在中国新产品上市的成功率还不到 20%，实际只有 10% 左右。中国企业的平均寿命只有 8 年，企业的失败大都以产品营销的失败为标志。企业的失败可造成国家及企业财产损失、员工失业等一系列后果。可见，后果也很严重。

可以这样说，在任何一家企业的调度会或者企业例会上，"生产安全"往往成为一个必须强调的关键性问题，哪怕是"走过场"。可是，又有几家企业在调度会或者例会上强调过"营销安全"呢？究竟是什么原因掩盖了营销安全的重要性？与之形成反差的是，在市场经济时代，营销部门成为企业的关键部门，几乎所有的企业都会把"市场导向"、"顾客至上"、"营销第一"等口号挂在嘴边，那么为什么少有企业强调营销安全？可见，企业生产安全管理与营销安全管理存在严重的失衡。企业应该营销安全与生产安全"两手抓"，并且"两手都要硬"。并且，营销安全隐患更难于发觉与查找，需要企业拿出更大的精力与耐力，把营销安全管理工作做严、做细、做实。

营销安全关系国家安全

营销安全不仅关系到企业命运，更关系到国家竞争力以及国家战略安全、政治安全、经济安全、技术安全、文化安全与社会稳定，这绝非危言耸听。

日本前首相中曾根康宏在一次出国访问时曾说，"丰田是我的左脸，索尼是我的右脸"。无疑，这是对丰田、索尼两大品牌的最高赞誉。同时，也说明了品牌对于一个国家的重要价值与意义。在西方，品牌被人们称为"经济的原子弹"，被认为是最有价值甚至是最暴利的投资。我们知道，一个国家的品牌战略包括三个层次：国家品牌、城市品牌和企业品牌。国家品牌、城市品牌和企业品牌并不是相互孤立的概念，而是密切关联且相互促进的关系。企业品牌是城市品牌的基础，而城市品牌则又支撑着国家品牌。从这个角度来说，国家竞争力决定于城市竞争力，城市竞争力决定于企业竞争力。可见，企业不但是社会经济的细胞，更是国家的经济命脉。

在世界经济一体化浪潮下，品牌已经跨越国界，成为企业走向国际市场的"通行证"，只有过硬的品牌才能立足于世界经济之林，在全球化的市场竞争中取得主动权。并且，根据80/20定律，任何一个市场最终都将是20%的强势品牌占据着80%的市场，或者说是"品牌强权"时代正在到来。

在国际政治军事舞台上，国家安全是每一个主权国家必然要挂在嘴边的热门词汇。实际上，国家安全包括政治安全、经济安全、军事安全、技术安全等诸多组成部分。并且，在这些组成部分中，经济安全是基础。如今，无论是一个国家或者一个企业都不得不面临全球化市场浪潮下的"经济入侵"，这是一场没有硝烟的战争，是一场合法的"软战争"。而"经济入侵"则以"品牌入侵"为核心，向民族品牌（或自主品牌）发起了进攻。就如韩国文化部部长曾说出的让全世界尊敬的三句话那样："19世纪是武力征服世界的世纪；20世纪是品牌改变世界的世纪，为此韩国倾一国之力打造了LG、三星、现代三大品牌……"如今，很多跨国集团可谓富可敌国。就拿全世界最大的第一品牌零售商——沃尔玛来说，这家公司在全球的销售额近3000亿美元。如果把沃尔玛的营业额折换成人民币的话，相当于广东省全省的GDP总量。实际上，中国企业与跨国公司的差距就体现在品牌上。中国企业品牌价值与跨国公司品牌价值差距巨大，可口可乐的品牌价值几乎是中国品牌价值第一位的海尔的10倍，更是中国品牌前10位的企业价值的总和。并且，中国最具品牌价值的前10家企业中许多是"中国式垄断"企业，市场竞争还不够充分，诸如中国移动、国家电网公司等。

在经济一体化和全球化过程中，品牌将充当攻打市场的武器，即跨国企业入侵其他市场疆界的"武器"就是品牌。如今，对于很多跨国公司来说，中国已成为跨国公司除本土以外的最大市场。因而成了这些商业巨无霸的投资热土。同时，很多跨国公司更把企业的经济增长点寄希望于中国市场。在这种背景下，出现了跨国公司的中国迁移潮，跨国公司为扎根中国市场，先是把制造中心转移到中国，而后又开始了研发中心的建设与迁移浪潮。实际上，这是准备在中国市场上酝酿一场持续而规模宏大的品牌战争。跨国公司来到中国后，很多行业市场"失守"。由中国并购研究中

心出版的《中国产业地图》一书指出，中国每个已开放产业的前 5 名都由外资公司控制。在中国 28 个主要产业中，外资在 21 个产业中拥有多数资产控制权。除工业领域外，外资对我国流通渠道的控制也呈加速趋势。在流通渠道中占有主导份额的大型超市领域，外资控制的比例已高达 80% 以上，占有绝对优势。中国零售企业只能在中、低端市场经营，高端市场已经失守。从某种意义上讲，跨国品牌已在一定程度上控制了中国经济，而且控制程度还在不断地加深，与其说是中国经济在强劲增长，不如说是外资在中国飞速发展更加准确。在中国市场上我们可以看到，通过合资、并购等经营手段，一些优秀的品牌被收入跨国公司的旗下：

徐工集团是中国最具影响力的工程机械品牌之一，是工程机械领域的龙头企业。这家企业在改制过程中，被美国卡特彼勒公司并购。结果，美国卡特彼勒公司快速在中国建立了一个完整的网络，并且占有了中国工程机械市场 20% 的市场份额。再如南孚电池，2003 年，南孚占据全国电池市场的半壁江山，总销量超过 7 亿只，产值 7.6 亿元。南孚已发展成为中国第一，世界第五大碱性电池生产商。2003 年 8 月，南孚突然被其竞争对手美国吉列公司"曲线收购"。原来在 1999 年时，南孚正处在发展的黄金时期，在当地政府吸引外资政策的要求下，南孚公司的国有股东陆续将所持股份卖给外方投资者，这些外方投资者最后又把股权转让给美国吉列公司。吉列的金霸王电池进入中国市场 10 年，却始终无法打开局面，市场份额不到南孚的 10%。吉列通过并购使自己最大的竞争对手消失的同时，还得到了一家年利润 8000 万美元、拥有 300 多万个销售网点的优秀企业，更借此获得了大半个中国市场……很多首屈一指的品牌都被跨国品牌"斩首"或"收割"，诸如：胶卷业民族品牌乐凯被柯达收购，食品业强势品牌乐百氏被达能收购，化妆品行业小护士、羽西被欧莱雅收购……还有很多品牌在合资或并购后被"冷藏"、"净化"了，在合作的过程中就被跨国品牌给"消灭"或者"钝化"掉了，诸如曾经令国人自豪的洗衣粉品牌活力 28、牙膏品牌美加净……实际上，跨国品牌的品牌重心是本土化，他们的目标是"比中国品牌更了解中国"，而大多中国本土品牌打的是被动的阵地战、防御战，只有少数企业打的是积极的防御战或者进攻战。中国本土品牌之所以被动，就是因为缺少进攻的"能量"、勇气和魄力，结果导致很多品牌打不过竞争对手就"加入"到竞争对手的队伍里去了。所以只有中国民族品牌（自主品牌）做大做强，使中国不但成为品牌大国，还要成为品牌强国，国家经济才足够安全。

当然，跨国公司风尘仆仆地来到中国，其中很多公司是带着笑容满载收获而归，也有很多企业带着失望铩羽而去，有很多实例：20 世纪 80 年代到 90 年代中叶，曾经在中国市场占有率达到 70% ~80% 的富士胶片却因涉及"走私风波"而走向下坡路，竞争对手柯达却趁势而上，成为新的领导品牌；曾有着美国白色家电第一品牌美誉的惠而浦，在与雪花合资的几年间，累计亏损 2.7 亿美元，不得不于 1997 年 11 月 8 日将其所持有的 60% 股本以 200 万美元的价格转让给雪花集团……这些跨国公司的兵败中国市场并不是个别的，同行者还有很多：瑞典通信巨头爱立信、意大利乳业骄子帕玛拉特、日本零售业领袖八佰伴都陆续败退中国……

营销需要政府保驾护航

同生产安全管理一样，仅仅依赖于企业自身的努力是不够的，还需要政府方面的支持与积极参与。政府的"参与"主要体现在以下 3 个方面：

1. 创造企业营销安全的政策环境

这里的营销安全环境主要是指宏观政策环境以及市场竞争环境，企业营销安全管理需要政策的"游戏规则"。对于生产安全管理，国家及地方性法律法规在不断建立健全：2002 年 11 月 1 日，我国第一部全面规定安全生产各项制度的法律——《中华人民共和国安全生产法》将正式实施，这部法律标志着我国安全生产管理全面纳入法制化轨道。2008 年我国政府正在着手《安全生产应急管理条例实施细则》的调研起草工作，并在研究制定《国家矿山救援基地建设标准》、《国家危险化学品救援基地建设标准》、《生产安全事故应急预案管理办法》、《国家安全生产应急救援基地管理办法》、《国家投入的应急救援资产管理办法》等与条例相配套的应急管理法规和标准。营销安全在市场经济时代同样需要健康而健全的宏观政策环境，以及市场竞争环境。我国虽然没有直接的营销安全法规，但实际上已经存在一些法律法规为企业营销安全保驾护航，诸如《中华人民共和国反不正当竞争》、《中华人民共和国物价法》、《中华人民共和国广告法》、《中华人民共和国商标法》、《中华人民共和国产品质量法》、《中华人民共和国消费者权益保护法》等，还有一些行业性的法律法规，诸如《汽车品牌销售管理实施办法》、《缺陷汽车产品召回管理规定》、《中华人民共和国城市房地产管理法》等，以及一些地方性政策法规。在本书的后续几章中，会阐述上述法律法规对于营销安全的重要意义。这些政策性法律法规其重要意义就在于规范企业及竞争企业作为市场主体的经营行为，包括企业发展、竞争手段、营销行为等，建立良好的竞争秩序与竞争环境。另外，政府通过进行有效的法律法规制约与有效监督，促进企业不断完善自我，成为更能经得起市场考验的市场主体。再有，政府还要保护消费者的正当合法权益，这是政府的职责，也是企业的义务，这对于企业发展大有裨益。

2. 政府要以负责任的态度执法

被称为营销狂人的史玉柱在总结民营企业"死法"时，提出了这样一条：主管部门把企业搞死。他还指出，"产品做大了，哪怕有万分之一的不合格率，只要被投诉到主管部门就有可能被将整个产品的批文吊销了"。还有各地主管部门的处罚，"比如说工商局，每年是有罚款任务的，到年底任务完不成，就只能找做得好的企业完成任务，因为这些企业有现金"。据史玉柱讲，某年在某市，他们曾被一个工商所毫无理由地罚了50万元，不交这50万元就不让在当地卖产品。所以只好交罚款，谁知刚过一个月，另外一个工商所也说任务没有完成，要求向他们交50万元。"我们只有忍气吞声，做企业的，尤其是做民营企业的，要想活的话只能低着头。"实际上，史玉柱提出的问题是政府执法不当。北京大学光华管理学院名誉院长厉以宁教授对民营企业的正常和非正常"死亡"做了言简意赅的分析，归结为《中国民营企业十种死法》。其中有一条是这样的："冤死。"这分两种情况：一种情况是受到政府调整的影响，导致企业无法生存，因为某些行业政策性太强，一旦国家政策做出不利于企业的调整，造成的后果就是企业的死亡。还有一种情况，就是政企关系过于密切。还有种死法是法律制度上的弹性。"很多事，你这么说是件好事，但换一种说法很可能就是违法犯罪。再加上法律制度的不合理，使你不得不违规。比方说，以前规定进口计算机必须要有批文，可是民营企业根本拿不到批文，你想做计算机只能花钱买批文。而按照有关规定，买批文是违法的，你要么不做，要做就要违法。其他行业同样有很多这样类似的情况。"无法否认，确实存在政府相关部门对企业经营干预过多、执法不当、政企业关系不畅等原因导致企业"死亡"。但是随着政府职能不断转变，企业经营的环境会越来越好，越来越有利于孵化企业，但这还需要一个过程。

很多企业因违法经营行为而遭到政府的处罚，甚至被责以停产整顿、取缔的重罚，那些企业可谓咎由自取。实际上，这也是一种净化行为，有利于建立一个良好的行业竞争秩序，有利于合法企业的健康发展。作为政府，没有理由不希望企业在合法经营的前提下做大。企业是社会经济的细胞，企业富强是国富民强的基础。所以，政府只有在强化执法职能与服务职能的情况下才能更有利于维护企业的营销安全。同时，企业在遭遇安全危机时，也需要政府相关部门帮助企业"解围"，快速渡过难关。

3. 营销安全危机需要政府来协调

世界是平的，企业所面临的市场已经不再只是中国市场，而是面对国际市场，国家市场营销安全已经成为一个新热点。中国企业在面向全球市场营销时，主要遭遇了两大类问题：第一个问题是知识产权争端。我国很多知名品牌和著名品牌商标在国外市场遭到恶意抢注。根据国家工商总局对外发布的数据，有15%中国知名商标在国外遭抢注。过去的5年里，不少优秀的中国品牌商标在境外被抢注：王致和的商标在德国被德国欧凯公司抢注，王致和集团要通过诉讼追讨商标权；联想电脑在准备进军国际时发现其商标英文标志"Legend"在国外被大量注册，于是不得不"变脸"

为"Lenovo"……其中，有很多商标是被竞争对手抢注的，实际上这是一种恶意的品牌遏制，典型案例如"萤火虫"与"海信"商标的遭遇。厦门东林电子公司是国内一家优秀的照明企业，一向以出口为主的东林准备进入德国市场时，却遭遇了商标障碍。原来，东林电子的"萤火虫"商标在德国被竞争对手德国照明巨头西门子的子公司欧司朗抢注了。再来看看海信，我们都知道海信的商标是"Hisense"，是深得中国消费者喜爱的国产家电品牌。不料，德国博世—西门子公司在德国注册了"HiSense"商标，与海信原创的"Hisense"仅仅是字母"s"的大小写有别，并以该商标开始小规模地销售家电产品。这距海信的"Hisense"荣获"中国驰名商标"仅仅相隔6天。2004年9月9日，海信向外界披露了与西门子长达5年的商标之争，激起了中国各界对西门子的不满。2004年10月，西门子派代表到青岛与海信进行了有关商标转让的最后一次谈判，双方终因西门子方面开出的4000万欧元高价而没能达成协议。2005年2月24日，海信派员赴德做上法庭前的准备，此时，西门子却称愿协商解决。2005年3月6日，中国海信集团与德国博世—西门子家用电器集团在北京就双方业已存在的商标争议，经过充分磋商达成和解协议。博世—西门子同意将其依据当地法律在德国及欧盟等所有地区注册的"HiSense"商标一并转给海信集团，同时撤销针对海信的商标诉讼，海信集团亦撤销针对博西家电的所有商标注册申请。双方通过这种方式解决了问题，结果海信胜利了，西门子也没输。在这场诉讼背后，商务部起了举足轻重的作用，体现了中国政府在我国企业和外国企业在产生商务纠纷时的立场。另外，中国家用电器协会也扮演了非常重要的角色，发挥了重要作用。

　　第二个问题是反倾销、反补贴。这类纠纷有政府部门的参与也会产生积极的作用。据不完全统计，到2006年上半年，我国发起反倾销调查126起，共对来自24个国家的进口产品发起反倾销调查48起，按WTO国别标准统计为150起；对我反倾销的立案已达320起，涉及的产品达4000余种，使我国每年至少损失100亿~200亿美元的出口。另有数据显示，2007年上半年，WTO149个成员总共提起了87件反倾销诉讼，其中针对我国的反倾销诉讼 32 起。2007 年 6 月 25 日至 26 日，由商务部主办的中国反倾销立法与实践 10 周年国际研讨会在北京召开。《中华人民共和国反倾销和反补贴条例》于 1997 年 3 月正式颁布，根据这一条例，我国于 1997 年 12 月对进口新闻纸发起首例反倾销调查。根据商务部发布的数据，我国连续 12 年成为世界上被反倾销最多的国家。据相关统计，当前世界每 7 起倾销案就有 1 起是针对中国的。在反倾销纠纷中，中国政府亦在其中扮演着重要角色。诸如 2006 年 4 月 7 日欧盟正式开始对中国输欧皮鞋征收为期 6 个月的临时反倾销税，初时税率为 4.8%，之后逐步提高至 19.4%。对此，商务部表示，欧盟对中国产皮鞋加征进口关税的做法不符合世贸组织的相关规定，中国政府支持企业起诉欧盟对中国产皮鞋采取的反倾销措施。同时还表示：欧盟对中国皮鞋征收临时反倾销税无论是在技术上还是根据世界贸易组织规则都是站不住脚的。如果企业要起诉这样的征税措施，中国政府将予以支持。可见，政府的支持是中国企业纵横国际市场的强力后盾。

第二节　营销安全是一项系统工程

营销是企业经营的生命线，是财富变现的通道。企业的产品通过这条生命线源源不断地进入市场，而市场因购买产品而支付的货币通过这条线源源不断地流入企业。保持这条生命线的稳定与通畅是企业营销安全管理的重要任务，这是企业赖以存在的基础前提。但是营销安全工作仅仅依靠营销部门是无法完成的，它需要企业各部门之间通力合作。道理很简单，企业内部所有部门都在直接地或间接地从事营销活动，只不过营销部门直接从事营销，而其他部门提供的多为服务性支持。从这个角度来说，营销安全也不仅仅是营销部门的事，而是整个企业的事，这也使得营销安全管理工作更为复杂。

营销安全是安全链的关键一环

企业安全由研发、采购、生产、技术、营销等多个环环相扣、紧密相连的安全环节构成，各环节共同构成了一条企业安全链，如图1—1所示：

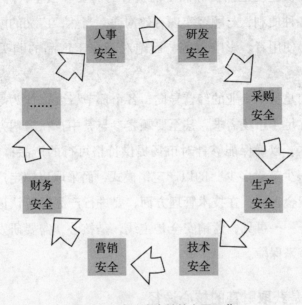

图1—1　企业安全链的主要环节

企业安全链条上任何一个环节出现问题都可能导致企业生产经营活动的终止。不过营销环节在企业所有生产经营环节中的地位与作用是独特的，企业是市场主体，其他环节都要服务于营销，这就决定了营销安全是企业安全链上的关键环节。营销安全其独特性主要表现为以下4个方面：

1. 营销是生产经营活动的主线

如今，很多企业都在强调以市场为导向，那么究竟什么才是市场导向？所谓市场导向，就是以顾客、竞争对手等市场要素为导向，其核心为以顾客为导向。企业营销既要重视顾客需求，也要重视竞争者，更何况顾客也可以算是企业的竞争对手。1990年美国营销学家劳特伯恩提出，"买方市场"条件下的营销应当从买方的观点或立场出发，将营销交易的要素从4P转向4C，即从企业导向的4P（产品、价格、渠道、促销）策略转向以顾客为导向的4C（需求、成本、便利、沟通）。4P时代是企业高喊"消费者请注意"，而4C时代则是市场高喊"企业注意消费者"。也就是说，4C策略的核心是企业的营销策略的根本以买方（顾客）为出发点，最大范围和最快速度地捕捉和满足消费者的需要和欲望，降低顾客成本，给顾客带来各种便利，与顾客实现有效沟通。当然，广义的顾客包括购买者、决策者、使用者、影响者等，而绝对不限于产品的购买者或最终使用者。

市场导向是整个企业的经营导向，各个环节皆要以此为导向。诸如新产品研发，立足于市场需求，甚至要顾客参与其中；在采购方面要保证质量并控制成本，以确保能够针对市场提供价格可行的产品；在生产环节，放弃"生产多少就卖多少"的以产定销模式，而采取以销定产模式，降低库存和减少资金占用；在技术管理方面，要进行产品质量认证，获得产品流通的通行证……可见，营销安全是主线，是核心，需要研发、采购、生产等诸多环节来保障。

2. 营销是获取财富的核心途径

一些企业经营者认为，企业获得财富未必要通过营销，可行的方式有很多种，诸如通过品牌并购获得企业资产的增值、通过企业上市融资获得资金、通过投资理财获得投资收益……不可否认，这些途径确实能够发挥一定作用，但绝对不是企业获得财富的"正规渠道"。从某种意义上说，只要是企业就必须把营销作为核心途径，否则就是"不务正业"。就拿并购来说，除非并购是出于"炒买炒卖"，否则完成并购以后还要通过市场去检验并购正确与否，以及并购是否真的为企业带来了效益或者是否获得了有效资源。再来看看企业上市，企业上市的目的在于获得强大的资本支持，为企业的发展提供强劲的资金动力。如果企业单纯地以"圈钱"为目的，而忽略了企业经营，最终必将面临股价下跌、市值缩水的困局，甚至是停牌的命运。还有一些企业在获得一定利润后，开始委托投资理财，以获取投资收益，但这往往会触及法律的"红线"……美国市场营销协会顾问、营销大师菲利普·科特勒指出，市场营销是个人和群体通过创造并同他人交换产品和价值以满足需求和欲望的一种社会和管理过程。实际上，企业财富就来自于营销的这一过程。有研究表明，公司赢利的关键在于了解顾客需求，并以富有竞争力的营销策略和富有竞争力的优质产品来满足目标顾客的需要。

3. 核心竞争力需要营销来检验

1990 年，美国著名管理学者普拉哈德和哈默尔提出了核心竞争力的概念，两位专家认为，随着世界的发展变化、竞争加剧、产品生命周期缩短以及全球经济一体化的加强，企业的成功不再归功于短暂的或偶然的产品开发或灵机一动式的市场战略，而是企业核心竞争力的外在表现。所谓核心竞争力就是企业可持续发展与赢利的能力，是企业所特有的技能或能力。核心竞争力应该具备三个明显的特征：明显的市场竞争优势、业务发展扩张能力和竞争对手难于模仿复制。企业核心竞争力需要竞争力要素的组合，竞争力要素绝非仅仅是技术。核心竞争力不仅可以表现在技术上，还可以表现在生产经营、营销和财务上。诸如宝洁拥有的优秀品牌管理及促销能力，以及丰田汽车所倡导的精益生产能力，都是企业的核心竞争力要素。正是由于企业具有这种独特的能力，公司取得了成功。但是这个组合并非一成不变，而是要随着竞争环境变化而做出调整。核心竞争力来自于市场，是企业在竞争中形成的核心优势。就如军队，其战斗力来自战争，战争的结果对于一支军队是否具有战斗力最具有说服力。

4. 强势品牌增强企业抗危机能力

市场形势变幻莫测，营商环境斗转星移，工厂、公司可能在任何一个意想不到的时刻被大火烧掉、被竞争对手吃掉……在品牌制胜时代，拥有强大的品牌比拥有工厂、公司更重要。企业强大以品牌强大为核心，品牌是企业最宝贵的财富。即便是企业遭遇危难，只要拥有强大的品牌，随时都有翻盘的机会。美国可口可乐公司的负责人曾说过："假如我们所有的工厂一夜之间被大火烧光,我相信,第二天早上,世界各国报纸的头版将会出现这样的新闻:世界各大银行争先恐后向可口可乐公司提供贷款。"这不是"夸海口",是有一定依据的。因为可口可乐是当今世界第一名牌饮料,其品牌形象、信誉早已深入人心。烧掉的只是有形资产,而无形资产"可口可乐"的品牌、信誉是烧不掉的。品牌对于企业来说,已经成为企业资产的重要组成部分。可口可乐负责人的豪言壮语绝不是妄自尊大、凭空臆想,因为银行的贷款对象不是大火中的一堆废墟,而是可口可乐这个品牌,这个强势品牌的无形资产已超过了其全部有形资产之和。一个企业是否成功,不是看其高峰时刻有多辉煌,而是要看其在低谷时刻的恢复能力。国际品牌大师弗朗西斯·麦奎尔指出,品牌是企业非常重要的无形资产,假如企业有形资产的价值已经得到充分利用,那么必须充分发挥无形资产的价值激励因素。虽然企业很可能为打造品牌而做了很大的投入,但品牌在关键时刻却可以帮助企业渡过难关或危机。青岛澳柯玛股份有限公司(简称澳柯玛)主要经营包括冰箱、冰柜在内的家电产品,是国内最大的冰柜产品生产企业。2004 年起澳柯玛开始进军空调市场。2008 年 2 月 14 日,澳柯玛发布公告:由于公司部分银行借款处于逾期状态,财务负担较重,同时公司大部分银行借款的担保单位仍为青岛澳柯玛集团总公司,而青岛澳柯玛集团总公司目前已不具备担保能力。为尽快解决逾期银行借款问题,公司与青岛市企业发展投资有限公司达成协议,青岛市企业发展投资有限公司为公司的银行借款 6.1006 亿元提供担保,公司将名下的 170 个商标专用权质押给青岛市企业发展投资有限公司。这一案例说明,在关键时刻,无形资产商标发挥了"救驾"作用。

企业营销安全体系的构成

营销是企业生产经营活动的重要环节,包括市场战略、营销策略、品牌管理、资源管理、渠道管理、服务管理等诸多职能。这就决定了营销安全体系也极具复杂性,营销安全也要把上述要素考虑进来。营销安全体系主要构成,见图 1—2:

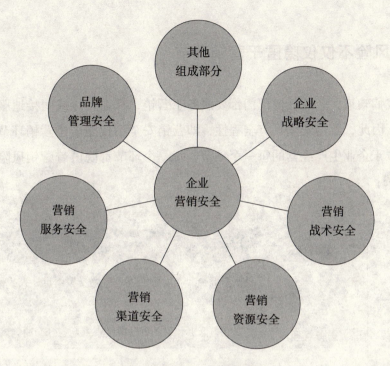

图1—2 营销安全构成示意图

对于营销安全的各个组成部分，对其构成要素还可进一步加以分解，见表1—1：

表1—1   营销安全各个组成部分构成要素分解

营销安全		具体要素分解
序号	组成部分	
1	企业战略安全	战略定位安全、战略目标安全、战略方针安全、战略步骤安全等
2	营销战术安全	产品策略安全、价格策略安全、促销策略安全、营销传播安全等
3	品牌体系安全	品牌权属安全、品牌资产安全、品牌形象安全、品牌经营安全等
4	营销资源安全	营销人员安全、产品安全、销售物料安全、资金安全、信息安全等
5	分销渠道安全	渠道战略安全、渠道策略安全、渠道政策安全、渠道资源安全等
6	服务体系安全	服务体系安全、服务执行安全、客户管理及维系安全等
…	……	……

营销风险不仅仅隐匿于营销环节

我们知道，企业任何部门都要服务于营销，都在直接或间接地服务于营销。因此，营销安全具有全程性，即营销安全不仅隐匿于营销环节，而且隐匿于企业生产经营的每一个环节，每一个环节都隐匿着营销风险，见图1—3：

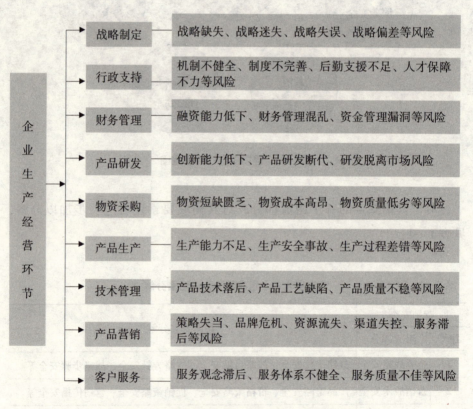

图1—3　营销安全问题与每个生产经营环节相关

第三节　营销安全管理的"游戏规则"

如今，生产安全管理理论体系已经十分成熟，而营销安全管理理论体系则正在探索与建立之中。营销安全管理作为企业安全管理体系的重要组成部分，虽然也遵循安全管理的基本规律，但亦有其特殊性的管理原则。目前，营销安全管理主体缺位是一个大问题，即在企业内部究竟应该谁对营销安全管理负责不明确。营销风险的复杂化、多元化掩盖了营销安全的责任真相，使企业错误地把营销危机的隐现视为市场行为而不予问责。除了一些企业因决策失误给企业造成重大损失或企业及员工行为触犯国家法律法规者予以问责以外，营销安全危机的责任几乎无从追究也无人追究。结果，无论什么原因造成的营销安全危机，最终都要由企业"埋单"。从管理的角度来说，这是最严重的问题，因为很多企业对营销安全根本就没人"管"，也没有人"理"，营销危机怎能不来敲企业的门？

营销安全管理的复杂化、多元化之处就在于导致营销危机的主体多元化，以及危机事件的突发性。除了企业的自身原因外，任何一种社会力量都可以直接导致或间接诱发营销危机的发生，诸如顾客、竞争对手、政府机构、协会组织、新闻媒体、行业专家、横纵向合作伙伴等。这也给营销安全管理带来了难度，对于企业内部的问题，只要企业发现了就相对容易解决，而那些外部力量的可控性很差，其行为并不受企业左右，这就增加了营销危机管控的难度。最好的办法就是企业先从自身着手，把自己家里打扫干净，不授人以柄，这已经是营销安全管理的非常境界了。

营销安全管理能否经常化

营销安全管理工作不是某一天的事情，也不是某一特定阶段的事情，而是一项需要常抓不懈的管理工作。可以说，企业成长史就是一部危机史。只要企业存在一天，营销风险就存在一天，营销安全管理工作就要抓一天，或者说要把营销安全管理经常化，而经常化的前提是把营销安全管理机制化。机制是企业谈得最多的一个词汇，诸如我们常说管理机制、激励机制、约束机制等。但是究竟什么是机制？其实，机制一词最早源于希腊文，原指机器的构造和动作原理。对于机制，《现代汉语词典》做如此解释：泛指一个系统中，各元素之间的相互作用的过程和功能。机制对于企业来说是指企业组织体系的内部构成及组织构成部分之间相互作用的过程和方式，如企业机制是由市场机制、管理机制、竞争机制、用人机制等构成的。可见，把营销安全管理机制化的关键就是把营销管理组织化、制度化、流程化、文化化，即为营销安全管理建立长效机制，常抓不懈。我们都知道英特尔公司，虽然这家公司 1968 年才成立，但其却凭借在 CPU 方面独特的技术开发能力而成为市场的领导者。而在残酷的市场竞争中，其他同样拥有雄厚技术实力的公司却纷纷衰落。对此，英特尔的总裁格鲁夫这样认为：因为英特尔在面临死亡危机的时候，清楚地懂得这是战略转折点，并有效地利用危机建立起公司的持续发展机制，因此才得以最终走出死亡之谷。

那么，营销安全管理机制的重心在哪里呢？包括组建营销安全管理组织、明确组织内部岗位设置与岗位权责、规划营销安全管理业务流程、建立健全营销安全管理制度、建设营销安全管理文化等。可以说，机制的构建是一项复杂的系统工程，各项体制和制度的改革与完善不是孤立的，不同层次、不同侧面必须互相呼应、相互补充，这样整合起来才能发挥作用。另外，还要特别重视人的因素，体制再合理，制度再健全，执行的人不行，机制还是到不了位。再有，体制与制度不能完全分离，制度可以规范体制的运行，体制可以保证制度落实。在任何一个系统中，机制都起着基础性的、根本性的作用。运营良好的机制化企业在外部条件发生不确定变化时，能积极主动地、迅速地做出反应，调整原定的策略和措施，实现优化目标。可见，把营销安全管理机制化，有助于企业提高管理效率，提高管理措施的针对性和适用性，降低管理成本，减少随意性和个案处理的

几率，进而变"人治"为"法治"，使企业在激烈的竞争中立于不败之地。

下面就营销安全管理机制建设的 4 个重要方面做一简要介绍：

1. 营销安全管理组织化

自 20 世纪 90 年代以来，无论是中国本土的小企业，还是国际市场上的跨国集团，很多都遭遇了危机的寒流。随着危机管理理论的成熟与企业危机管理实践经验的丰富，企业开始设立危机管理组织，诸如企业危机管理委员会，并且很多企业都由 CEO 亲自挂帅，下辖公关、品牌、销售、财务、服务等部门协调作战，全面负责危机处理事务并对董事会负责。甚至有些企业还邀请第三方顾问公司介入，对企业进行"体检"或实施危机公关。同时，很多企业还编制了《危机管理手册》，制定了《危机管理预案》。但是大部分企业的营销安全管理工作还是做得粗放、局部而片面。多数企业的实际情况是营销安全组织形同虚设、职能缺失。当然，无法否认很多企业为营销安全所做的努力。虽然一些企业并没有把营销安全这个词语挂在嘴边，但在实际行动上有所体现，诸如企业营销系统往往要设立战略规划、市场策划、市场开发、市场监察等部门，实际上也是在为营销安全保驾护航。

对于营销安全管理组织建设，必须建立起稳定高效的保障体系：一是确保组织内部信息渠道畅通无阻，即组织内任何信息均可以通过组织内适当的程序和渠道传递到合适的管理层级和人员；二是确保组织内信息得到及时的反馈，即传递到组织各部门和人员处的信息必须得到及时的反馈和回应；三是确保组织内各个部门和人员责任清晰、权利明确，即不至于发生"职能缺失"或者"职能重复"的情况；四是确保组织内有关小组能够得到合理、有效的授权，这样一旦出现危机先兆或者危机已经出现，均能得到及时的关注和妥善的处理，而不至于把危机扩大化。

2. 营销安全业务流程化

营销安全管理的业务流程主要包括四部分：业务联系主线、业务功能模块、模块职能实现、工作步骤描述。实际上，无论是营销安全管理部门内部各小组之间，还是与外部其他部门的业务联系都必须有着合理、高效、低成本的业务流程。企业的业务流程关键在于成本、质量、服务和速度等方面能够不断得以改善，使得企业能最大限度地适应以顾客、竞争、变化为特征的现代企业经营环境。实际上，营销安全管理业务流程反映企业的反应能力、运作效率以及抗危机能力，需要根据企业实际情况不断地进行优化。

3. 营销安全管理制度化

对于企业来说，制度就是"游戏规则"，制度重于技术。管理制度是一种管理规范，就是企业员工在企业生产经营活动中，须共同遵守的规定和准则的总称，企业管理制度的表现形式或组成包括企业组织机构设计、职能部门划分及职能分工、岗位工作说明、专业管理制度、工作或流程、管理表单等管理程序文件。企业制定管理制度，就是要求员工在职务行为上按照企业经营、生产、管理相关的管理规范一致行动。如果没有统一的规范性的企业管理制度，企业就不可能在企业管理制度体系正常运行下实现企业的发展战略，包括安全战略。

在机制的形成上，制度的作用更加直观，制度用于明确组织的各组成部分的内在联系与作用机理，只有按一定的机理运营，才能有序而不乱。营销安全管理必须加强制度化建设：营销安全管理组织的责任、权利和义务；组织内各小组的责任、权利和义务；工作人员岗位责任；营销安全管理组织日常运营规章制度；组织内各小组对内及对外业务联系流程等。**营销安全管理制度的建立要强调几个关键点**：一是规范，规范意味着制度合理、合法、权责明确，只有具有一定的规范性才能发挥管理制度的作用；二是公示，制度必须公开公布，这样才能发挥约束、激励等作用；三是执行，实施有效的制度执行监管。任何一个成功的企业背后，一定有着规范性与创新性的管理制度作为支持，在规范员工日常行为的同时，保证流程和效率，并为突发事件做出有效的预案。

4. 营销安全管理文化化

美国学者约翰·科特和詹姆斯·赫斯克特认为，企业文化是指一个企业中各个部门，至少是企业高层管理者们所共同拥有的那些企业价值观念和经营实践。企业文化，亦可称为组织文化，是一个组织由其价值观、信念、仪式、符号、处事方式等组成的企业所特有的文化形象。但总体来说，企业文化是在培养团队从理念到行为上的统一与习惯，实现从理念到行为上的完美统一。如今，很多企业都建立了危机意识理念化，诸如比尔·盖茨曾说，"微软离破产只有 18 个月"，还有奇瑞的尹同耀说，"奇瑞离破产只有 18 天"。再如，全球第一大中文搜索引擎百度的 CEO 李彦宏永远有一种危机感："百度离破产只有 30 天。大家之所以看好搜索市场，就是因为它的成长速度非常高。成长也是变化的一种，如果不能及时把握市场需求的变化，就会被淘汰。"小天鹅洗衣机是中国洗衣机行业的龙头企业，是国内洗衣机行业首家跨进亿元利润的企业。作为洗衣机行业的"大哥大"，其成功离不开"末日管理"文化。"末日管理"的精髓是这样的：企业经营者和所有员工面对着市场和竞争都要充满危机感，都要理解企业有末日、产品有末日，既不能把宏观的不景气作为自己搞不好的理由，也不要陶醉在一度的"卓越"里。市场是有限的，又是无限的，一个时期小天鹅的一种产品的市场是有限的，但一个企业的市场又是可以无限开拓的。即使这几年小天鹅发展了，也照样充满了危机感，小天鹅今天的成功并不意味着明天的成功，企业最好的时候往往是最不好的开始。"末日管理"有三个核心要素：转变观念，警惕自己打倒自己；瞄准世界，靠高质量高水平取胜；热诚服务，让消费者为产品质量打分。为强化这一"末日"意识，小天鹅公司已有 20% 的职工在市场一线上，有 60% 的职工轮流上过国内市场，8% 的职工进过国际市场，100% 的干部上过市场。这就实现了从理念到行为习惯的高度统一，小天鹅也因此获得了成功。小天鹅推行"末日管理"后，1993 年以来经济效益大幅度增长，到了 1996 年，销售收入已达 14.66 亿元，实现利润 2.1 亿元，分别比 1993 年增长了166%、173%。

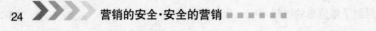

营销安全管理的基本原则

对于营销安全管理，也必须像生产安全管理那样，必须讲究原则、注重章法。总体来说，企业进行营销安全管理要坚持以下 10 个原则：

1. 战略原则

首先强调一点，安全战略与战略安全不是同一概念。实际上，安全战略是企业战略体系的重要组成部分，是一些企业为应对复杂多变的市场形势与竞争环境而制定的一项新战略。安全经营战略是指以安全为导向的发展战略，企业通过对企业内部、外部环境的综合分析，寻找可能危及企业经营战略目标实现的不确定性因素，针对这些不确定性因素规划风险管理措施，以最大限度地避免或减少不确定性因素对企业经营的影响，从而提高企业的经营安全程度，延长企业生命周期，获取最佳经营效益。也就是说，企业必须把安全管理工作纳入战略层面，包括营销安全。从这个角度来看，很多盲目追求超常规、跨越式发展甚至鼓吹爆破式营销的企业往往没有从战略角度来考虑经营安全，结果企业发展欲快不能，甚至陷入失败的沼泽地。企业要把安全经营战略贯穿于经营的全过程，使企业的运作表现为一种安全经营意识和安全经营行为，这样才能确保企业实现战略目标。

2. 系统原则

上文曾提到企业安全是一个庞大的系统，而营销安全只是其中的子系统。营销安全子系统可以分为若干个要素，即系统是由要素组成的，对此上文也已介绍过。也就是说，营销安全体系是由相互作用和相互依赖的若干部分组成的有机整体。但是营销安全不是孤立的，而是与企业生产经营的其他环节密切相关，需要一种全过程管理。如果营销安全系统的各要素都处于静止状态，就不会发生危机。但是安全管理的动态相关性原则告诉我们，构成营销安全系统的各要素是运动和发展的，它们相互联系又相互制约，所以难免会发生危机。因此，营销安全管理必须站在全局的角度实施系统化管理。同时，在营销安全管理系统内部，管理手段、管理过程等必须构成一个连续封闭的回路，这样才能形成有效的管理活动，并且在企业各管理部门之间、各种管理制度和方法之间必须具有紧密的联系，形成相互制约的回路才能有效。

3. 持续原则

安全第一是进行生产安全管理的一贯原则，就是要求企业在进行生产和其他活动时把安全工作放在一切工作的首要位置。当生产和其他工作与安全发生矛盾时，要以安全为主，生产和其他工作要服从安全。政府相关部门或企业可以通过采取强制管理的手段控制人的意愿和行为，使个人的活动、行为等受到安全生产管理要求的约束，从而实现有效的安全生产管理，这就是生产管理理论中的强制原理。所谓强制就是绝对服从，不必经被管理者同意便可采取控制行动。对于生产安全，还需要坚持一个核心原则——优先原则。为了安全，在必要的情况下可以局部或者全部终止生产活动，但是对于营销安全管理，即便存在隐患也不能完全停止营销活动来进行整改，因为市场的恢复比生产的恢复要难得多，也复杂得多。所以企业只能坚持"边营销，边整改"的原则来实施营销安全隐患的治理，而不是把营销工作彻底停下来。从这个角度来说，营销安全管理工作是一项长期、持续的工作。

4. 预防原则

对于生产安全管理，"预防第一"是一项最根本的原则，营销安全管理亦是如此。营销安全工作应该做到预防为主，通过有效的管理和技术手段，减少和防止人的不安全行为和物的不安全状态，这就是安全管理上的预防原理。在此要介绍一个概念——本质化安全，即从初始状态和从本质上实现安全化，从根本上消除事故发生的可能性，从而达到预防事故或危机发生的目的。实际上，这是强调企业通过事先采取防御措施，从源头上防止营销危机的发生。虽然营销危机的后果以及后果的严重程度都是随机的、难以预测的，并且反复发生的同一类事故或危机，并不一定产生完全相同的后果，但这并不是不进行危机防御的理由。无论事故损失大小，都必须做好预防工作。

5. 人本原则

人本原则指在管理中必须把人的因素放在首位，体现以人为本的指导思想，这就是人本原则。以人为本的核心为"企业即人"，有两层含义：一是一切管理活动都是以人为本展开的，人既是管理的主体，又是管理的客体，每个人都处在一定的管理层面上，离开人就无所谓管理。同时，正确用人可以发挥人的最大价值，能够保证组织的稳定性与管理的有效性，这对于营销安全管理也具有重要意义。二是在管理活动中，作为管理对象的要素和管理系统各环节，都需要人掌管、运作、推动和实施。从这个原理的角度来说，人是最大的安全隐患，人既能导致营销安全危机，又能防止营销安全危机。因此营销安全管理要善于调动全体员工的积极性，实施全员管理。更关键的是，企业要意识到推动管理活动的基本力量是人，管理必须有能够激发人的工作能力的动力，或者说要能调动起员工的积极性。企业管理系统有三种动力：物质动力、精神动力和信息动力，这三种动力均可刺激调动员工的积极性和创造性。因此，企业要以科学的管理手段，激发企业员工的内在潜力，使其充分发挥积极性、主动性和创造性，做到人人为营销安全管理做贡献。

6. 责任原则

生产安全管理强调的是"强制"，除了政府强制性监管外，企业也要进行生产安全的自治管理。对于生产安全来说，不安全就不能生产，但在营销安全管理上强制性却不强。除非企业在营销行为上有违法行为，否则就不会被政府相关部门叫停。营销安全隐患的隐藏性很强，即便是企业倍加小心也未必能及时发现。但这并不是企业忽视或弱化对营销安全管理的理由，企业还是要建立机制、健全制度、强化监督、严格奖惩，授权专门的部门和人员行使监督、检查和奖惩的职责，以发现营销安全隐患，并督促问题的解决，乃至最终追究和惩戒违章失职行为。这里有一个关键，那就是企业要进行营销安全整体规划，确定整体目标，制定营销安全管理规划、计划及各种具体规范。这样才能做到明确职责分工，并有效分解整体的营销安全管理目标，把相应的目标以及责、权、利落实到各局部，进而使各部门和员工都能明确自己在整体中的地位和作用，从而共同为确保营销安全做出贡献。

7. 长效原则

企业存在一天，营销安全管理工作就必须抓一天，这是长期性、经常性的工作，因此必须建立起长效机制。企业要建立营销安全管理的长效机制，就必须组建营销安全管理的组织机构、明确组织职责、清晰组织业务流程、建立健全营销安全管理制度、打造营销安全管理文化、加强营销安全管理基础工作等。同时，营销安全管理工作要实施目标管理，分解指标、层层落实责任，将完成情况纳入年度绩效考核评价体系，并通过加强监督与检查来强化执行。这在本章以后的段落中还要探讨，在此不赘述。

8. 全程原则

所谓全程管理，也可以称为全过程管理。主要包括两层含义：第一层含义是对企业生产经营管理的各个环节实施全过程管理，做到"横向到边，纵向到底"。营销安全风险具有客观性，它不以人的意志为转移并广泛存在于企业经营的各个环节，其中的一个环节受到影响，就会波及整个企业的生产经营，因此，安全经营要求企业对经营过程中的每个环节，例如融资、投资、生产、销售等都应重视风险分析，并在充分掌握风险及其影响的基础上做出正确决策。第二层含义是对于营销危机进行全过程管控，从营销危机防御到营销危机应对，乃至危机过后的"重建"工作。营销安全管理不仅要在观念上、认识上高度重视，关键还在于把安全生产工作的关口前移，超前防范，建立"监测——预测、预警——决策、应对——恢复、重建——总结"的立体化营销安全管理体系。这里有一个关键，就是要把营销安全管理的重心从"事后处理"转向"事前预防"和

"事中监控"上来，这才是一条正确的轨道。

9. 效率原则

效率原则也可以称为速度原则，速度对于营销安全管理具有重要意义。三星首席执行官尹钟龙提出了独到的"生鱼片理论"，这个理论大意如下：你抓到高档鱼，第一天在一流的日本餐馆里能卖个好价钱。如果等到第二天再卖，就只能以一半的价格卖给二流餐馆。到第三天，你就只能卖到第一天1/4的价格。如此下去，就变成了"干鱼片"。美国思科公司总裁钱伯斯则提出了新的见解："新经济时代的竞争，不是大鱼吃小鱼，而是快鱼吃慢鱼。"可见，如果"速度"滞后，将会给企业带来巨大的成本，甚至使企业付出"死亡"的代价。在营销安全管理过程中，必须加强速度管理：高效而成功的营销安全管理，离不开灵活、准确、快速的信息反馈。企业生产的内部条件和外部环境在不断变化，所以必须及时捕获、反馈各种安全生产信息，及时采取行动。实际上，在处理营销危机上有一个著名的"三度法则"，即速度法则、态度法则、力度法则。很多企业在处理营销危机过程中，采取了"冷处理"而不予理睬，企图让危机自生自灭，结果使企业付出了惨痛的代价。最正确的办法就是快速行动起来，针对营销危机速战速决。

10. 效益原则

所谓效益原则，就是企业进行营销安全管理必须兼顾经济效益与社会效益，效益是经济效益与社会效益的高度统一。一切管理都是以提高效益为目的的，现代管理更加突出了效益的问题，营销安全管理也不例外。因为管理的最终效益是衡量管理工作的价值标准。对于现代管理来说，各个环节、各项工作都是围绕提高社会效益和经济效益展开的，管理就是要科学地、高效地安排、调度和处理人、财、物等各种资源，以期有效地实现组织目标。就营销安全管理来说，可以说每一个环节都与效益密切相关，因为企业经营的根本目的就是获取经济效益（利润）并树立良好的品牌形象。

第四节 营销安全危机的"防"与"治"

对于企业来说，在哪个环节上压缩成本也不能在企业安全管理上压缩成本。但是目前企业在安全管理成本方面的考虑还主要是生产安全管理成本，而对营销安全管理成本方面则明显考虑不足。如果企业不主动为营销安全"埋单"，那可能就得被动地、加倍地"埋单"。总体来说，营销安全管理成本包括"防"的成本与"治"的成本。"防"即预防、预警，是对营销安全的事先管理，主要是在营销危机发生前就积极主动地采取有效措施，寻找不足，并堵塞漏洞，千方百计预防危机的发生，做到防患于未然，将营销危机消灭于萌芽状态。在很多情况下，尽管企业为预防营销危机做了很充分的准备，但由于营销危机具有突然性与突发性，往往会使企业防不胜防。在这种情况下，企业还要学会对营销危机进行"治"，即应对营销安全危机，进行危机控制与关系重建。实践证明，只有"防治结合"才能做好营销安全危机管理工作。但无论是"防"还是"治"，企业都应努力把握主动权，以成功地战胜营销危机。

最大的风险来自于企业自身

虽然企业无时无刻不在与竞争对手、顾客进行着赛跑，但竞争对手与顾客都不是企业最大的敌人，最大的敌人其实是企业自己。有很多小企业由于实力较弱而难于抵御竞争的"严寒"步入营销危机。而大中型企业似乎要比小企业强壮得多，免疫力、抵抗力也强多了，但是依旧难逃营销危机的困扰。在西方经营管理理论中有一个著名的3C理论。所谓3C，即保守、自满和自负。可以说，这3C就是大、中型企业的致命的杀手，甚至可以说是寄生于企业内部的毒瘤。这也正是大、中型企业最容易患上的企业病，企业越大，可能存在的问题就越多，风险也就越大，恰是大企业、大品牌、大问题、大风险。营销大师杰克·特劳特在其著作《大品牌大问题》中批判性地指出：成功往往导致企业狂妄自大，狂妄自大往往导致失败。一成功就容易忘乎所以，所以往往以自己的判断代替市场的实际需要，这时危机就光临了。海尔集团总裁张瑞敏曾说过这样一句话：永远战战兢兢，永远如履薄冰，企业发展越快越大越要小心。的确是这样，市场竞争环境日趋复杂，不确定性因素越来越多，企业很容易被意外"风暴"摧毁。就如联想控股公司总裁柳传志所说的那样，"巨大的风暴会让成就、业绩、规模，一切都灰飞烟灭。10 倍速，是这个时代的特征"。

相信很多读者都读过《只有偏执狂才能生存》一书，这本书的作者安迪·格鲁夫参与了英特尔公司的创建，并于 1979 年起成为英特尔公司的总裁。在安迪·格鲁夫的领导下，英特尔很快成为世界上最大的计算机芯片公司，并在美国《财富》杂志评选的 500 家最赚钱的公司中排名第 7 位。他有一个标志性格言就是"只有偏执狂才能生存"，这句话在企业界刮起了巨大的旋风。这句话的核心思想是这样的：企业在发展过程中将会出现一个战略转折点，这时候，企业有机会上升到新的高度，但它也同样有可能标志着没落的开始。在这一过程中，偏执狂式的管理能使公司保持足够的谨慎，时常提防他人袭击、窃取你的生意；作为一名管理者，还需要将这种防范意识传播给手下的员工，让他们和企业领导一起度过战略转折点，走上企业发展的一个更高的平台。实际上，安迪·格鲁夫的"偏执管理"给很多企业以启示，他个人也出现了很多"粉丝"。1999 年上海《财富》全球论坛上，戴尔公司 CEO 坦承自己是一个"偏执狂"，他认为所谓"偏执狂"是指你生活在恐惧中，总担心会发生什么来改变所有的事，比如改变你的客户、你的业务、你的产品等，所以"偏执狂"就是永远对这些保持警惕，永远不能松懈。确实，企业永远在与"变化"赛跑，杰克·韦尔奇的"预言"就会变成现实："当公司外部的变化速度超过公司内部的变化速度时，就离公司关门不远了。"

再大的企业也容易被细节所打败，细节就是魔鬼，营销安全无小事。1994 年年底，英特尔遭遇了一场危机，这场危机起源于一个数学教授，这位教授向外界透露了英特尔芯片的一个问题：他在研究一些复杂的数学运算时，机器出现了除法错误。对此，英特尔似乎并不上心，并指出是芯片设计上的一个小错误——浮点使计算机在 90 亿次除法运算中会出现一次错误。然而更大的麻烦来了：喜欢新闻的 CNN 制作了一个短片，详细而准确地报道了这件事。紧接着，美国各大媒体纷纷报道此事，媒体的关注很快把英特尔置于风口浪尖之上。一个月之后，英特尔的大客户 IBM 公司宣布将停止装有奔腾芯片的计算机出厂。更为严重的是，在媒介对浮点的报道中，英特尔始终处于公众的指责和怀疑之中，信任度降低。这时英特尔才意识到问题的严重：企业所面对的不再是处理器的浮点缺陷，而是整个业界与消费者对英特尔信心的降低。于是，英特尔紧急转身，不再去解释这种错误有多大，而是果断地做出决定：免费为所有用户更换所有问题芯片。英特尔在花掉近 5 亿美元之后，这场危机才平息下来。可见，千万不要因为企业做得大或者做得强就忽略所谓的"小问题"，而是应该不断反思、总结、改进与提升。就如 TCL 集团总裁李东生所说的那样，在企业经营形势比较好的时候及时反思，总结经验教训，找到那块"最短的木板"，变革求新，成本要低得多，等到问题严重时再求变就太晚了。

　　蒙牛总裁牛根生在其博客中谈到蒙牛的文化时提出一个观点："跟自己较劲"，即"立足于发展，而不是遏制别人"。其实，有这样远见卓识的企业家或经理人还有很多，诸如丰田中国投资有限公司副总经理曾林堂先生。在雷克萨斯全新运动型豪华轿车 GS430 和 GS300 正式投放中国市场之际，曾林堂在接受《深圳特区报》记者采访时曾表示："在我们的品牌概念中，雷克萨斯历来的竞争对手只有自己，这不是一句大话，而是代表着品牌的理念以及我们对产品及服务的信心。"这恰恰道出了丰田成功的秘诀，即从容、内敛、自我批判与挑战的精神。当然，这种精神并不仅是丰田公司经理们的信条，更是每一个丰田员工的信条。丰田公司已经把做工作和将工作做得更好变成了同一件事，企业希望每一个员工都能够把问题放在第一位，并成为问题的解决者，而不是总盯着"业绩"这个大多数企业都最热衷的关键词。

营销安全危机预警与诊断

在市场经济条件下，任何组织形式的企业都处于一种瞬息万变的、日趋激烈的竞争环境中，都面临着不同的机遇与挑战，包括不同的经营风险和前进道路上的困惑、挫折、陷阱等，企业随时都可能陷入各种危机。在《华为冬天》一书中，有这样一句经典之言：冬天一定会来，谁有棉衣，谁就活下来。在全球经济放慢和 IT 行业转冷的大背景下，在华为高速发展的时期，华为总裁任正非先生以清醒的头脑、敏锐的前瞻性眼光，居安思危，提出了要迎接"华为的冬天"，其内涵值得每一个人深思和反省，这从另一方面也反映出了华为公司持续发展的核心竞争力所在。只有认识到冬天要到来，才能事先准备好"棉衣"。仔细思量就会发现其经典之处在于两点：一是任何企业在经营过程中都无法彻底摆脱危机的困扰。即便是那些在国际上举足轻重的跨国品牌亦是如此，诸如可口可乐曾遭遇"二噁英事件"、麦当劳的"毒油事件"、杜邦的"特富龙事件"……二是告诉企业，危机重在事前防御，只有防御才能获得主动权。对此，英国著名的危机管理专家迈克尔·里杰曾指出：预防是解决危机的最好方法。全球500 强企业大多都比较重视品牌危机管理，纷纷建立起较为先进的危机防范预警机制，有的企业还专门设有首席风险官、首席道歉官的职位，以做好化解品牌危机和风险的组织、协调和管理工作。美国危机管理学院（ICM）史密斯指出："警惕性是首要的。大部分危机是可以避免的。"根据因果关系原则，企业危机的发生是许多因素互为因果连续发生的最终结果，只要事故的因素存在，发生事故是必然的，只是时间或迟或早而已。因此，只有解决"因"的存在才能防止"果"的出现，才不会出现营销危机。可见，危机预警与防御是多么有意义的一件事！

营销危机的事先防御有一个关键环节，就是危机预警。所谓营销危机预警，是指企业在发展过程中，针对可能发生的危机进行的事先预测和防范的一种战略管理手段。企业通过构建必要的营销危机预警管理系统，在发展过程中不断地研究、分析和发现危机，甚至死亡的迹象和征兆，警示和提醒决策者及时采取预先防范与调整措施，以实现企业的可持续发展。可以说，企业要想不断发展壮大，就必须具有这种高度的危机感，超前思考、超前决策、超前调整，做到防患于未然，这就是营销危机预警管理的重要性。

1. 战胜危机重在事先防御

导致营销危机的原因可以分为直接原因与外部诱因两类，直接原因在于企业自身，外部诱因在于企业外部综合环境，以及各种社会力量。所以，预防危机首先是"防自己"，不断进攻自己，查缺补漏，做到防患于未然。其次才是"防外力"，即对企业正常生产经营可能产生威胁与侵害的各种力量，诸如竞争对手、媒体、渠道商、供应商等。当然，这里的"防"不是要冷落他们或者与他们保持距离，而是要与他们沟通，建立和谐的生存与发展环境，即和谐的外部经营环境。企业必须认识到，危机防不胜防，即便采取了预警措施，危机可能依旧会光顾企业，但通过预防至少可以为企业化解危机赢得时间。因为营销危机发生后，留给企业的时间并不多，甚至只有24小时，24小时后这场"战争"的胜负就可能已成定局了。

也就是说，危机防御包括内部防御与外部防御两方面，二者的防御重心与防御措施见表1—2：

2. 防御前提是建立危机预警机制

无论是大中型企业，还是小型企业，实施危机预警管理都是有必要的。企业通过预警管理不断自我加压、超越、创新，这无疑有利于其在激烈的市场竞争中保持持续、快速、健康的发展势头，有利于企业的"健康"与"长治久安"。利乐公司有句很形象的口号，叫"put the fish on the table"，翻译过来就是"趁早把鱼放到桌上来，不要藏在桌子下面等它臭了大家才知道有这条鱼"。实际上，这是在告诫企业及员工，只有尽早发现问题，尽早解决问题，企业才更健康。

前文曾谈及企业要建立营销安全管理组织机构。但是危机预警只是营

表1—2　　　　　　　　　　　　危机防御重心及防御措施

危机防御	防御重心	防御措施	备　注
内部防御	危机文化	把危机管理纳入企业理念体系，形成危机文化	营销危机的出现并非一点征兆也没有，预防的关键在于及早发现危机隐患，早做准备，以及能够有效地规避一些危机的发生
	组织防御	建立安全管理部门，建立企业新闻发言人制度	
	危机学习	学习其他企业如何应对危机，提升危机管理能力	
	危机预警	建立危机预警系统，及时发现潜在危机隐患	
	危机预案	针对不同危机建立预案，以便危机出现时迅速启动	
	自我检修	不断自检自查，及时发现问题与漏洞，改进提升	
外部防御	政府部门	建立政企良好关系平台与信息沟通机制	
	新闻媒体	主动开展媒体公关，建立和谐媒体关系	
	竞争对手	积极倡导或参与建立和谐的市场竞争秩序	
	合作伙伴	建立战略合作关系，获得稳定的外部资源	
	股东股民	要与股东、股民进行充分的信息交流与沟通	
	第三方企业	关注那些可能介入经营或进入市场的企业	
	消费者	建立畅通的顾客投诉与信息沟通、反馈平台	

销安全管理机构的基本职能之一。所以，危机预警在具体执行时往往以小组的形式出现，即组建企业内部危机预警管理小组。除企业决策层直接参与预警管理外，还要从企业内部各职能部门抽调精干人员，组成企业预警管理小组，定期对企业进行常规性预警。预警小组主要实现以下职能：预警制度建立、业务流程制定、年度预警计划编制、安全教育培训、预警信息调研、问题自检自查、潜在风险评估、营销危机预测、危机预案制定、协调内外部合作伙伴等。下面就从三个方面来重点谈谈危机预警的关键环节。

第一个环节是安全教育。实践证明，人是营销危机预警管理的最关键、最核心的因素。不仅仅是危机预警小组管理人员需要树立强烈的营销安全意识，企业里所有的员工都要树立营销安全意识。企业的任何行为都是通过人的行为来实现的，因此对员工进行危机管理教育和培训就显得十分重要，而营销安全教育则始于对员工危机管理意识的培养。首先，让所有员工都明白营销安全的重要性与必要性，以及营销危机的危险性与危害性，提高员工对危机事件发生的警惕性。其次，通过培训提升员工的素质、能力与技能，提升工作质量，减少工作失误或出现差错的几率。再次，培养员工合作与奉献的精神，包括企业内部合作与对外合作，所谓对外合作包括与政府机构、新闻媒体、上游供应商、下游渠道商、社团组织、行业专家、竞争对手、顾客等社会力量，通过有效合作创造和谐的营销环境。最后，教育员工树立社会营销观念，即企业不但要进行市场营销，还要进行社会营销，目的是使企业更好地融入社会。实际上，很多企业都积极地进行危机管理培训，诸如可口可乐。可口可乐公司的危机处理小组每年都要接受几次培训，这些培训极其注重实战性与实效性，也很注重方法：一是模拟训练。如模拟媒体采访，模拟处理事件过程等。二是角色互换。小组成员进行角色互换，如总经理扮演品控人员，公关人员扮演总经理之类。这样在危机出现后，员工就可以从不同角度来为事态全局服务，增强员工的应变力。同时，可口可乐通过多种形式的培训，使员工增强了危机意识和忧患意识，促使员工参与到企业营销危机预警工作中来，从而有效地把危机消灭于萌芽状态，把问题解决于企业内部。

　　第二个环节是营销危机预警的信息问题。通过危机预警，可以在一定程度上消除营销危机发生的源头。但是更多的情况是企业在营销上已经存在潜在风险或者风险已经显现。在这种情况下，如果危机预警小组不能及时把握这一动向和苗头就会使问题越来越严重，终有一天危机爆发。那么营销危机预警小组如何去寻找危机的蛛丝马迹或潜在苗头呢？这就需要预警小组定期搜集和分析企业内外部环境给企业造成的困难、困境、危机等方面的信息和原因，并对可能发生的危机因素进行定量、定性分析，定期发布危机预报，预先予以警示。很多时候要进行潜在危机调查，通过调查分析找出潜在风险。危机管理专家斯蒂夫·芬科提出，应该建立定期的公司脆弱度分析检查机制。"越来越多的顾客抱怨可能就是危机的前兆；烦琐的环境申报程序可能意味着产品本身会危害环境和健康；设备维护不利可能意味着未来的灾难。经常进行这样的脆弱度检查并了解最新情况，以便在问题发展成为危机之前得以发现和解决。脆弱度分析审查不仅有助于防止危机，避免对公司业务和公司利润的不良影响，而且还会使公司在未来变得更为强大"。

防汛抗洪有一个专业术语叫"警戒水位"（或汛限水位），当洪水接近或达到"警戒水位"时，堤防就是危险的，这是一个参照评价指标。在很多情况下，对于营销风险的存在，企业是不易察觉的，甚至根本就不为人知，并且即便是察觉也未必能够精确地查找到病因。所以，营销风险显现初期未必会以"危机"或"事件"的形式表现出来，可能只是对企业营销产生有限的或局部的影响。但是继续发展下去就可能会导致以下结果，实际上这也是营销安全危机的预警信号：品牌信任度下降、营销成本增加、营销资源浪费、市场份额下降、销售利润下滑、经销商进货降低……这只是一些最基本的预警信号，企业可围绕一些基本信号并根据企业的实际情况进行扩展，建立起自己的危机预警评价体系。而这些预警信号往往要通过调查才能发现：第一种是自检自查；第二种是委托专业顾问公司对企业进行"体检"。自检自查往往存在"当局者迷"的弊端，所以要善于与第三方公司合作。除了提供企业基础信息数据外，调研也很关键，企业要建立适时调查机制，开展各项调查，诸如员工满意度调查、顾客满意度调查、市场占有率调查、品牌价值调查、品牌形象调查等，调查的结果往往会显示一些问题，为企业实施自检自查提供入口。下一个环节就是"比"，即与企业的历史指标、数据对比，与其他企业的数据、指标对比，这样才能发现问题，即发现企业风险、危机因素。或者说通过对比，最关键的是要发现一些"变化"。通过定期分析市场变化因素，寻找可能发生的市场变化、竞争变化、消费者需求变化等，这些变化里面就有可能存在着大问题。

第三个环节就是积极建立危机应对预案。企业通过建立高度灵敏、准确的营销危机预警系统，及时收集相关信息并加以分析、研究和处理，进而全面清晰地预测各种危机情况，发现营销危机征兆，为处理各项潜在危机制定危机应对预案。这里还需要强调一点，危机预案不能过"粗"，要对可能发生的危机实施级别化管理，分级别制定应对措施。这方面可以借鉴政府的做法。我国政府为应对改革过程中可能发生的社会危机（如贫困问题、失业问题、农民工问题、缺乏基本生活保障问题、教育危机等），经济危机（尤其是金融危机）和环境危机，参照国际惯例，制定处理公共危机四级预警制，其中最严重、最紧急的情况列为最高级的"红色警戒"。同时，根据严重性和紧急程度，将对公共危机事件分四级处理，分别是一般（Ⅳ级）、较重（Ⅲ级）、严重（Ⅱ级）和特别严重（Ⅰ级）共四级预警，参照国际危机管理依次用蓝色、黄色、橙色、红色表示，并针对各级危机制定了具体的应变措施。同时，还将建立国家、省、地级市、县和企业五级事故应急救援体系。企业营销危机预案也应实施类似的级别化管理，分级别制定应对预案。危机管理级别有两层含义：一是危机管理组织级别化，实现各级组织齐抓共管；二是危机后果按严重程度分级别管理。危机管理组织级别又包括两层含义：第一层是企业内部多层次组织参与危机管理；第二层是针对严重程度的危机要由不同层次的组织负责管理。危机可能造成的后果级别可根据危机性质、危机区域、媒体影响力等综合因素来确定。这样来做，不但有利于提升危机预警管理效率，还有利于节约资源与降低成本。

营销危机应对与补救

中国有一句俗语：胜败乃兵家常事。关键是如何面对失败，如何去研究失败原因而不再犯同样的错误，这是转败为胜的法宝。企业必须清楚一点，那就是败局既不是定局，也不是死局。从某种意义上来说，对于同等规模的经济损失，营销危机补救难度往往要大于生产安全事故的补救难度。一项最新的调查表明，中国企业危机管理能力薄弱，大部分企业内部也不存在危机管理程序，当危机出现时，几乎80%以上的企业家不知道应该怎样正确面对。可以说，没有不需要补救的营销危机，只要企业还想继续经营下去。有一些营销危机虽然表面上没给企业造成巨大的经济损失，包括股票价格下跌损失、产品召回损失、经济赔付损失等，但更大的损失则可能是无形的，诸如企业关系营销环境遭到破坏、品牌形象受到损害、品牌价值与品牌资产的贬值……

说起营销危机，很多企业都认为危机实在是防不胜防。实际上，营销危机的根源完全在于企业自身，为什么要从其他方面找原因呢？也有很多企业把营销危机视为天灾人祸，甚至谈危机而色变。其实，企业大可不必悲观，如果处理得当，危机也可以转化为机会，并借机提升企业。危机的到来可能会伤害品牌，也可能会提升品牌。实际上，营销危机能够彻底击垮的往往是那些已经病入膏肓而岌岌可危的品牌。就如人一样，可能同时身患多病，但至少有一种病是致命的，才有可能致人以死命。只要企业采取了恰当的危机应对策略，从危机的困扰中解脱出来未必是什么难事。

1. 直面危机化险为夷

如果危机真的光临企业，那么就需要企业勇敢地拿起战斗武器，采取积极有效的措施快速化解危机。笔者建议，企业可参照危机公关四步曲来制订应对方案。

第一步：真诚面对，积极行动。 其实，很多品牌危机的出现就是由于在这一步上没走好，才使一般事件上升为危机。危机管理专家的研究结果显示，90％以上的危机恶化都与企业采取了不当的态度有关。出现问题后，不同的企业表现出了不同的态度：一些企业表现出了固执与傲慢，也有很多企业表现出了冷淡与麻木，还有企业进行否认与狡辩，更有企业诋毁或攻击它们眼中的"好事者"。出现问题后采取回避与沉默的态度更是不可取，这样只会加速危机恶化。2005 年五六月间，雀巢的"金牌成长奶粉 3 ＋"被浙江、云南、上海等地相关部门检测出碘含量超出产品外包装标示范围，不符合国家标准。在"问题奶粉"出现初期，雀巢的表现十分消极，在媒体新闻公关上反应迟钝。甚至在接到"中消协"通知的 15 天里，居然没有什么媒体公关动作。结果，"碘超标事件"不但被媒体广泛传播，更受到了媒体的广泛批评，事件的性质也发生了变化：由原来的"问题奶粉"上升为对整个雀巢公司运营体系的批评，甚至已经延伸至对雀巢公司商业伦理、产品双重标准、歧视性经营等重大问题的披露和谴责上了。迫于此，2005 年 6 月 6 日雀巢中国公司总裁才出面向消费者道歉，并陆续将问题产品下架。但是这已经给雀巢产品销售与品牌形象带来了极大的负面影响。实际上，恰恰是很多企业缺乏"善意"与真诚的态度或行为，才导致事件的进一步恶化，乃至升级为危机。IBM公司就有这样一个理念，在出现危机时一定要诚实。企业要记住，如果缺乏诚意与友好的态度，甚至推卸责任，那么"一切皆有可能"！只有坦诚才能从宽，抗拒必然从严。危机发生后，如果态度不端，再强大的品牌在各种社会力量面前都是渺小的，微不足道的，对抗也是没有胜算的。

第二步：查明真相，公布结果。有时的确是由于企业自身的原因导致了问题的出现，不过，有时企业也是一个被冤枉者，甚至是一个被陷害者。无论是哪种情况，企业都有责任与义务快速查明真相，并把真实的结果公之于众。否则，在没有查明真相的情况下，企业就难于制订具体的解决方案。诸如在没有证明产品品质有问题的情况下，就匆匆忙忙把产品下架或实施产品召回，这也是企业对自己的不负责行为。那样不但容易造成销售商的损失，以及增加渠道成本，更容易让人产生误解。在此需要强调一点，事实真相必须客观、公正、真实，能够让各种社会力量信服。为此，企业可考虑让第三方介入，即让权威机构、权威人物（专家）、权威媒体介入事件真相调查，企业尽量不要让与企业有利益关系的第三方介入，如产品代言人，即便介入也未必会产生理想的效果。

在事实清楚的情况下，要快速对外进行信息沟通披露。要强调一点，企业一定要选择恰当的新闻发言人负责对外新闻发布与新闻沟通。很多企业都是由企业最高领导亲自出面，其实这不是理性的公关行为，最高层领导只能在最关键时刻出面。要知道，信息沟通是一家企业武器库中最为强大、最为有力的防卫工具，尤其是在企业危急时刻。可以毫不夸张地说，沟通决定形象。当然，沟通对象是多元的，诸如内部员工、事件当事人、社会公众、媒体、政府部门、行业专家、股民、合作伙伴等。但在危机公关过程中，承担着沟通窗口的就是媒体。在此强调一点：企业要以宽广的胸怀去面对给你制造"负面新闻"的媒体，只有与这些媒体进行有诚意的有效沟通，才能更容易做到"正本清源"、"去浊化污"。还要再强调一下，不要忽略了网络沟通，这对化解危机至关重要。2005年年初，微软的"首席博客"Scobleizer就预见到，一些"世界财富1000强"公司将组建全天候的博客班子，除了进行博客监测、预防危机，还要组织企业博客积极与受众沟通。之所以这么做，是出于企业公关的迫切需要。在这方面，通用汽车是一个大胆的吃螃蟹者。通用汽车的 FastLane 博客极受欢迎，它由汽车业传奇人物、通用汽车副总裁 Bob Lutz 主笔。FastLane 博客还帮助通用公司走出了危机：2005 年年初，通用汽车因为一篇报道撤销了在《洛杉矶时报》的广告投入。这件事引发了很多负面评论。通用汽车就通过 FastLane 博客直接与网民沟通，表达自己的看法和意见，利用博客成功地化解了危机。再如，2002 年微软遇到反垄断案的危机，很多媒体在报道微软垄断的新闻，美国政府也准备拆分它。针对这种局面，微软当时采取的策略是，企业自己的网站在转载其他媒体的新闻时，也刊登一些自己特有的东西，如比尔·盖茨个人生活等内容，以吸引大众的注意力。在成功吸引大众的注意力转移到自己的网站上后，微软开始刊登一些自己公司上缴利税和从事公益事业等内容的报道，努力重塑自己的企业形象。这种渗透式公关改变了公众对微软的看法。所以说，通过媒体虽然不能改变既成的事实，但是可以使公众不恨你，并让他们了解真相。

第三步：制订方案，积极执行。虽然企业可能事先已经制定了危机应对预案，但实际情况往往要比预想的复杂得多，恰是"计划没有变化快"。这就要求企业快速制订危机应对方案，并就危机应对方案尽快与各种社会力量做出沟通。在此需要强调一下，这里的"方案"要包括两部分内容：一是就本次危机做出的解决方案，即针对当事人的解决措施；二是为杜绝此类危机出现而做出的整改性方案，即针对潜在风险与危机的解决方案。通过这两个方案，要让各种社会力量看到企业解决问题的力度与决心。

解决方案关键是要恰到好处。化解危机实际上是一个化解冲突的过程，或者说是解决矛盾的过程。为解决现有矛盾，企业可以考虑以下几个思路：第一个思路是转移矛盾。2005 年 3 月 15 日，肯德基新奥尔良烤翅和新奥尔良烤鸡腿堡调料中发现了含有"苏丹红一号"的成分。对此，肯德基坦诚应对，并表示愿意承担责任。同时，肯德基把"苏丹红事件"的根源指向了上游供应商，问题产品是因为使用了上游供应商提供的原料产生的。此举也在一定程度上控制了危机的进一步恶化。第二个思路是直接解决矛盾，那就要看解决方案的力度了。如何理解这里的"力度"？主要体现为以下三个方面：一是权威机构、权威人物、权威媒体能够参与到危机公关之中；二是拿出具有震撼性且能够改变各种社会力量态度的措施；三是企业高层领导在关键时刻出面并拿出令人满意的解决方案。通过与当事人进行充分沟通，在达成解决危机的共识后就要快速执行方案。针对当事人的诉求可能会采取道歉、物质补偿、精神补偿等方式予以安抚。而对于企业整改性方案可能包括以下内容：产品召回、产品销毁、停产整顿、技术工艺改进等，甚至还有可能提出服务水平协议。

第四步：**借势借力，巧妙提升。**危机公关也有基本目标与至高目标，基本目标就是降低危机所导致的经济损失，防止品牌形象受损并最大化修复，维系并深化良好的外部经营环境。实际上，大多数企业能做到这一点已可以算是成功的危机公关了。而至高目标则是借势借力，巧妙提升，把危机转化为企业的机会。这是完全可能的。著名危机管理专家诺曼·奥古斯丁说过这样一句话："每一次危机本身既包含着失败的根源，也孕育着成功的种子。"英特尔公司前 CEO 曾说过这样的话：一般的企业在危机中消亡，优秀的企业安度危机，只有伟大的企业才能在危机中提升和发展自己。尤其在某些行业性危机中，有的企业痛苦挣扎的同时，却总有一些企业能突破重围，飞速发展。不过，这就要求企业不但在化解危机的过程中有出色表现，在危机过后也要有恰当的举措，使品牌形象得以提升。

在实施危机公关过程中，有四个有利于恢复、改善并提升品牌形象的关键点：第一个关键点是企业的态度，"坦诚负责"有利于塑造形象；第二个关键点是企业对"事实真相"的发布，只有合理、让人信服的解释才有利于恢复品牌形象；第三个关键点是企业解决问题的力度，可以让人接受的"解决方案"有利于改善品牌形象；第四个关键点是"服务延伸"，找一个恰当的点让新闻媒体开始称赞自己的品牌，为企业做形象宣传。当然，在此过程中，企业要主动出击、整合传播，除了公关措施外，还可以通过广告、消费者体验活动等措施，恢复、改善并提升品牌形象。诸如肯德基"苏丹红事件"的危机渐逝后，开始了新一轮的新闻公关活动：召开新闻发布会证明其产品的安全性、推出新产品、开展促销活动、进行广告推广等，以重新树立其品牌形象。再如，1993 年 7 月，美国很多传言称

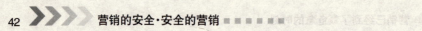

"在罐装百事可乐内接连出现了注射器和针头"，甚至还有人说"针头刺破了消费者的嘴唇和喉咙"。这时艾滋病开始在美国蔓延，结果美国人立刻把传言与传染艾滋病联系起来。结果，百事可乐被销售商撤货。为此，百事可乐迅速着手实施危机公关：第一个措施就是通过新闻媒体向消费者道歉，并感谢消费者以往对百事产品的信任，同时还向消费者发放了慰问金；第二个措施就是要求消费者参观生产线，以见证其产品质量；第三个措施是重金买下美国所有电视、广播公司的黄金时段和非黄金时段，播放百事可乐全程生产流程，尤其是向电视观众说明在生产过程中将注射器和针头置于罐中的不可能性；第四个措施是积极与美国食品与药物管理局合作，借助政府权威机构、权威人员的力量以正视听。最终，传言不攻自破。由于百事可乐快速反应，想尽一切办法客观、真实地还原事情真相，使其品牌声誉很快得到恢复，并且消费者通过这件事更加信赖百事可乐公司了。百事的品牌形象不但得以恢复，还有了大幅提升。

2. 危机过后企业重任在肩

营销危机在企业的努力下可能很快就过去了，但危机管理工作却并未结束，企业还有两件重要的事情需要做：

第一件事就是对危机进行反省、总结、学习与调整。每一次危机都是对企业抵御危机能力的检验，因此从实战中学习如何应对危机、提升危机应对与解决能力至关重要。共和国的缔造者之一毛泽东同志在战争年代曾明确提出"从战争中学习战争"，正是这种思想使伟大的中国军队战胜了无数困难与危机，最终取得解放战争的胜利。借鉴这种思想，企业也应在危机过后由常设危机管理部门牵头，建立健全危机管理基础工作，并组织危机研讨与学习。就危机管理基础工作而言，包括建立危机管理档案、危机管理反思与研讨、调整与修订危机管理预案。可以说，一次危机的结束很可能就是下一次危机的开始，所以只有在危机管理上形成良性循环，才能对危机管理起到更大的作用。

需要强调一点，危机管理学习是全员的，绝对不仅仅是危机管理部门或者企业中的高层领导。实际上，每一次危机公关的胜利不是企业哪一个人的功劳，而是企业所有员工的功劳。所以，帮助所有员工树立危机意识至关重要。例如，小天鹅洗衣机的销量曾多年位居市场榜首，这与江苏小天鹅集团长期坚持"末日管理"理念密切相关。所谓"末日管理"是指企业经营者和所有员工面对市场和竞争都要充满危机感，都要理解企业有末日、产品有末日，既不能把宏观的不景气作为自己搞不好的理由，也不要陶醉在曾经的"卓越"里。全球首富比尔·盖茨也再三告诫微软员工："微软离破产永远只有18个月。"实际上，也是在给员工敲警钟，提升员工的危机意识。无论危机公关是成是败，都离不开所有员工的努力。当然，危机公关要以企业整体团队为核心。要知道，迎战危机对企业来说是一场"全民战争"。2004年7月9日，美国环保署宣称，杜邦"特富龙"的关键原料——全氟辛酸铵可能会致癌或影响生育。这场风波在中国市场引起强烈反应，杜邦不粘锅销量急剧下降，有些商场开始停售杜邦不粘锅，国家相关机构亦介入调查。杜邦公司的内部沟通机制相当健全，在受到美国环保署质疑的当天，该公司全球董事长兼CEO贺得利就向全球员工发出了电子邮件通报了这件事，并向员工阐述了公司的立场。7月9日，杜邦中国集团有限公司接到通报后，成立了由大中国区总裁、特富龙消费品事业部、客户服务部、技术人员、法律部、公共事务部以及北京、上海、深圳三地分公司总经理组成的事件处理小组来具体实施针对中国市场的危机公关。杜邦公司的高明之处就在于针对这次危机，并不只是这个危机管理团队在奋斗，还把广大员工调动起来共同参与到这次危机公关中来。杜邦公司有几个重要理念值得学习：员工也是消费者与客户，需要与他们进行充分沟通；员工也是对外传播的窗口，也是一个不可忽视的对外信息发布平台；定期向员工发送邮件，解释技术性问题以及公司解决问题的步骤；统一员工对外信息传播说辞，提供整化资料——模拟问答录；设立内部信息咨询平台，解答员工的疑问与困惑……可以说，这为员工面向亲朋好友、客户、经销商、合作伙伴等开展公关奠定了坚实的基础。当时杜邦中国公司的4000多名员工紧密地团结在了事件处理小组周围，最终在2004年10月"特富龙"危机遇到了转机，企业"冤案"彻底昭雪。再如，2005年6月，郑州光明山盟乳业有限公司因生产加工"回炉奶"被记者披露而使光明乳业陷入危机。光明乳业董事长兼总经理王佳芬虽然亲自参与到危机公关中，但企业仍旧遭受到很大的损失。对于这次危机，她有这样一段话清晰地再现了所有员工上下齐心协力共同迎战危机的情景：

> 我们员工表现出对企业的信任，我们经销商对光明的信任，是我们战胜危机的基础，是我勇敢坚定的力量。自始至终，员工一直没有相信光明会有变质奶回收利用的事。我真的很感谢他们。在遇到有些商家要求撤柜的时候，我们的销售员一直努力沟通、说服，即使在最困难的时刻，我们的产品坚持在货架上，我们的产品排面坚守着，我们的导购在介绍着，我真的为员工的真诚坚定所感动。那些日子每天晚上我用电话和邮件和我们的总经理沟通、交流、鼓励，我到一线和经销商、销售经理交流，看到听到他们嘶哑的声音，销售的压力，我真的很心痛。我在写给员工的信中说到，收到你们一封封的 E－mail，读着你们一条条的短消息，听到你们一个个电话，那滚烫的语言，炽热的真情，让我感动和流泪。所以我现在最大的心愿是要把压力变成动力，尽快把危机变成机会。

第二件事就是企业还需要进行恢复与重建。当危机"扫荡"企业之后，有些企业的命运是不可逆转的，最终走上的是"不归路"，这是由危机的性质与后果决定的。2001 年中秋节期间，央视《新闻30分》将南京冠生园使用陈年馅料做月饼的情况曝光后，"南冠"月饼从食品商店和超市货架上被成批撤下。对"黑心月饼"的愤怒声讨发自社会各个角落。"陈馅事件"使南京冠生园的商业声誉一落千丈，企业形象几乎遭到摧毁。最终，企业生产难以为继，于2002 年3月申请破产。当然，很多企业还是战胜了危机这个严冬。进行"灾后"重建并不是一件容易事。危机降临，即使反应再快、危机公关措施再得当，企业也难免会遭受一定的经济损失。博士伦首席执行官罗纳德·扎雷拉估计，博士伦全球召回水凝护理液并永久停售将使公司损失5000 万美元到7000 万美元。虽然付出了牺牲短时市场份额和利润的代价，但此举无疑帮助博士伦最终赢得了消费者的好感。当然，经济损失的构成是多元的，诸如因销量下滑造成的损失、因赔付（包括物质、精神赔付）造成的损失、为实施危机公关而发生的公关费用等，并且经济损失还有一定的延续性，因为即使危机过去，也并不意味着营销得到立即、全面的恢复，恢复可能还要有一个周期。当一场危机来临时，尤其产品质量危机来临时，其破坏力不仅在于因补救、赔偿、销售受阻等因素给企业造成的巨大经济损失，更为关键的是无形的损失：品牌形象受损，公信力降低；同时危机还破坏了产品或服务的关系营销环境，包括顾客（消费者）、合作伙伴（如原辅材料供应商、银行等）、政府相关部门、协会组织（如行业协会）、新闻媒体等关系。如果企业营销的关系环境不能得以及时"重建"，可谓危害无穷，诸如被竞争对手乘虚而入，抢占市场，甚至危机还会危及产品线上的其他产品，乃至品牌。因此，在营销危机发生后要重点修复同上述社会力量的关系，其关键参见表1—3：

表1—3　　　　　　　　　　关系修复对象与操作目标

修复对象	修复对象细分	关系修复操作目标
内部力量	企业股东	获得企业股东、股民的充分理解、投资信心与进一步支持
	企业员工	获得员工的理解、信心与支持，保持良好的风貌与战斗力
外部力量	政府部门	取得政府的理解、信任与支持，使企业获得良好的经营环境
	协会组织	巩固企业在业内的形象、地位与影响力，获得行业协会支持
	新闻媒体	获得更为广泛的媒体资源，并获得媒体的理解、信任与支持
	业内专家	获得相关领域专家的正面评价与认可，成为专家的正面案例
	合作伙伴	获得合作伙伴的理解、信任与支持，保持甚至获得更大支持
	顾客（消费者）	获得顾客（消费者）的理解与信任，保持顾客满意度或忠诚度
	其他社会公众	在其他社会公众眼里树立起诚信、负责的品牌市场及社会形象

　　危机往往只是企业经营史上的惊险一刻，危机过后还有更长的路要走，企业需要的是"全面康复"，而在危机后关系营销环境重建、品牌形象重塑似乎比短期的经济损失更为重要。只有当一个品牌得到各种社会力

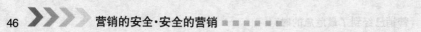
量认可时，方可以称其为品牌，否则至多是一个"商标"而已。因此，企业必须坚持这样的逻辑，只有修复了各种社会力量之间的关系，尤其是修复了与顾客（消费者）之间的关系，品牌形象才能得以恢复或提升，在这种情况下产品或服务才能有良好的销售表现。因此，企业必须认识到什么是"标"，什么是"本"，而不是先努力恢复企业经济，而把品牌抛在脑后，那将本末倒置并且事倍功半。不过，修复各种社会力量之间的关系有一个基本前提，即企业要拿出端正的应对态度、高效的应对速度，以及解决问题的力度。尤其是能够制订出为各种社会力量接受和认可的危机解决方案，这样才能获得各种社会力量的满意。也就是说，关系营销环境的恢复始于危机发生，而绝对不是始于"灾后重建"。也就是说，化解危机与重树各种社会力量的信心在某些动作上可能是同步的，也有某些动作则是在危机化解后进行的继续操作。一旦关系营销环境恢复了，品牌形象也就自然而然地得以"修复"了，市场销售也会有所提升。

读书心得

第二章

策略安全

战略是"北斗星",是企业前行的指南针。但是企业仅有战略还不够,还要讲究营销战术,或者说企业做营销需要讲究方式方法——策略。策略得当,自然会使营销事半功倍;策略失当则必然会使营销成果变得糟糕。策略安全不但强调企业做对的事,更强调把事做对,否则难于实现战略目标。

阅读导引

　　企业营销就如一场战争，由三个层次构成：战略—战术—战斗，战术就是策略。企业必须首先立足于正确的战略，尤其市场战略，再进行正确的战术策划，然后正确地进行战斗。这样企业营销目标才能实现，企业战略目标才能有所保障。

　　通过对本章的阅读与学习，希望读者能够达到以下阅读目标：

　　1.营销始于产品定位，定位安全关系营销成败，要认识到进行精准定位的重要性；

　　2.产品策略至关重要，关系到能否准确与市场对接，因此要认识到产品策略的重要性；

　　3.对于促销过犹不及，要认识到过度促销的危害性，掌握如何规避过度促销；

　　4.对传播安全的雷区与陷阱要有深刻认识，并学会在营销传播过程中跨越雷区与陷阱；

　　5.掌握价格安全的概念及威胁价格安全的诸多因素，并能正确运用价格这一竞争武器。

第一节　策略安全始于产品策略安全

即便市场战略正确，也只是成功的一半，还需要企业在营销策略上支持市场战略。否则一步走错，满盘皆输。就如竞争力专家迈克尔·波特所说的那样，任何与目标背离的、前后不一致的行为都会对前期的行为产生抵消效应，从而造成成本不经济的内耗。战略本是一个军事概念，克劳塞维茨在《战争论》中对战略做出了这样的定义："为了达到战争的目的而对战斗的运用"，毛泽东在《中国革命战争的战略问题》中则这样阐释战略："研究带全局性的战争指导规律，是战略学的任务。研究带局部性的战争指导规律，是战役学和战术学的任务。"可见，仅仅战略正确还不行，还要战术（策略）正确，甚至每一场战斗都要坚持战略战术的正确，这样才能确保战略目标的实现，企业做营销亦是如此。

如果说战略是"把事做对"，那么战术则是"做对的事"，以此实现营销目标。但是如何保证在战术（策略）上做到"做对的事"？这并不是一件容易的事情。这就要求企业必须考虑战略安全，乃至如何通过策略安全确保战略安全。从全局来说，战术安全要始于产品策略安全与产品定位安全。

定位安全是战术安全的基石

1969 年，营销大师阿尔·里斯和杰克·特劳特率先在营销杂志上提出了定位概念，成为定位理论的开山鼻祖。如今，企业在新产品上市营销之前必谈定位，必然要经历慎重的定位谋划。所谓产品定位，是指企业为产品在目标市场上树立一个清晰准确的地位，从而与竞争者区隔并在目标消费者心中占据一个独特的位置。产品定位是同质化竞争背景下，与竞争者相区隔的主要手段。面对同一目标市场，同质化的产品可以具有不同的卖点，可以创造出不同的亚细分市场，这就是产品定位的价值。产品定位须与市场定位保持一致，消费者需求是产品的基点与起点，任何成功的产品定位都必须建立在对消费者需求的深刻理解和把握之上。企业在进行营销规划时，往往会把产品定位具体化，细分为功能定位、价格定位、目标客户定位、形象定位等，见图2—1：

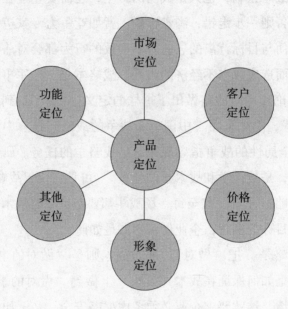

图2—1　定位构成示意图

对于产品定位，要强调"精准"，只有"精准"的定位才能获得良好的市场业绩。我们都知道脑白金，以其"礼品"定位大获成功；海飞丝为什么成功，就是得益于其"去头屑"的功能定位；润妍洗发产品为什么在中国市场遭遇失败？就是因为宝洁公司将其目标客户群体错误地定位为城市18～35岁的高阶女性，这个群体对发色要求并不守旧，但润妍却错误地推行着"健康、黑发"……"千里之行，始于足下"，定位就是企业营销"长征"的第一步。因此，企业必须考虑产品定位安全问题。所谓定位安全，就是指企业能够精准地对品牌、产品或服务进行定位，能够准确对接产品价值与顾客价值，而避免出现定位错误、偏差、模糊、老化等导致价值偏差的定位状态。产品定位是基础，决定着品牌、渠道、促销等多种营销策略。虽然很多企业都在强调精准定位，但很少有企业能在定位上做到一步到位，很多企业都经历过重新定位（或再定位）才能真正找到属于自己的目标市场。

总体来说，危及定位安全的核心因素有7个：

1. 定位偏差

由于市场调查、市场策划等多种因素导致产品定位不够精准，导致产品定位与真正的目标市场存在一定差距，这就是定位偏差。企业必须具备自我否定的勇气，一旦经过市场检验发现定位存在偏差，就要重新调整定位，可称为"再定位"。诸如中国联通在早期推出 CDMA 时，因其具有绿色、健康两大核心卖点，联通曾将其定位于高端，期望以其与中国移动争夺高端市场客户。这毕竟是来自中国联通的主观意志，能否实现还要通过市场来检验，市场最有发言权。结果，CDMA 未能如预期那样获得高端客户的青睐。幸而中国联通很明智，在发现高端定位之路行不通时，及时将目标客户群从高端下移，使产品卖点的优势充分体现出来，得到了市场的响应。

2. 定位错误

定位错误是指产品定位脱离真正的潜力市场，而把产品定位锁定于非潜力市场甚至无价值市场，销售自然难于获得良好业绩。诸如万宝路（Malboro）香烟在最初创业时，定位是女士烟，并打出了"像五月天气一样温和"的广告口号。但事与愿违，尽管当时美国吸烟人数年年上升，但万宝路香烟的销路却始终平平。最终，在20世纪40年代初万宝路停止生产香烟。第二次世界大战后，美国吸烟人数继续增多，万宝路又重新推出了女士烟，广告语也改为"与你的嘴唇和指尖相配"。但是销路仍然不佳，吸烟者中很少有人抽万宝路，品牌知名度很低。直到万宝路对香烟进行了颠覆性定位，实施了"变性手术"，即将万宝路香烟重新定位为男子汉香烟，变淡烟为重口味香烟，增加香味含量，并大胆改造万宝路形象，才最终获得了成功。再如，奶片也称为"干吃奶粉"，不用冲泡或稀释，直接干吃或口含，具有营养、方便等特点。面对着市场商机，伊利、蒙牛等乳业巨头纷纷生产这种产品。但是蒙牛在产品命名上，没有像其他企业那样把产品命名为奶片、鲜奶片，而是把产品命名为"鲜奶干吃片"，以突出强化产品以鲜牛奶为原料的特点，同时也可以把牛奶的营养价值延续到这种产品上。在这种产品定位策略下，蒙牛策划并播出了《天上航天员，地上运动员》版本广告。但是，广告所表达的主题思想很容易让人误解，即让人误认为"奶片就是鲜奶"。此时问题又出来了，当奶片只由奶粉做成并非鲜奶的议论四起时，这个本身就没有标准的奶片市场很快就遭到了质疑。无疑，这将影响到蒙牛奶片的市场发展。

3. 定位不稳

很多企业对产品定位缺乏有效的坚持，产品定位飘忽不定，这种情况就是定位不稳，也可称为"钟摆式定位"。定位一经确定就需要坚持，只有坚持走下去才能成大器。从某种意义上来说，定位既要具有战略性又要具有策略性。既需要远见，又需要坚持。20 世纪 80 年代初，个人电脑在日本逐渐得以普及。这时，一些游戏机生产厂家看到了个人电脑巨大的市场空间，于是纷纷加入其中。但是有家企业却不为所动，那就是任天堂。当时，任天堂的决策者们准确地预测到将来个人电脑必然大部分用来玩电子游戏，于是坚定不移地坚持了自己游戏机的定位，并请专家开发研制游戏电脑。在制造电脑时，也倾向于电脑游戏功能而忽略其他的一般功能。结果，任天堂的游戏电脑新产品一投放市场，就获得市场的热烈响应，并且畅销不衰。很快，任天堂电子游戏机就成为世界著名的品牌产品。不为短期利益所诱，立足长远，坚持自身的产品定位，必然获得成功。

4. 定位模糊

定位模糊指产品定位不清晰、不明确，过于宽泛。实际上，定位讲究的就是"精准"，尤其如今已经进入个性化消费的"YOU"时代。产品定位模糊就难于建立起产品与消费者之间的联系，势必影响产品销售。凉茶是广东、广西地区一种由中草药熬制、具有清热祛湿等功效的药用茶饮料，王老吉是凉茶的著名品牌。20世纪50年代初，王老吉分为两支：一支归入国有企业，发展为今天的王老吉药业股份有限公司，主要生产王老吉牌冲剂产品（国药准字产品）；另一支由王氏家族的后人带到香港特别行政区。如今，中国内地的王老吉商标注册归王老吉药业，香港特别行政区以及东南亚等其他区域则为王泽邦后人王健仪所拥有。1997年，王老吉并入广药集团，集团将其品牌使用权出租给香港加多宝（东莞）公司，由香港王氏后人提供配方，独家经营红色罐装王老吉凉茶（食健字号），于是形成了王老吉商标多头持有、互相制约的局面。对于一家以药品生产为主的企业来说，由于凉茶介于药与茶之间，王老吉凉茶在药与茶的模糊定位中间摇摆，产品的模糊定位影响了产品营销。为此，通过把自己重新定位为"预防上火的饮料"，并提出了中国传统的"预防上火"概念，让消费者接受了广东"凉茶"产品，很快王老吉凉茶从1个多亿元跻身于超10亿元品牌行列。再如，2007年7月，一汽大众推出中高级车迈腾，但销售上并未达到其预期目标。迈腾上市4个月，从7月到10月销量依次为4231辆、5066辆、3490辆和4496辆，并未达到其月度销售8000辆的目标。由于关键零部件自动变速箱供货不足以及自身定位模糊，迈腾深陷增长停滞困局。模糊的定位也是迈腾深陷滞涨尴尬的因素之一，由于考虑到商务和公务中高级车市场的需求，迈腾在上市之初就把目标群体扩大到了这个市场，但由于产品自身的限制，很难切入公务和商务车市场，而迈腾特有的运动和高性能特点则被摇摆的定位所模糊，使得个性化中高级车消费者弃之而去。

　　不过并非市场定位越狭窄就越精准，"精准"与"狭窄"不是一个概念。我们不妨来看一个案例。早在1879年，中药加工零售商在马来西亚成立并推出一种具有美容功能地EYS药片，这种产品的目标消费群体被定位为中年家庭主妇，在市场上拥有了一席之地。但是到了20世纪80年代，EYS发现这种产品销售出现了停滞。经过调查研究，发现青年人、专业人士、男士们都可以成为消费者。于是，EYS扩大了目标客户群体的定位，产品销售又获得了增长机会。

5. 定位老化

定位老化是指产品定位于已经衰退或者正在衰退的市场领域，这样的领域往往竞争过度，消费需求已经得到满足，进入亦是无利可图，或者说非利基市场。或者由于消费者消费行为转移而导致市场老化，这种情况下产品定位已经不合时宜，很容易被迫退出市场。

6. 定位延伸

产品定位延伸往往是随着品牌延伸出现的，当然包括行业定位延伸、目标客户群体定位延伸等，以此扩大品牌市场销售。但是产品定位存在一定的风险。我们都知道派克笔具有高贵、典雅、贵重、精美的品质，不仅体面耐用，作为礼品更具收藏性，服务于上层人士。然而，在 20 世纪美国派克笔竟然突发奇想，想让派克笔不仅是上层人士的最爱，更能走近平民。然而，派克笔这种自贬身价的行为不但平民没买账，还遭到了上层人士的冷落，并未出现预期中的销售奇迹。派克笔想把目标客户群体扩大化，实现定位延伸，结果差点破产。"金利来，男人的世界"，在白领世界里"金利来"成为男人的象征。金利来在"男人的世界"苦心经营 20 年后，推出了女装系列，让人感觉与其品牌形象很不协调，毫无疑问女装也没有给金利来带来预期的回报。

7. 定位冲突

需要强调的是，产品定位并不等同于品牌定位。对于没有进行品牌延伸的品牌，品牌定位近于产品定位。而经过品牌延伸的品牌，其定位未必等同于产品定位。这种情况下，往往会采取主副（母子）品牌策略，实际上要针对副品牌进行定位，而主品牌的定位则宽泛而模糊。品牌定位的目的在于在目标消费者心智中树立鲜明的识别标志，展现独特的价值与个性。品牌定位可以从产品利益出发，也可以直指目标消费者的感性世界。产品主要为消费者提供的是物质价值，品牌更多的通过其知名度和影响力为消费者提供精神价值，二者相辅相成才能相得益彰。品牌定位与产品定位不和谐、出现冲突，既影响产品的品牌力，又影响销售力。避免冲突的根本途径在于以市场定位为核心和指引，实现品牌、产品、目标消费者的良性互动。冲突主要表现为以下几种情况：品牌历史定位与新产品定位的冲突；品牌定位与产品市场定位的冲突；品牌价值与产品价值定位的冲突；品牌定位与产品功能定位的冲突；多品牌之间、多产品之间定位冲突；品牌定位与产品核心利益的冲突。品牌与产品就像一对夫妻，和谐则"家和万事兴"，不和谐就可能会分崩离析，形成"内耗"，降低产品力、品牌力。因此，只有品牌与产品定位和谐才能实现市场分割与占有的目标。

产品策略安全是根本

　　对于 4P 策略相信大家并不陌生，4P 策略包括产品策略、价格策略、渠道策略和促销策略。4P 策略提出后，整个 20 世纪 80 ~ 90 年代，企业营销广泛地运用 4P 策略。后来，针对一些特殊产品（如服务）、特定的市场条件和市场环境中，有学者又增加了 2P，即人员、包装。再后来，在强调"大营销"的时候，科特勒又提出了 6P，又增加了公共关系和政治。但是无论怎样变化，产品都是一个核心策略。产品策略安全的核心能够根据市场需求持续提供适销对路的产品，这种能力越强越能证明产品策略安全。

　　下面我们不妨从 3 个方面来谈一下如何确保产品策略安全：

1. 产品持续投放能力

　　任何一种产品在市场上都有一个新陈代谢的过程，或者说有其生命周期。如果对那些保持持续发展的企业进行研究，就会发现它们持续增长的秘密是相似的，那些企业能够源源不断地建立新业务或者推出新产品。不但能够从内部革新其核心业务，而且能够同时开创新业务。更可贵的是，那些企业的业务增长的同时，表现出很稳健的特征，其根源就在于它们掌握了持续发展的技巧：保持新旧更替的管理畅通，旧业务一旦出现减退势头便不失时机地以新替旧。可见，建立和管理好一条连续不断的业务更新管道，乃是企业实现持续增长面临的中心。对于有着持续发展愿望的企业，应该有一个出色的业务组合：明星业务、新秀业务、种子业务及颓废业务。实际上，一种业务进入市场就如培养体育运动员一样要有合理的人才梯队搭配，因为体育运动员从种子到新秀再到明星，乃至最终退出竞技这是一个必然的规律性过程，是一个新陈代谢、良性循环的过程。

明星产品应该具备以下基本特征：产品的市场容量较大，可以适应规模经济的要求；产品处于寿命周期的成长期或成熟期，具有较高的市场占有率；产品的技术经济指标达到国内或同行业的先进水平，具有竞争能力；企业生产与经营该类产品的各种条件在国内同行业保持优势；产品的附加值较高，对提高企业经济效益能够发挥举足轻重的作用。实际上，企业最需要针对"明星产品"的研发能力、投放能力、培育能力与维护能力，这是企业持续发展的关键。

由于市场需求和竞争形势的变化，产品组合中的每个项目都必然会在变化的市场环境下发生分化，一部分产品获得较快的成长，另一部分产品继续取得较高的利润，还有一部分产品则趋于衰落。企业如果不重视产品升级与更新换代，则必将出现不健全的、不平衡的产品组合。为此，企业需要经常分析产品组合中各个产品项目或产品线的销售成长率、利润率和市场占有率，判断各产品项目或产品线销售成长上的潜力或发展趋势，以确定企业资金的运用方向，做出开发新产品和剔除衰退产品的决策，不断优化产品组合，保持产品组合的动态平衡，以维持住最大利润的产品组合。可见，不断优化产品组合是保持产品组合动态平衡的前提条件。

2. 产品对接市场的能力

对接市场要保证新产品不过度超前于市场，并且能够准确切中市场脉搏。实际上，对于很多成功的企业来说，在产品投放方面需要从战略的高度来操作，并且要求企业具有独特的眼光。30 多年来，米其林轮胎一直是世界轮胎市场的主导者。米其林获得超越竞争对手的机会始于钢丝轮胎的生产经营。早在 20 世纪 30 年代，米其林就开始关注并致力于钢丝轮胎的研究开发。不过，由于钢丝轮胎在行驶时的高摩擦声及高额制造成本，当时大部分厂商对这种技术并不认同。但是到了20世纪60年代，汽车制造商与用户却接受了钢丝轮胎。米其林的竞争对手们猛然醒悟，但为时已晚，米其林已经为他们筑起了一道难以逾越的品牌壁垒。有人做过统计，轮胎行业2/3的发明源于这家以"永远创新"为口号的公司。当然，这种成功不仅来源于以技术为中心的产品创新，还源于整个企业系统联动，包括营销上的创新。可以肯定的是，产品创新往往会推动营销创新。这就如画家作画，有素材才有发挥空间。我们都知道耐克在运动鞋市场的出色表现，但在20世纪70年代初，在美国运动鞋市场上占据领先地位的品牌是阿迪达斯、彪马等品牌。当时，美国逐渐兴起慢跑，无疑这是一个机会。但是，耐克的竞争对手们对这个商机似乎并不敏感。1974年，耐克公司把一种外形酷似"华夫饼干"的新型脱烷橡胶鞋底应用于新产品中，这种新款运动鞋鞋底带有小橡胶圆钉，并且鞋底的弹性比市面上流行的产品更强。结果，恰恰是这项并不复杂的创新为耐克带来了机会，不但销售额猛增，还使公司迅速发展起来，超越了竞争对手阿迪达斯、彪马等品牌。到20世纪80年代中期，耐克就已经成为全美最大的跑鞋制造商。耐克能够长期在运动跑鞋市场独领风骚，与其"追求创新"的理念密切相关。

也有很多企业在这一点上"栽"了跟头，即便是施乐、索尼等跨国公司在市场面前有时也会"失明"，可谓"聪明一世，糊涂一时"。施乐的错误在于虽然第一个拥有了打印机技术，却由于过于专注复印领域，结果把机会丢掉了。索尼则因没有认识到液晶彩电的市场潜力，甚至认为这是没有前途的"鸡肋"，结果被三星抢了先。2003年，《日经商务》进行了一项关于超薄电视的消费调查，"索尼超薄电视WEGA与松下VIERA，你会选择购买哪一个？"结果显示，VIERA超过WEGA。但索尼不为所动，坚持认为OLED（有机发光显示技术）才是未来，想要借此独霸世界电视机市场。2000年，全球液晶电视时代来临，索尼却在研发一种未来技术。当时，索尼工程师团队一直认为液晶是一种过渡技术，OLED才是未来。在索尼内部，工程师团队始终认为只要OLED一诞生，液晶技术就会被淘汰，索尼就能像在显像管电视领域中一样独霸市场。但实际情况却出乎索尼的预料，2004 年全球液晶电视整体需求量为 876 万台，2005 年为 2360 万台，全球液晶电视以 2 倍速度增长，生命力强大。索尼忘记市场，只为创新而创新，这让索尼短短 3 年时间就丢掉了"第一"的宝座。

3. 产品组合科学合理

首先我们来介绍几个营销学上的概念：第一个概念是"产品线"，即产品系列、产品类别，指某企业生产技术密切相关的同类产品的总和。第二个概念是"产品项目"，即每个产品系列（线）中不同品种、规格、质量、价格的特定产品，即产品目录上列出的每一个产品。可见，产品线是由若干产品项目组成的。第三个概念是"产品组合"，即一个企业生产和销售的全部产品系列及产品项目构成的整体。任何一家企业几乎都不会经营单一品类或单一产品项目。很多企业经营的产品往往种类繁多，如美国光学公司生产的产品超过 3 万种，美国通用电气公司经营的产品多达 25 万种。因此，这就必然涉及产品组合问题，或者说产品搭配问题。

产品组合包括产品线内（或者说品类内）产品组合与跨产品线（或者说跨品类）产品组合。实践证明，对于企业来说品类内产品组合在营销上具有更大的成功潜力，而跨品类产品组合实际上已经是多元化经营，往往需要企业在资源与能力上提供更多的支持，具有更大的市场风险。因为各条产品线在最终用途、生产条件、分配渠道或其他方面相互关联的程度低，有很多资源难于整合与共享。

那么在进行产品组合时应考虑哪些问题呢？**首先，要注意产品的关联性**。产品线内产品组合关联性高，而跨产品线组合则关联性低甚至毫无关联。通常来说，关联度高对于企业来说在营销上更易于操作。但是，也并非关联度越高越好，因为同品类产品往往针对不同细分市场而推出，存在一定的市场交叉与重叠，要防止产品市场冲突。因此，仅仅有关联性还不够，还要有互补性。**其次，动态化组合**。产品组合的动态平衡，实际上是产品组合动态优化的问题，只能通过不断开发新产品和淘汰衰退产品来实现。产品组合动态平衡的形成需要综合性地研究企业资源和市场环境可能发生的变化，各产品项目或产品线的成长率、利润率、市场占有率将会发生的变化，以及这些变化对企业总利润率所产生的影响。对一家产品项目或产品线众多的企业来说这是一个非常复杂的问题，目前系统分析方法和电子计算机的应用，已为解决产品组合最佳化问题提供了良好的前景。**再次，关联性组合关联性越强往往专业性越强。**一般来说，拓宽、增加产品线有利于发挥企业的潜力、开拓新的市场；延长或加深产品线可以适合更多的特殊需要；加强产品线之间的一致性，可以增强企业的市场地位，发挥和提高企业在有关专业上的能力。**最后，品牌化组合。**在产品组合的过程中，也伴随着品牌组合，最恰当的产品组合还要依赖于恰当的品牌组合支持。

企业之间的竞争往往体现为品牌阵营之间的竞争，而品牌阵营之间的对抗，主要体现在产品线上的对抗，乃至具体产品的竞争。因此，完善品牌阵营、完善产品线、丰富具有竞争力的产品、构筑品牌金字塔成为一些优势企业的战略性目标。我们以日化品牌为例，欧莱雅在中国收购了小护士、羽西品牌后，品牌数量达到 14 个，品牌金字塔已经形成；宝洁公司虽然错失羽西（羽西主要是彩妆及大众化妆品市场），但却把封面女郎和蜜丝佛陀两大品牌引进中国市场以图对抗。见表 2—1：

表 2—1　　　　　　　　　　宝洁、欧莱雅两大品牌金字塔

	宝洁（中国）公司	欧莱雅（中国）公司
金字塔高端	SK - Ⅱ、Noxzma	赫莲娜、兰蔻、碧欧泉
金字塔中端	玉兰油、威娜、MOD	薇姿、理肤泉、欧莱雅等
金字塔低端	伊卡璐、妮维娅、封面女郎等	美宝莲、卡尼尔、羽西、小护士等

第二节　营业推广暗藏的"促销险情"

促销策略是市场营销组合（4P）的基本策略之一，是企业产品市场提

升与销售促进的秘密武器。促销策略是指企业通过人员推销、广告、公共关系、营业推广等促销方式向目标客户传递产品（或服务）信息，以引起他们的注意和兴趣，并激发他们的购买欲望和购买行为，最终达到提升销售业绩的目的。本节将围绕促销手段之一的营业推广展开。对于营业推广，美国市场营销协会做了如下定义：除了人员推销、广告宣传和公共关系以外的，刺激消费者购买行为和经销商市场利益的各种市场营销活动，如陈列、示范、展览、表演以及推销努力。美国著名营销学者特伦斯·A.辛普对营业推广提出了较为客观的观点：营业推广是指商家用以诱使批发商、零售商和消费者购买一个品牌的产品，以及鼓励销售人员积极销售这种产品的激励措施。可见，营业推广包括消费者促销、中间商促销和销售人员促销。

恰当地运用营业推广可以发挥以下作用：信息传达，进行销售引导；激发购买欲望，扩大销售数量；突出产品特点，建立产品形象；维持市场份额，巩固市场地位等。但是并非所有的促销策略都能发挥正面作用，不当的促销策略还会帮企业的"倒忙"，这就涉及一个问题：营业推广安全。所谓营业推广安全是指企业在开展营业推广促销的过程中，能够正确运用促销策略，有效地保证营销目标的实现。同时，在促销过程中，既不会造成负面的、消极的影响，也不会造成不必要的经济损失，更不会导致营销危机的发生。

根据营业推广活动的特点，其核心是推动资金流、产品流、信息流的快速运动，这就离不开制定正确的促销政策及组织有序的促销活动。从这个角度来说，促销安全本质上是促销政策安全和促销活动安全。促销政策安全要求企业制定的促销政策必须行之有效，不会引起营销上的不正常波动。如果出现政策失误，不仅达不到促销的目的，反而会导致一些副作用出现，影响营销正常运行。而促销活动安全则要求企业开展促销活动必须能够有效地推动营销运转，而不会出现活动失控或者活动响应消极等情况。因此，企业在制定营业推广策略时，必须对促销政策与促销活动的安全进行充分的风险评估、预测，以确保促销活动安全有效。

解读营业推广策略安全

对于营业推广策略安全，可以从下面 2 个角度来加以认识：

1. 营业推广策略安全形态

营业推广策略安全主要有以下 2 种形态：**一是促销不足**。促销不足是指企业所开展的促销活动无法满足产品营销的实际需要，主要是由于企业自身素质、资源与能力有限而导致的促销无法满足产品营销工作需要。诸如企业因资金不足而无法开展大规模促销活动，或者开展的促销活动过少而达不到促销目的……**二是过度促销**。过度促销也可以称为过度杀伤，即企业虽然竭尽全力开展促销活动，但促销活动所产生的利润却不足以抵消促销活动所带来的负面效应与消极影响。总体来看，过度促销有三个特征：一是投入产出比不合理；二是过度促销可能有悖法律、法规、商业伦理道德；三是过度促销可能恶性透支企业营销资源。另外，在促销效果上造成的可能不仅仅是经济上的损失，还有可能造成品牌形象受损。

2. 促销安全内容

首先是促销政策安全。促销政策安全是企业除了要保证促销政策合法、合理、真实外，还要保证促销政策可执行、有效。有些企业为制造促销噱头，促销政策搞得很花哨，结果是"中看不中用"、"换汤不换药"。主要有以下 3 种情况：一是"特价"不特。为吸引消费者，不少企业使用"特价"、"平价"、"优惠价"等诱人用语，但只是一个幌子而已，实际上并没有价格促销活动。二是虚假打折。诸如一些企业标示全场打折，但实际上只是个别部门或产品存在折扣。三是赠品掺假，开展促销活动的企业故意不标明赠品的品名或数量，或者任意界定赠品价值。实际上，虚假的促销政策已经构成商业欺诈，促销安全问题就已经产生了。不见得促销活动一定要被做实是商业欺诈，只要被质疑涉嫌欺诈并被媒体报道，促销安全问题实际上就已经浮出水面了。

其次是促销活动安全。促销活动的开展除了活动的实效外，更要保证促销活动的现场安全。实际上，现场安全已经成为一个不容忽视的新问题。很多企业在开展大型促销活动时，为达到聚集人气的目的，往往会采取一些"赔本赚吆喝"的办法，诸如某商场开展的"八毛钱烧鸡"促销活动，为庆祝新店开业一只烧鸡竟然只卖八毛钱。这类促销活动容易导致现场失控，带来安全事故。2007 年 10 月 10 日上午，重庆家乐福超市开展 10 周年店庆活动，把原价 51 元的色拉油让利至每桶 11.5 元销（每人限购两桶），市民争相抢购，以致在通往地下商场的坡形地发生踩踏事件，死亡三位老年人。对于限时限量促销活动，特别是以特价名义开展的粮、油、肉、蛋等生活必需品的限时限量购物活动，容易造成人群聚集、人身伤害、秩序混乱，所以必须首先消除安全隐患。实际上，促销主体不仅是零售商，还有生产厂商，开展促销活动之前都要进行充分的风险预测与风险评估，以及促销危机的应对预案，并对促销活动秩序进行有效控制。

影响促销安全的经营行为

促销有其双面性，即有其"天使"的一面和"魔鬼"的一面，只有控制住促销的"魔性"，促销的效果才会更接近预期的促销目标或者超越预期的促销目标。实际上，过度促销十分可怕。因为企业在人、财、物等方面都投入了，却没有相应的产出，甚至还带来了负面效应，诸如由于不当促销使企业身陷"价格战"泥潭，或者使企业遭遇信任危机，乃至使品牌形象受损等。这种情况下，无异于企业拿自己的"刀"削自己的"把"，一定会乐坏了竞争对手。过度促销不但恶化了宏观上的行业环境，使企业处于一个恶化的关系营销环境，还蚀去了企业的资源和利润，破坏了企业竞争力。

总体来说，企业要提防以下 6 大风险型促销行为：

1. 持久促销

这种持久促销不但会使促销力钝化、达不到预期的促销效果，还会形

成促销依赖症和促销刚性症。促销依赖症表现为促销一停，销售马上回落；而促销刚性症表现为促销强度小，销售反应微弱，而强度加大则生产厂商无利润可言，无法承受促销成本及费用。

2. 饥饿促销

企业采取把产品有计划、有节奏、限制数量地投放市场的办法，通过制造销售紧缺的气氛来促进产品销售。这种方法在汽车、房地产行业都有很多应用。汽车行业采取的是"限量供应、提高价格"的办法，但是由于种种原因一些生产厂家做了却"不敢"承认。生产厂家先是故意炒作，等把消费者胃口吊足后却故意控制供应量，造成市场紧缺的假象，然后抬高售价，这无异于变相掠夺消费者，而中国的消费者又有个毛病，只要市场紧张就以为是好的，越紧张越抢购，越是涨价越要买，结果很容易就落入了生产厂家的"圈套"。在房地产行业，开发商为了把不好的房子先销售出去，会采取销售控制的办法，即在销控板上把优质房源标注为已售出或已定购，从而限制顾客对优质房源做出选择。这种捂盘惜售的做法，难免要涉嫌商业欺诈。

3. 跟风促销

企业如果在促销上盲目跟风，则必然伤神伤财，要知道跟风往往会降低促销实效。促销作为营销战术，有其计划性，也有其随机性。战略是策略的"纲"，也是开展促销活动的指针。在市场战略上，不同企业不必苛求一致，也不会一致，但"竞争力战略"却都是一个绕不开的战略性话题。除非这家企业没有做长期经营的打算，但这样的企业实际上是不存在的。竞争力是什么？是企业可持续的发展和赢利能力。无论开展什么形式的促销，打造竞争力都是核心、是前提。因此，必须坚持几个战略性原则：可持续发展原则、量入为出原则、全局平衡原则、竞争合作原则，这是市场战略对促销的"宏观"约束。如果促销缺乏先导性，跟着竞争对手走，必定难讨客户"欢心"，促销目的也自然难于达成。

4. 对比促销

很多企业为彰显自身产品优势，采取了"捆绑"竞争对手的办法，即通过把自己的产品与竞争对手的产品相对比来体现优势，从某种意义上来说这也是一种体验营销。顾客往往把"货比三家"视为购物的一条真理，习惯于比较后选择，然后才会做出购买决策。其实，开展对比促销企业利用的就是顾客的这种心理。2005年12月，东风日产的一些经销商4S店就开展了"对比销售"活动，在推销颐达轿车时，将竞争车型凯越、伊兰特、花冠等一同展示，供对比试乘试驾，顾客可以根据自己的感受选择喜欢的车。但是对比销售如果操作不当，就可能涉嫌不正当竞争，给自己带来麻烦。

5. 竞价促销

如果企业过于在促销上做价格文章，甚至与竞争对手比拼价格，其结果就容易使市场价格控制不利，使企业陷入"价格战"的泥潭。当然，"价格战"发起的主体不尽相同，有企业自身发起的，有竞争对手发起的，还有渠道商挑起的。不管怎样，"价格战"到最后少有赢家，整个行业都将受损。《财富》杂志曾有一篇文章强调了这一主导理念，并提出疑问："价格战会带来什么好处？"文章中的答案如下："什么好处都没有。"同时，还指出"价格战一旦陷入今天降一点、明天降一点的恶性循环，企业的利润就一天天损失，所以报复性的跟进降价其最终恶果必然是整个行业的利润直线下降，从而导致企业亏损甚至破产。因此，有企业家称价格战是'最简单也最没有出息的竞争方式'"。

6. 协议促销

一些企业为了实现动销，不惜推出协议式销售（或者承诺式销售），以降低顾客的购买风险，让顾客快速购买。医疗服务行业的签约治疗就属于这种情况。如2004年11月21日，广州车展开幕的前一天，东风标致在广州宣布实施"在中国汽车业具有标志性意义的'可信赖的狮子'"的行

动，从 11 月 22 日起对其东风标致 307 全系列产品实施新价格外，对所有
已经购买东风标致 307 的用户进行差价部分的现金补偿。2004 年 8 月，比
亚迪汽车公司向消费者做出承诺：所有车型从即日起至次年 1 月 1 日内一
旦发生降价，将给予已购车用户差价补贴；若同一车型多次降价，车主可
以享受多次补贴。

第三节　消除营销传播中的不和谐音符

科特勒咨询集团总裁米尔顿·科特勒指出，现在的企业，制造和生产
的再也不是所谓产品本身，而是品牌，因为人们把整个生产过程外包给别
的企业，企业的核心就是设计、执行并且推广这个品牌。因此，消费者买
的是品牌，而不是产品。实际上，米尔顿·科特勒大师是告诉企业要"卖
品牌"，而不是"卖产品"。美国的另一位营销大师唐·舒尔茨写了一本名
叫《整合营销传播》的著作，他认为企业所有的目标就是要建立品牌，除
了目标受众、潜在用户、关系利害人，最终是要通过传播建立品牌资产、
累计品牌价值，通过不断整合来创造品牌价值。两位大师的观点给了我们
三个视角：营销即传播，传播即营销，营销即品牌，这也道出了营销安全
与品牌安全、传播安全的密切联系。从这种意义上来说，传播不安全，营
销也就一定不安全！

复杂的传播安全

实际上，传播也是一个促销过程，因为广告、公关、人际传播作为传
播的核心手段，也是促销组合策略的重要组成部分。因此，传播安全是策
略安全的重要组成部分。所谓传播安全，就是指在进行营销传播过程中，
能针对目标受众进行有效传播，不会引发传播危机。传播安全包括传播定
位安全、传播信息安全、传播资源安全、传播资金安全等诸多方面。传播

定位安全是指传播的受众应是本企业的目标市场所在，而不出现错位传播现象；传播内容安全是传播的信息既不泄露公司的重大机密，又不与国家的政策、法律法规相抵触；传播信息安全是指选择的媒介能有效影响目标受众，而不出现传播浪费；传播资金安全则是指通过传播能够收回传播过程中的投入，获得良好的投入产出比。因此，企业必须注重传播的针对性、科学性和有效性，以提高传播效果。

通常来说，企业所面临的主要有以下两种传播方式：第一种是企业面向各种社会力量的纵向传播，这是企业采取广告、公关等手段而实施的自上而下的宣传；第二种是利用各种社会力量之间的交叉传播，尤其是利用客户的口碑。无论是哪种形式的传播，其间都隐藏着巨大的风险。自上而下的纵向传播往往是积极主动实施的传播行为，但并不意味着没有风险。纵向传播安全包括以下要素：传播策略安全、传播资金安全、传播信息安全、传播资源安全、传播效果安全等。而交叉传播安全则极其复杂，主要是各种社会力量（如政府机构、新闻媒体、行业协会、业内专家、合作伙伴、竞争对手、顾客等）彼此之间或者面向整个社会的开放性、交互性传播，更容易给企业造成传播危机。要知道，交叉传播可以传播"正口碑"，也可以传播"负口碑"。尤其是流传于客户之间的传言，正在成为企业传播安全的危险"杀手"，并且传言的"杀伤力"还很强。

在此需要强调一点，对于纵向传播还存在这样一种情况，那就是很多企业鼓励员工开博，这就需要企业提高警惕，加强约束与监管。微软、谷歌等公司已经在利用企业博客对外发布产品信息、深化服务和塑造形象。这些企业的高管们甚至亲自上阵，把写博客当成一项重要的工作。同时，鼓励员工写博客，实施对外传播。诸如惠普为其实验室的研究人员办了一个博客网站，戴尔公司内部则有一个 Linux 博客网站，而太阳微系统公司对博客的利用最为大胆，他们不仅允许开发人员，而且允许普通雇员发表意见。根据博雅公关发布的数据，世界500强企业中约80家企业发布了企业博客。虽然员工博客在提升企业形象方面可以发挥很大作用，但如果企业没有制定明确的博客指导方针，博客也可能给企业造成麻烦。诸如员工把握不好什么样的话该说、什么样的话不该说，结果把不该说的说了出去，这样就可能给企业带来麻烦。太阳微系统公司就做得很好，他们向所有员工下发了一份同安全法规相关的文件，作为警示。正是由于正确操作，新发布的一份白皮书显示，员工博客提高了微软、太阳等公司的形象。当然也有反例，例如谷歌、德尔塔航空公司、Waterstone、Friendster等。这份白皮书还援引了爱德曼在 2005 年 6 月份的一项调查结果，称约70%的企业没有制定明确的博客指导方针，这使得员工和企业都非常危险。另外还援引 Intelliseek 最近发布的一项研究称，与新闻和广告相比，在决定消费者的采购意向方面，博客上发表的评论更有影响。

在广告传播、公关传播、人际传播等诸多传播手段中，广告传播安全最值得关注，也是风险最大的传播方式。2006 年 11 月，中消协发布的"广告公信度"网上调查结果显示，一万多网友中，超过 2/3 的受访者对目前商业广告宣传的总体评价为"很不信任"或"较不信任"。其中，受访者认为虚假宣传最严重的三个领域分别为医疗、保健食品、药品，美容服务和化妆品也排名靠前。调查结果还显示，超过 2/3 的受访者在近一年内有过因相信某商业广告宣传而权益受损的经历。可见，商业广告的公信力在受众心目中已经大打折扣。实际上，消费者对广告的信任度越低，企业就越应注意传播安全。下面从 4 个方面来谈一谈传播安全：

1. 传播资源安全

传播资源安全是指企业对传播资源的掌控能力，包括占有、调配、整合和利用能力，这里的传播资源包括媒体资源、媒介资源、社会活动资源（如体育、文艺、公益等活动）、社会事件资源（如"神五"、"奥运"）等。实际上，有价值的传播资源往往是有限的，善于掌控者往往拥有更大的传播机会。因此，传播资源往往成为竞争对手角逐的对象，甚至出现了跨行业争夺。2008 年中央电视台 19 时黄金报时点的广告，有 10 个月被保险企业所占领，中国平安保险（集团）股份有限公司、中国人寿保险股份有限公司等保险公司都积极参与了争夺这一宝贵传播资源的行列。中国人寿和中国平安中标时段的广告均是品牌广告，而不是产品广告，因为这个时段是品牌传播的绝佳时段。再如，蒙牛发现了"神五"蕴藏着的传播机会，借助这次事件进行炒作传播获得了成功。早在 2002 年上半年，有先见之明的蒙牛就与中国航天基金会进行了接触，以拥有并挖掘传播资源。蒙牛这次之所以能够携手"神五"，沾上航天光，源于中国航天基金会的多次考察及市场调查，在经有关权威部门对产品进行严格检验之后，蒙牛产品最终被认定为"中国航天员专用产品"。蒙牛为成为"中国航天事业合作伙伴"这一身份付出了大约 1500 万元人民币。2003 年，蒙牛抓住"神五"升天的契机，成功地进行了一次品牌传播与提升。由此，"蒙牛成为中国航天员专用乳制品"的新闻传播活动也被评为"中国广告业十大新闻"之一。2003 年 4 月，获批成为中国航天首家合作伙伴，蒙牛产品被认定为"中国航天员专用产品"。实际上，蒙牛的成功就对竞争对手的传播安全构成了威胁，对竞争对手进行了传播"打击"。

2. 传播策略安全

传播策略包括整合传播策略、传播创意策略、媒体组合策略等。策略安全关系到最终的传播实效。如今，很多企业为提升传播效率与效果，把目光投向了形象代言人，然后通过广告、公关等手段来加以推广。广告代言人在广告的传播过程中扮演着重要的信息来源角色，并且根据其说服力对消费者产生影响。广告专家 Friedman（1979）将广告代言人类型分为名人、专家、典型消费者三类，其中"名人"说服力的来源主要是依赖吸引力；"专家"说服力的来源主要是依赖专业性；"典型消费者"说服力的来源主要是依赖相似度与可靠度。企业在选择代言人的过程中，也涉及了传播安全。企业必要考虑代言人与品牌的契合度、代言人有无影响品牌形象的负面新闻、代言人的人气、代言人的身体健康状况、代言人是否在与竞争对手合作、代言人是否愿意在更多的场合配合宣传等。另外，代言人首先必须是产品的用户或消费者，否则虚假宣传同样会带来危险。诸如联想 S 手机请演艺名人大 S、小 S 做代言人，约定其在中国大陆必须使用联想的 S 手机。否则，代言不但不会给品牌形象增光添彩，反而会给品牌抹黑。百事可乐就曾因几位明星代言人的不良行为遭遇尴尬：麦当娜（因一

盘有争议的录像带)、迈克·泰森(被判强奸罪)、迈克尔·杰克逊(被指控猥亵儿童)等,这难免会给百事的品牌形象做"减法"。另外,企业也要防止因代言人遭封杀而使广告被"禁播",要知道除了聘请代言成本高昂之外,广告的创意制作成本也很高。随着娱乐消费时代的来临,聘请明星充任代言人的风险也在增加。

3. 传播信息安全

传播信息安全是指企业通过广告、公关、人员等传播手段,所传播的信息不要存在以下情况:泄露商业秘密、存在不可兑现的承诺、存在虚假与欺诈信息、存在违法信息、存在有违商业伦理道德的信息等。实际上,很多企业为了实现销售业绩快速提升,最容易犯的错误就是在传播信息上做文章。尤其是很多企业涉嫌虚假宣传,不但给企业带来了经济损失,还有损品牌形象。诸如 2007 年 3 月 26 日,央视经济频道《生活 315》播出"无烟锅里的秘密",使以锅王号称的"胡师傅"因涉嫌虚假宣传被曝光。经过上海材料研究所检测中心检测分析,这种宣称采用航天科技、紫砂合金锻造、绝对无涂层的胡师傅无烟锅既不是钛合金,也不是锰钛合金,而是一个以铝为主的铝合金。结果,一下子把胡师傅无烟锅置于危机之中。再如,吕女士于 2005 年 1 月购买了一支 SK - Ⅱ紧肤抗皱精华乳,但一个月过去后,吕女士没有发现自己的"肌肤年轻 12 年,细纹减少 47%",反而出现过皮肤灼痛的情况。她为此就虚假广告等问题委托律师状告 SK - Ⅱ。不久,吕女士与其诉讼代理人唐伟向法院提出"追加宝洁(中国)有限公司为被告"的申请。南昌市工商局的调查结果认为,SK - Ⅱ紧肤抗皱精华乳的产品宣传手册中对"皱纹减少程度"和"肌肤年龄"的定义不够清晰,"皱纹减少 47%"和"肌肤年轻 12 年"的陈述属于实验中的最佳状况,但产品宣传手册中并未注明"最高达"字样,对实验数据的描述不够全面。对此,宝洁决定停止使用 SK - Ⅱ宣传手册,并将在新的版本中做必要修改,对数据做全面描述。同时,宝洁在公开信中表示道歉,SK - Ⅱ也通过公开信就产品宣传手册中出现的疏漏表示歉意。

4. 传播效果安全

传播效果是指传播目标的达成程度，而传播目标的达成程度越高，传播的效果就越安全。通常来说，传播效果包括产品销售效果与品牌形象提升两个方面来评估。当然，传播效果是由多种因素决定的，诸如传播策略、传播创意、传播载体等。下文将对此进行探讨，在此不赘述。

负面传播的外部"纵火者"

传播安全随着互联网的到来正受到越来越大的挑战，这使安全的双向性更加明显。在过去，企业传播几乎是由上至下的，即企业传播对各种社会力量的影响占主导。但是现在不行了，Web2.0时代，各种社会力量沟通的互动性增强，并且各种社会力量与企业的互动性也在增强。在这种情况下，企业还必须警惕来自顾客（消费者）、新闻媒体、竞争对手、业内专家、反消费主义者的"负面传播"。Web2.0时代，网络已不局限于"互联网"，而是一个"大网络"的概念，由互联网、手机、新兴多媒体终端（如iPod和MP4播放器）等共同组成。当然，互联网是核心。在Web1.0时代，网络营销的主要特征是"企业对个人"，而Web2.0时代不但可以"企业对个人"，还可以"个人对个人"，并且成为主导。Web2.0时代，互联网上新兴的blog（博客）、即时通信软件、社交网络、RSS（简易聚合）、Webcast（在线视频）/Podcast（播客）、TAG（网摘）、SNS（社会化网络）、wiki（维客）等新名词、新事物联合起来，称为Web2.0的主要代表形态，并依据六度空间理论、长尾理论、XML、Ajax等新理论和新技术，实现互联网新模式。Web2.0是以"个人"为核心，用户将拥有更多应用和控制工具，可以自己提供网络内容并进行复杂的交互沟通。

1. 来自顾客（消费者）的抱怨

企业都希望培育顾客（消费者）的口碑，但是企业必须知道口碑包括"正口碑"与"负口碑"。"正口碑"是对企业、品牌、产品或服务的褒奖与赞誉，最终以品牌美誉度的形式表现出来，而"负口碑"恰恰相反，危及传播安全。对于口碑的威力想必企业也知道，"金杯银杯不如客户的口碑"，"十个广告不如客户的一个口碑"已经给了我们最明确的答案。实际上，顾客（消费者）抱怨的往往只是一个点或几个点，我们把这个点称为口碑点。口碑点是指广大客户在使用产品或接受服务后褒奖或批评的关键点。例如，谷歌的口碑点是"简单实用，准确客观"；马自达汽车的口碑点是"性价比高"。消费者的抱怨就是"负口碑"，诸如不管是最热门的苹果 iPod 或者是其他厂商的数字随身听，充电电池的寿命可能不会超过一年，消费者往往会因电池"短命"而抱怨；2007 年度电信服务质量用户满意度调查测评结果调查显示，我国消费者对于手机和上网的电信服务满意率高于固定电话，而固定电话话费高、收座机费成为消费者抱怨最多的焦点；虽然由于市场白热化竞争，售后安装服务早已成为各空调厂家的竞争利器，但是面对空调销售旺季的到来，安装等售后服务已开始成为制约厂家的一个短腿，结果经常招致消费者的抱怨……国外服务营销专家的研究结果显示：如果客户对企业的服务不满，只有 4% 客户会对企业抱怨，而另外 96% 的客户都会保持沉默，并且有 91% 的客户今后将不再购买这家企业的服务。研究结果还表明，只要企业对客户的抱怨处理得当，70% 的客户还会继续购买。如果企业能够当场解决客户的抱怨，将会有 95% 的客户继续购买。如果企业没有建立消费者"诉苦"或"抱怨"的渠道，消费者就可能向其他方向传播：政府、消费者协会、媒体、身边的人，甚至会联合起来，通过互联网对外传播他们的抱怨，而使企业传播安全受到挑战。诸如《财经时报》报道，柯达的 LS443 型数码相机出现质量缺陷以后，柯达在我国台湾省为消费者提供了免费升级的解决方案，但是在中国大陆柯达给出的两个解决方案看起来却苛刻得很，结果引发用户抱怨，使得全国 20 多个省市的 200 多位"难友"走到了一起，在网上成立了"维权联盟"，共同进行维权。可见，如果客户抱怨处理不当，其传播力不可小视。汽车推销大师提出了著名的吉拉德的"250 人法则"，即每个人都可以影响到其身边的 250 个人，包括同事、邻居、亲戚、朋友。更何况，消费者现在拥有更为广阔的传播空间呢？

2. 来自新闻媒体的"负面报道"

2001 年 2 月 15 日，史玉柱在泰山产业研究院的座谈会上谈道："我粗粗地算了一下，要搞死一个民营企业，至少有 13 种方法。"史玉柱还说，"这里面还不包括出于企业内部的原因，比如经营不善等。"在他提到的"13 种方法"中，有两条与媒体有关，分别是第三条和第四条。史玉柱所说的第三种死法是媒体的围剿。对此，他举了个例子："比如说媒体一旦围剿银行，银行运转再健康，它说你已经资不抵债了，储户只要去提钱，银行肯定完蛋。"第四种死法是对产品的不客观报道。史玉柱认为，在药品和保健品领域里，任何一个产品都不可能 100% 有效，如果 70% 至 80% 有效就比较好了。如果 90% 有效，产品就称得上优秀。但是，"如果媒体只报道 10% 无效的，产品马上完蛋"。这是因为，"在中国，说产品不好的时候，老百姓最容易相信"。

如今，很多企业都认识到"成也媒体，败也媒体"。媒体的负面传播主要有如下六种情况：第一种情况是公布政府相关部门的监督检查结果，诸如技术监督局质量不合格产品公示、工商局的违法广告公示等；第二种情况是媒体履行社会监督职责，媒体记者进行新闻调查而发布的调查性文章；第三种情况是个别媒体记者被竞争对手收买而充当"枪手"，对企业进行攻击；第四种情况是竞争对手通过在媒体发布软文来对企业进行攻击；第五种情况是媒体记者接到消费者投诉，在经过调查核实后，把问题曝光；第六种情况是媒体通过传闻而进行的不当猜炒，结论很可能未经证实或有失偏颇……媒体传播已经线上线下复合化、立体化、互动化，这使媒体传播的"毒"性剧增，不但快而且猛，就如病毒一样。虽然在很多情况下，企业是因为自身的原因而倒下，但至少媒体充当了导火索的作用，加速、加重了危机的爆发。

3. 来自竞争对手制造的"流言"

制造流言属于一种不正当的竞争传播方式，通过抹黑竞争对手，并散播没有事实根据的流言来达到竞争目的。虽然这是"下三烂"的竞争手段，但是依旧为很多为竞争不择手段的企业所采用。史玉柱提到的"民营企业的 13 种死法"中，第一个"死法"就是不正当竞争，他指出"竞争对手如想整你，你在明处，他在暗处，很容易整死一个企业。诬告、打官司等破坏你的声誉，方法很多"。史玉柱还现身说法道，"去年秋天，全国有一半省会城市的人大、政协突然每天都能接到有关脑白金产品的投诉，这导致销售受阻。经过调查，发现原来是有些竞争对手在每个城市都雇了几个人，这几个人的主要工作就是写针对脑白金的投诉信。事情被发现后，投诉信随即就消失了"。实际上，明智的企业不会采取流言战、口水战，因为谣言最终总是不攻自破，口水战也分不出胜负。对此，很多企业严格要求员工，不允许员工评价竞争对手。诸如马云和阿里巴巴就选择了沉默，马云就下过一道"死命令"："第一，不许说竞争对手坏话；第二，不许说竞争对手坏话，第三，还是不许说竞争对手坏话。"

瑞星就曾经是流言战的受害者。2007 年 11 月，在百度帖吧、新浪论坛、中关村在线论坛、安全之家论坛等几十个有影响力的网络论坛上，都有匿名人士发帖或转帖，声称"瑞星新版的防火墙软件有严重的设计问题，对网络的干扰和破坏力甚至大于很多计算机病毒"，并点名指出多家高校受此影响，校园网已经瘫痪。这些帖子曾在 11 月 13 日集中出现过一次，后来在 11 月 26 日、27 日又达到传播高峰期。这引起了瑞星高层人士的注意，于是派出团队到高校进行实地调查。结果，虽然这些校园网中确实有大量个人用户在使用其新版防火墙软件，但并未出现帖子中所称的造成校园网瘫痪。于是，瑞星方面推测是竞争对手所为，甚至有公关公司的参与。这次流言给瑞星带来了很大的麻烦，不仅关系到品牌形象，更耗费了大量人力来处理这次事件，瑞星研发、客服的核心力量都被动员起来处理这起网络流言危机。

4. 来自业内专家的学术性质疑

在诸多社会力量中，有三种社会力量不可小视，即政府、媒体、专家。对于政府，主要是防止政府政策变化，不要忽略政策变化对企业经营的影响；对于媒体，主要是防止或控制负面新闻传播，企业必须建立专门的公关部门。而专家这一群体,因其在专业领域内的影响力,也可能会对企业经营产生巨大影响。我们知道,专家的声音无论是对政府决策还是对消费者的购买行为都会产生重要影响。过去,很多企业忽略了专家的声音对企业的影响。专家极为关注那些行业领域内出类拔萃的企业,包括企业的成功与失败。我们都知道香港中文大学教授郎咸平,作为著名财经学者却拥有"郎大炮"的称誉。他多次撰文或通过演讲披露国内一些举足轻重的企业的"黑幕",诸如科龙、德隆等企业,结果这些公司的老板顾雏军、唐万新等陆续出了问题。作为企业,尤其是优秀的企业,应该认识到自己不仅是政府、媒体的关注对象,也是专家的关注对象。如今,专家已经不再仅仅是一个站在课堂里不问世事的"老师",而更是"专业督察"与"传播者",传播力与影响力都很大。但是,企业防专家的办法不是不让专家说话,这是一个民主的社会,谁也做不到这一点。唯一的办法就是企业规范操作,不让专家抓住"小辫子",甚至成为专家案头及课堂上的精彩案例。

企业传播必须远离的雷区

实际上,无论是中国本土企业,还是跨国公司,在传播上可谓屡踏雷区。并且,在传播手段上,广告传播出现的问题最多、最严重。下面就来盘点一下:

1. 传播涉及国家政治

进入 20 世纪 90 年代以来,很多企业在产品或品牌广告上,涉及政治性问题。尽管广告主称并非出自本意,但广告因其敏感性不是遭到民众的抵制就是遭到政府主管部门的禁止。总体来说,主要有以下三种情况:一是涉及国家主权及领土完整;二是涉及国家政治人物并有损人物形象;三是广告中使用国旗、国徽、国歌。

雪铁龙汽车公司创立于 1915 年,是法国第三大汽车公司,其主要产品是小客车和轻型载货车,并且与中国汽车企业也有所合作。2008 年 1 月

8 日，西班牙大报之一《国家报》在第15版上刊登一个整版的法国雪铁龙汽车广告。但广告画面的主角并不是雪铁龙汽车的形象，而是已故中国领袖毛泽东的照片，而且毛泽东的形象被广告设计者进行了肆意篡改，被电脑技术改得神态奇怪。这则广告的传播口号是："雪铁龙，2006 年和 2007 年度销售领袖。凯撒风范尽现！"雪铁龙还在广告中写道："毫无疑问，我们是王者，对于雪铁龙，革命远远没有结束。我们将在 2008 年把所有已有的技术优势进行到底。来吧……"这则广告除了在具有五十多年历史、发行量达 10 万份的大报西班牙《国家报》上刊登外，在西班牙其他全国性和地方性媒体也有刊登。广告刊出后，引起中国侨民的强烈反响，认为这则广告有损中国领袖的形象，很多读者纷纷要求中国的侨团代表和西班牙《国家报》以及雪铁龙公司进行交涉，并要求雪铁龙公司道歉。

2. 传播违反法律法规

这里的法律法规主要是指《中华人民共和国广告法》、《反不正当竞争法》以及一些行业性、地方性法律法规。如果广告中出现以下内容就为违法广告，如绝对化用语：零风险、无效退款；盗用国家机关、权威人士、专家、消费者名义；含有效率、治愈率、显示疗效数据；含有不科学用语；含有疗效、安全预防、无毒副作用等字样；其他法律、法规禁止的内容。根据北京市广告监测中心在官方网站上公布的广告涉嫌违法率排名前十的行业，分别是烟草、医疗服务、保健食品、医疗器械、装饰装修、其他食品类、产品直销、人用药品、医疗美容和其他工程服务。尤其是药品、医疗、保健食品、化妆品、美容服务等成为 2007 年违法广告的整治重点。

从国家工商总局公布的数据来看，2005 年全国工商行政管理系统共查处虚假违法广告案件 3.02 万件，要求有关部门停止发布虚假广告 4.07 万件。到了 2006 年，工商机关共查处广告违法案件 6.18 万件，其中虚假广告案件 1.66 万件，责令改正 3611 件，责令停止发布 1.96 万件。另外，截至 2007 年 11 月底，全系统共查处虚假违法广告案件 5.65 万件，责令更正 3864 件，责令停止发布 1.69 万件。在违法广告管理上，政府部门依法采取警示告诫、限期整改、暂停广告业务、取消广告经营许可等行政监管和处罚措施。实际上，广告违法不但会增加传播成本，对品牌形象造成负面影响，甚至会贻误营销活动的正常开展，对于有长远发展观念的企业来说绝对不愿故意为之。

3. 传播有违商业伦理

作为企业公民必须履行社会责任，只知"索取"而不知"奉献"的企业，尤其跨国公司，是难于深度融入中国市场的，更难于把自己做"红"。不但政府不允许，社会公众也不会"放过"。社会责任主要集中在环保、教育、就业等方面。

全国人大常委会和全国总工会在 2004 年 9 月的执法检查中发现，沃尔玛中国分公司在 18 个城市的 37 家商店均未建立工会组织。上海因沃尔玛拒建工会，没有让其在上海投资。11 月中旬，沃尔玛向媒体声明，如果有员工提出要求，沃尔玛将在中国建立工会，此次为沃尔玛首次回应工会风波。在组建工会方面，沃尔玛曾经在全球都保持着倔犟的不合作态度，并因此而饱受指责，但在中国沃尔玛的态度有所转变。再如，2005 年 4 月初，部分穿着印有"拒绝 APP"图案 T 恤衫、举着"拒绝 APP"牌子的大学生环保志愿者在北京、兰州等六省市的超市内向消费者倡议抵制毁林伐木的 APP 旗下的"清风"、"唯洁雅"、"真真"等纸制品。此前，浙江省饭店业协会也呼吁该省 417 家星级饭店坚决抵制 APP 的纸产品及其附属产品。3 月 30 日，国家林业局明确指出，印尼金光集团旗下公司在云南"确实存在毁林行为"，并将对此予以彻查。近年来，屡屡有一些拥有较好环保口碑，甚至是"世界 500 强"的跨国公司，在中国发生环境违法行为，这是严重的企业社会责任缺失。跨国企业在中国污染状况呈上升势头，部分原因是相当一部分跨国企业执行双重标准，在中国缺乏环境责任感。挑战法规最终会受到惩罚。2007 年 11 月以来，欧诺法装饰材料（上海）有限公司、上海中远川崎重工钢结构有限公司及今麦郎食品（成都）有限公司被国家环保总局查出有污染行为。2008 年 1 月，环保总局予以批评。从 1 月 10 日上午开始，今麦郎成都有限公司六条生产线全部被停产，进行整改。

4. 传播涉嫌歧视消费者

可以说，消费者就是企业的衣食父母。消费者购买企业的产品或服务，除了获得物质上的满足，还会追求精神上的享受。如果消费者感觉到企业存在歧视或者忽略消费者的感受，那么企业的日子就要不好过了，可能就要遇到麻烦。当然，出现这种情况很可能是消费文化差异所致，或者企业过分追求创意，而忽略实际营销效果。2005 年 2 月 14 日情人节，一向特立独行的屈臣氏超市在北京新东安店推出了"购物满 38 元，赠送安全套"的活动，让不少顾客觉得尴尬甚至反感，认为商家在追求新意的同时忽略了消费者的感受。2 月 17 日，屈臣氏就此事指出这是个别门店的行为，而非总部行为，并道歉。再如，2005 年 6 月，麦当劳公司的一则名为《讨债篇》的电视广告，因其中有一位消费者跪地拉着老板的裤管"求折扣"的画面，引起了不少消费者的反感，认为为买"麦当劳"下跪求折扣，这样的内容简直是在侮辱消费者。于是，纷纷向工商和消协等部门投诉。6 月 21 日，麦当劳停播了该广告。6 月 23 日，麦当劳发表声明，对日前引发广泛争议的"下跪"广告表示了歉意。

5. 广告创意遭遇恶评

2008 年春节期间，恒源祥推出了时长一分钟的贺岁片，在电视台与网络上播放。对于"恒源祥，羊羊羊"我们可谓耳熟能详，十几年前，这则短小的广告以三遍连播的开创性方式，给电视观众留下了特别深刻的印象。三年前，恒源祥成为奥运会赞助商，就曾将广告改成了"恒源祥，牛牛牛"，电视观众也有耳目一新的感觉。2008 年春节前后，恒源祥在全国多家电视台播出的广告则彻底变脸，广告中 12 生肖齐上阵，从头到尾过了一遍，同样是三遍连播。结果，此广告一出便让观众瞠目结舌，网上更是引起了几乎一边倒的反响，甚至被评为比脑白金广告更为恶俗的广告。同时，也成为媒体热议的对象，纷纷指其恶俗。总体来说，对于这种虽然恶俗却影响力非凡的广告各界人士争议不一。有些人认为"恶俗广告"达到了传播目标，有力地提升了品牌知名度，但也有人认为这种强制性的广告灌输缺乏创意，没有欣赏价值，会影响品牌的美誉度。这种在品牌知名度上虽然有所提升，但刺激过多、过强和作用时间过久而引起观众心里极不耐烦或反抗的心理现象，称为"超限效应"，必然要遭到大部分受众的排斥，无疑也增加了广告风险。

6. 传播遭遇对抗干扰

营销大师 A. 里斯和 J. 屈特认为我们身处一个传播过多的社会，信息庞杂，相互干扰的程度很高。同时，两位大师批评以往的传播沟通方法不理想，需要找到一种新的方法，实现更好的传播效果。他们找到的这个方法就是——定位。他们认为定位是解决问题的唯一答案。因为它能有效地实现区隔，使传达的信息不被湮没，在激烈的竞争中脱颖而出。但是在很多情况下，竞争对手会在传播上与你缠在一起，站在企业的肩膀上做传播，狠狠地咬住你。通过在产品卖点上做文章，并精练广告诉求，力争比竞争对手产品更科学、更精练、更具说服力，或者直接反对以挑战竞争对手的广告诉求点，这是一种常见的操作路数。

2003 年农夫山泉推出复合型果汁饮料——农夫果园，将三种水果混在一起，其广告语为"农夫果园，喝前摇一摇"，而娃哈哈也推出复合型果汁饮料，广告语"三种不够味，四种又加钙"直指农夫山泉。还有很多类似的案例：名人掌上电脑对决商务通：名人掌上电脑和商务通是掌上资讯产品的两大巨头，二者之间有一个典型的广告诉求与反诉求策划，商务通的经典广告语为"手机、呼机、商务通，一个都不能少"，名人掌上电脑则反诉求为"手机换了，呼机换了，掌上电脑也该换了"，恰是以其人之道还治其人之身。再如，以潘石屹为首的北京红石实业有限责任公司开发的现代城（SOHO）名扬天下，以房地产操盘名流邓智仁为首的中国第一商城则是现代城最大的竞争对手，二者在广告战中可谓极尽对攻之能事。在现代城的广告中提出了，"带精装修的现代城公寓，省去'烦'锁，拉开时尚"，其竞争对手中国第一商城则提出，"真正没有'烦'锁？一些自以为'现代'的地产商宣扬着阴沉的'陷阱'，引诱消费者住在工地的包围中，买一瓶可乐要半小时，还撑着面子说这是个性或时尚的现代生活"。并且，广告配图也和文字一样针锋相对，充满了浓浓的"火药味"，中国第一商城一语双关把矛头直指现代城。

此外，还有几种常见类型：一是借用引用型。借助强势品牌的营销资源或广告主张，作为新品牌或弱势品牌广告策划的素材或主张，这是典型的借力打力。诸如广州年轻态公司生产的护花吟化妆品借助宝洁 SK-Ⅱ"皮肤年龄"的概念提出"皮肤减龄"概念，并借助宝洁公司的"皮肤测试仪"，通过发布广告让消费者去检测使用护花吟后的效果，既实现了挑战 SK-Ⅱ 的目的，又借用了竞争对手的营销资源。二是捆绑共生型。新品牌或弱势品牌借助竞争对手的知名度、信誉等无形商誉，和竞争对手在商誉方面捆绑，并应用于广告之中，可以达到让目标受众快速认知的目的。蒙牛被誉为高速增长型企业，其在起步发展阶段就很清楚地认识到自己与伊利的差距，同时更注重利用伊利的市场资源，在宣传中打出"千里草原腾起伊利、兴发、蒙牛乳业"、"为内蒙古喝彩"、"我们共同的品牌——中国乳都呼和浩特"等，为自身发展创造了良好的市场环境。

7. 传播时机选择不当

传播也要讲究"天时"，其中包括恰当的时机、恰当的时间，并非什么情况都适合做传播。但是，很多企业却没有把握"天时"的能力。2003年3月20日伊拉克战争开战当天，中央电视台即向500家企业、700家广告商发出传真，邀请企业参加央视举办的战争期间广告投放招标会。根据中央电视台预测，伊拉克战争期间收视率会大幅增长，更何况中央电视台准备对伊拉克战争进行首次大时段的直播报道。实践证明，中央电视台的预测是正确的。根据慧聪国际资讯对全国报纸的抽样调查数据，伊拉克战争开战后七天较开战前七天报纸的销售量平均增长了40%，增长的最高幅为100%，最低也达10%。同时，电视的收视率也较平时增长了 1~10 倍。但是，央视的招标并没有得到企业积极的响应。在中央电视台邀请的500家企业中，仅有14个企业积极参与，在战争期间投放了广告。事实证明，很多企业在战争期间投放广告都获得了回报。诸如统一润滑油，凭借一句

"多一些润滑，少一些摩擦"的广告口号而名扬天下。这则广告在 CCTV-4《伊拉克战争报道》栏目中一经播出，统一润滑油这个民营企业品牌顿时名扬海内外。

实际上，对于战争期间传播应持慎重态度的倒应是美国、英国的企业。作为参战国，在战争期间应该避开在特定地区、特定媒体、特定广告位投放广告，避免弄巧成拙。为此很多英美企业对广告发布计划都做了调整：本田和奔驰于伊拉克战争开战后从所有媒体上撤掉了长达 7 天的广告；美国第二大广告客户宝洁公司决定开火 48 小时以内，所有产品的广告一律暂停播出；可口可乐公司选择在娱乐、体育和家庭等特定的频道播出广告，取消在新闻频道的广告播放。

8. 诉求点或概念缺陷

可以概念营销，在中国来说是一种中国式营销，中国企业最善于做概念，也最善于炒概念。在产品同质化、服务同质化日趋严重的过剩经济时代，除了品牌，概念被视为制造差异的第二把"利剑"，于是很多企业在研究产品定位、包装时就开始考虑了概念问题，以为后期营销埋下"伏笔"——提供炒作素材。就概念营销而言，有以下几大高危行业：保暖内衣、房地产、医药保健品、美妆产品、空调……尤其是对于医药保健品行业，更是大刮概念风。概念营销本是一种值得倡导的营销策略，通过概念塑造差异，使产品拥有个性化的卖点，遗憾的是概念成风，科技概念、洋概念、服务概念等层出不穷，或者概念缺乏理论、技术等实质内容支持，或者概念雷同，或者概念高深莫测，玩"学术"，把目标消费群体搞得晕头转向。企业开展概念营销可以，但是必须具备三个条件：一是概念真实，并非虚炒概念，或者做文字游戏；二是产品概念能够得到产品有效支撑；三是概念要差异化，避免同质化。如今，林林总总的概念搞得人们莫名其妙，让消费者搞不懂到底谁是正确的、科学的，甚至出现多种产品极力炒作同一概念的，如中华灵芝宝炒作"药灵"，而富硒灵芝宝则炒作"硒+灵芝"，可谓彼此互做"嫁衣"。另外，有时企业打概念牌也很难获得实效，因为大家都在炒一个概念时，难免鱼龙混杂，概念被"破坏"

了。就拿纳米概念来说，纳米产品却一直处于无序和混乱状态，号称采用纳米技术的水、油、美容品、清洁剂、洗衣机等随处可见，甚至鞋垫、口罩也被贴上纳米标签，纳米成了商家包装自身高科技的"花瓶"。结果，害了真正采用纳米技术的企业，诸如鄂尔多斯内销总公司常务副总经理杭连祥就曾拿着公司最新研发的纳米羊绒衫对记者抱怨："现在很多厂家随意拿纳米概念来包装产品，使得真正纳米产品的利益得不到保障。"

第四节　价格是一把锋利无比的"双刃剑"

在营销4P（产品、价格、渠道、促销）策略中，价格策略作为其中的"1P"，对营销起着至关重要的作用。在营销4C（需求、便利、成本、沟通）策略中，也有"1C"与价格有关，即成本。实际上，价格不仅仅体现企业的竞争优势，更关系到企业的赢利能力，要知道利润是企业经营的核心。管理大师彼得·德鲁克曾一针见血地指出，"即使换了天使当CEO，他也会变着法地去赚钱"。不过，价格对于企业来说，也是风险因素。无论是产品定价、价格促销等哪一环节出现问题，对于企业营销的影响都是巨大的，甚至可能把企业带进利润"死海"。因此，企业必须对价格安全给予足够的重视。

价格安全关系"造血"能力

价格绝对不仅仅体现产品的市场价值，还关系到市场竞争优势、品牌形象及企业赢利能力，更关系到企业的持续发展能力。所谓价格安全，就是指在竞争环境下，企业对产品价格竞争优势的掌控能力，掌控能力越强价格就越安全。也就是说，在复杂的社会、政治、经济、文化及市场竞争环境下，产品价格应具备足够的应对能力。威胁价格安全的主体绝不仅仅来自企业自身价格策略的错误或者竞争对手的价格竞争行为，还来自政府、媒体、合作伙伴等诸多因素。

价格安全主要包括以下八层含义：一是价格符合所进入市场的有关政策、法律法规；二是价格能够保证企业拥有必要的赢利能力；三是价格具有应对未来竞争的可操作空间；四是价格与品牌定位、产品定位相和谐；五是能够应对来自竞争对手的各种价格竞争行为；六是产品价格信息不为竞争对手所掌握；七是产品价格能够对接消费需求与消费者购买力；八是企业对原辅料、零部件等方面成本上升具有足够的消化能力，在这种情况下依旧能保持价格竞争优势……对于第八点，在此强调一下。如今很多原料资源都出现了供应紧缺，诸如石油、铁矿石等。就拿铁矿石来说，2005年铁矿石价格上涨了71.5%，2006年涨了19%，2007年涨了9.5%，2008年4月1日，全球钢铁原材料——铁矿石的价格将整体上涨65%。铁矿石价格上涨，对不同钢铁企业会产生不同的影响。至于影响程度，主要看两点：一是看企业的规模效应，具有产销规模的企业具有更强的消化能力；二是看公司的产品竞争能力和成本转化能力。说到底，如果哪家钢铁企业因铁矿石提价而导致钢铁产品价格过高，就会在市场上失去竞争力，进而战败于市场。

如果从营销角度来看，只有具有持续竞争力的价格策略才是安全的。价格策略要通过营销行为来实现，所以价格安全包括以下环节：产品定价安全、价格促销安全、价格调整安全。下面分别来探讨一下：

1. 产品定价安全

这里的定价安全是指企业在推出新产品时，对产品的价格定位。在价格定位时，虽然很多企业充分考虑了产品成本、营销成本、竞争对手定价、顾客购买力等综合因素，但还是很难一次就把价格定得恰到好处。很多企业在价格定位上都出现了偏差，而影响了产品在市场上的营销表现。一汽大众2006年的一款战略产品速腾的疲弱，在一定程度上打乱了大众（中国）着手实施的"以市场和消费者为导向的全新品牌和产品战略"。速腾这一一汽大众当年唯一期待的主力车型并没有表现出强者本色。这款车推出8个多月，销售仍没有达到预期目标。中国乘用车市场联合会秘书长饶达分析指出，速腾目前销量不高的原因主要是定价偏高，尽管德国车传统上价格高于日韩车，但仍然会影响一些消费者的购买取向。产品价格定位偏差包括两种情况：一种是价格定得偏低，另一种是价格定得偏高。从本质上来说，价格出现偏差往往是由产品市场定位出现偏差所导致的，使价格偏离产品的真正市场价值。企业必须认识到一个现实：降价容易提价难，调整价格并不是一件容易的事。因此，价格定位越是准确，产品价格越是安全。

2. 价格促销安全

营销大师曾告诫我们："没有一分钱改变不了的忠诚"，当然这里的"一分钱"只是营销大师用于说明问题而采用的一个"虚数"，这说明顾客（消费者）对价格的敏感性。实际上，价格促销始终是一种原始而实用的促销方式。当然，价格促销包括直接价格促销与间接价格促销。所谓直接价格促销是指企业采取直接对产品降价的方式来获得更多的市场响应，诸如价格折扣、折让，而间接促销方式则是企业通过价值性赠与而使目标客户感觉到产品价格优惠。对于直接价格促销，往往要找好促销机会点并控制好促销周期，否则长期促销就会使顾客（消费者）对价格产生依赖，导致促销活动结束之后难于调整回原价。并且，如果不调整则有欺骗顾客（消费者）之嫌，会降低品牌及产品信任度。而间接促销，从某种角度来说是一种价值战，已为越来越多的企业所采用。

3. 价格调整安全

任何一家成功的企业都不会刻板地坚持最原始的价格定位，即便是原始的价格定位非常正确地切中了市场的脉搏，企业也必然要随着竞争环境的变化而调整产品价格，更何况更多的企业在最初价格定位时就存在一定的偏差。价格调整往往有两种情况：一是被动调价，这是为了适应市场竞争形势；二是主动调价，这是为了获得更大的市场竞争优势。不管怎样调，除了在价格上调得对、调得准之外，还要充分考虑到价格对品牌形象的影响。要知道，调整价格与品牌形象有着密切的关系。通常来说，中高端品牌往往具有较低端品牌更高的价格。如果价格不能体现中高端品牌形象，那么就要调价——提价。

2003年9月下旬，五粮液以推出全新三重防伪包装为由头，将主流产品提价百元，涨幅达25%，在价格上超过此前一直雄居白酒价格首位的国酒茅台。2003年10月，茅台公司选择跟进，将高度茅台酒涨价50元，涨幅达23%。由此，五粮液和茅台拉开了竞相提价的序幕。随后三年中，经过三四轮的提价运动之后，五粮液和茅台已将高端白酒的价格提到了一个前所未有的高度。实际上，五粮液、茅台提价就是为了提升高端产品形象，品牌形象越是卓越，品牌溢价就越高，企业赢利能力就越强。摩立特集团战略定价专家、美国圣克拉拉大学教授Georg Muller博士在接受《中外管理》杂志记者采访时指出，"当制造商在他们的品牌形象上花下巨资的时候，他们也从市场上赚取了额外的利润。这些额外利润一方面来自产品消费体验中的可感知价值，另一方面也来自消费者通过这样的购买行为在他们的朋友、同事中留下的印象所带来的价值"。同时，Georg Muller博士还指出，"当奢侈品制造商认识到这些因素时，他们通常不会打价格战，导致价格下跌。相反的，而是在这种品牌形象、品牌质量驱动的市场竞争态势当中，他们会在广告投放中一掷千金，而不是在价格上相互厮杀"。

成也价格，败也价格

价格竞争有其"天使"的一面，也有其"魔鬼"的一面，价格是一把"双刃剑"。对于"天使"的一面我们把其称为良性竞价行为，主要是立足于企业实力、资源与成本优势，以及技术与经营管理优势，通过价格营销行为以达到拓展行业生存空间、优化行业竞争秩序等目的，这种价格竞争行为有利于行业及企业的可持续发展。而"魔鬼"的一面则把其称为恶性竞价行为，主要表现为以自杀式的价格竞争行为获取短期内的市场份额的增长以及销售额的增加，诸如一些不具备打"价格战"的资本的企业却以低价率先出击市场或者跟进"价格战"，往往会破坏行业整体生存与发展空间。这种自杀式营销在"杀敌一千"的同时，往往也"自伤八百"。

结果，很多企业在价格竞争愈演愈烈的情况下，难于长期招架，甚至反被竞争对手率先淘汰出市场。在中国市场上，很多行业都深受其害，诸如彩电、VCD、保暖内衣等行业。长虹彩电家喻户晓，并且是家电降价的始作俑者。1996 年，长虹掀起降价潮之后，中国彩电业经历数轮"价格战"，"价格战"逐渐成为了家电业争夺消费者的主旋律。并且，"价格战"在彩电行业愈演愈烈。到了 2000 年，彩电业更是出现全行业价格"跳水"。经过多年"价格战"，整个彩电行业的平均利润水平不足 5%，甚至只有 2% 左右。再如，历经"价格战"，国内轿车企业的平均利润率已由 2001 年的 22% 降至 2004 年的 6%—7%，2004 年行业亏损面达 17%，亏损额为 64.72 亿元，同比增长 25%。

总体来说，危及企业营销安全的价格竞争行为主要有以下三种：

1. 价格炒作

企业进行产品价格炒作的目的各不相同，有些企业通过价格炒作意图以低价叫响市场，而有些企业则是以价格炒作提升知名度与影响力，还有些企业进行低价炒作则意在告诫竞争对手，并阻止潜在的竞争对手进入，另外，也有一些企业进行价格炒作是为产品降价或提价做铺垫，制造气氛。奥克斯空调可以说是中国市场上的价格"职业炒家"之一，不但时机抓得准，出手也狠，并且动作也大。奥克斯空调就是通过价格炒作策略而笑傲空调行业，一跃成为中国空调市场五强之一的。为实施低价炒作，奥克斯空调策划了一系列事件，启动了空调行业洗牌的"核按钮"：2002 年 4 月，奥克斯公布《空调成本白皮书》，以"行业叛逆者"形象曝光了空调行业暴利的秘密；2003 年 4 月，发布《空调技术白皮书》，揭露行业中以夸大空调附加技术来牟取暴利的黑幕；2003 年 10 月，又公布了《空调健康红皮书》，揭露市场上所谓健康空调的真实状况，并借此制定优质空调新标准。2005 年 10 月 27 日，同样又是奥克斯的一个特殊日子，奥克斯在南京大屠杀纪念馆召开了以"引爆核弹"为主题的新闻发布会，发布了《中国手机成本白皮书》，并呼吁国产手机厂商要以优质平价的定位重塑国产手机的新形象。在新闻发布会上，面对着来自全国 50 余家媒体的记者，奥克斯大曝手机行业成本内幕，并对一款名为奥克斯"海洋之星"的百万像素、MP3 滑盖手机进行现场解剖，将其零部件价格、研发费用、生产经费等一一披露，这一以低价叫板市场的价格炒作又一次在行业内引起轰动。

企业恰当地实施价格炒作必不可少，然而价格炒作也有其负效应。诸如 2004 年 12 月，东风标致经销商推出"标致 307 2.0 限量典藏版寻'三高'车主"活动，所谓"三高"即高学历、高职位、高收入。在这次活动中，经销商用价格做文章，以 14.98 万元的价格销售标致 307 2.0 的行为被东风标致生产厂商叫停，并宣布"暂停此次活动，撤掉这次活动的广告和其他相关信息"。原来，这次活动完全是经销商的自发行为，作为生产厂商，东风标致并不支持经销商利用价格做文章。经销商推出 14.98 万元的价格已低于成本价，这样做虽然在短期内会迅速拉动销量，但对东风标致整个销售网络的建设和经销商自身的长远发展都有不利影响。经销商利用价格进行炒作，会误导消费者只注重价格，而忽视性能和服务等其他因素。这与东风标致一直追求的"高品质、高性能、高服务"的理念产生了冲突。同时，经销商的这类活动也会造成车市秩序的混乱，不利于整个车市健康和可持续的发展。

2. 降低价格

对于企业来说，降价包括良性降价与恶性降价。任何一个行业发展都要经历一个行业成熟与品牌集中的过程，而在这个过程中那些强势品牌有一个重要的工作要做，那就是清理行业市场中的"游击队"与"杂牌军"，以拓展市场份额，并建立良好的市场秩序。在这种情况下，强势品牌会利用成本与规模优势主动降价，这就属于良好性降价。诸如宝洁 2004 年在中国市场投放零售价 9.9 元的"飘柔"洗发水，其意图应是希望通过低价策略来清理市场。这种情况往往是行业领导品牌或强势品牌才会采取的价格行为。诸如万和燃气热水器就经过"六月革命"痛击对手、清理市场、抢占份额，初步奠定了其行业内的龙头地位。当时，我国热水器生产厂家达数百家之多，且存在着很多手工作坊，整体技术水平低规模小，其

中生产量超过 100 万台的只有万和等两家。万和以燃气热水器五大系列的
二十余款新品（包括高技术含量的新品）全线以贴近杂牌价位的"革命"
价突入市场，以图净化燃气热水器市场，引领行业革命，推动整个行业的
产业升级。此次万和掀起的"六月革命"风暴直接促进了燃气热水器行业
重新洗牌。万和的"革命价"极具杀伤力，获得了成功。万和的总裁卢楚
其表示："鉴于目前的行业状况，国内市场竞争日益加剧，中国加入 WTO
后又面临国际同行强势品牌的挑战，燃气热水器行业也同样将受到强力整
合，新的行业龙头将会按照市场规律优胜出来，谁不适应市场经济的规
律，谁不顺应市场经济的发展，谁就被淘汰出局。"再如格兰仕微波炉平
均三四年清退一个主要对手，成为整个中国微波炉行业里集中度、集约
度、集群化程度最高的一个，尽管如此，行业的重复建设、无序竞争风气
仍未能禁绝，2003 年，格兰仕专用于"光波打假"就花去一亿元，却收
效甚微。据了解，格兰仕于 2004 年 3 月在全国发动"光波普及风暴"，将
在国外卖两三千元的光波炉以千元以下价格在国内全面"普及"，将光波
炉的专利、光波标志和圆形光波反射器三大鉴定标准大白于天下，击中了
部分跟风企业的"概念"软肋。当然，除了"价格"可以清理市场外，技
术也是清理市场的武器。

　　无论是"价格战"的发起者还是"价格战"的应战者都必须要考虑
"价格战"对自身的价格安全问题，以及对行业健康发展的贡献问题。否
则，"价格战"的各方都是输家。1992 年，美国航空公司爆发机票价格大
战，美国航空、西北航空和其他航空公司相继减价。结果表明，该年度整
个行业遭受的损失超过了该行业出现以来的所有年度利润之和。所以面对
"价格战"，企业必须考虑好是否参与，当然要立足于自身的素质、资源与
能力做出综合判断。不过，最佳的方案是远离"价格战"。

　　总体来说，企业面临"价格战"可做出如下选择：第一个选择就是撤
退策略。当企业不愿卷入"价格战"时，可以选择放弃某一部分市场以免
被卷入旷日持久且代价昂贵的"价格战"。诸如在 20 世纪 90 年代中期，
录像带市场发生价格战，边际利润急剧下降。3M 公司很果断，毅然决定
退出该市场，尽管录像带最早是由 3M 发明的。3M 宁愿放弃无利可图的

"价格战",把精力集中于技术创新,并把其作为核心战略。现在,3M 大约有40%的利润来自于新产品。第二个选择是与竞争对手进行"价格战",并且具备把"价格战"进行到底的勇气与决心。这时企业可采取"价格跟随"或者把降格降得更低,甚至推出一种新产品专门用于与竞争对手在"红海"决斗。当然,也可以采取抱团的方式来应对"价格战",主要是联合业内弱势群体,共同应对"价格战",实际上这是一种价格竞争联盟。电器销售商成立中永通泰公司抗击国美、苏宁等大型连锁销售商即是一例。第三个选择是开展价值战,以价值战应对"价格战",对此将在本节下文做详细阐述。第四个选择是想办法叫停"价格战"。可通过政府或社会团体、行业组织介入解决,如 2003 年中国软件行业协会介入交大铭泰、金山、瑞星、江民等杀毒软件企业的竞争,进而叫停其"价格战",这种情况就是一种依靠第三方力量解决问题的实效化手段。第五个选择是协议终止"价格战"。积极与"价格战"发起企业协商终止"价格战"也是存在可能的,尤其"价格战"进行得难解难分之际。要知道"价格战"本身就是"在锋利的刀刃上要平衡",打击竞争对手的同时也伤害了自己,这就为协商停止价格战创造了可能。诸如美之声无绳电与步步高无绳电话、名人掌上电脑与商务通就是以协商方式终止了"价格战"……在此,笔者坚决反对一种应对"价格战"的方式,那就是通过降低产品品质来获得降价空间,再以低价去与竞争对手肉搏。这是应对"价格战"的下下策,结果只能是害了企业自己,当年高路华彩电就曾经采取"降质降价"的策略,结果自吞苦果。

3. 提升价格

笔者曾经服务过一家制药企业,该企业主要生产经营一种生化药品——狂犬疫苗,主要销售渠道是疾病预防控制中心(CDC)。由于竞争激烈,为了能够在竞争中生存下来,该企业采取了低价竞争策略。经过了两年的市场运作,该产品终于获得了良好的市场位置,位居行业三甲,品牌也具备了一定影响力。但是随着渠道成本费用的增加,以及原材料的涨价,利润空间越来越小。于是,这家企业便想提高产品价格,但又怕采购单位不同意而失去合作机会，觉得很矛盾。其实，很多企业都面临着类似的问题，即如何解决原材料成本增加、竞争成本增加而导致利润大幅下滑的问题。如何安全提高产品或服务价格，而又保证客户（消费者）不流失，这是一个不大不小的难题。"降价容易提价难"，如何让客户逾越心理门槛成为难点。对企业来说，关键是要掌握正确的提价方法：一定要给消费者一个合理的理由，并与消费者做充分沟通，让消费者理解企业的提价行为。同时，如果能让消费者体验到提价的价值，他们就更无话可说了。

通常来说，企业可以考虑采取以下办法来提升产品（或服务）的价格：第一种办法是改变产品包装形式与包装规格，利用消费者对包装成本的模糊认识来提升产品价格。对于服务行业，可通过改善服务硬件设施及服务环境来提升服务价格，这就是很多宾馆、酒店在装修后提升服务价格的重要原因。第二种办法是跟随竞争对手提价。如果竞争对手提价，你的企业可采取尾随提价的办法，这样可分散消费者对企业提价行为的注意力。第三种办法是提价要素公开法。公开产品或服务提价的原因，诸如原辅材料涨价、零部件涨价，等等，这种原因通常可以为消费者所接受。第四种办法是联合提价法。联合行业内的同业一起涨价，这种情况也很容易实现，即便是消费者不满意，也只能接受了。第五种办法是炒作提价法。诸如通过销售气氛营造，制造一种短缺，以此实现提价的目的，房地产、汽车行业销售通常采用此种方法，对于这些高总价投资，消费者往往怀着"买涨不买跌"的心理。第六种办法是政策性提价法。借助于国家政策颁布实施而提升产品价格，诸如白酒企业，随着各种税收政策的调整可以很自然地提升价格。第七种办法是在新产品推出或产品更新换代之际提升产品或服务价格。新产品或新服务往往代表着新价值，新价值对应的则是新价格。第八种办法是借助企业获取重大荣誉的时机，提升产品或服务价格。诸如获得"中国名牌"、"中国驰名商标"等品牌荣誉之时。第九种办法是价值弥补法，通过超值或增值服务来掩盖提高价格的真相。例如《多伦多邮报》为将其星期天版的价格由 25 美分提升至 2 美元，对其星期天版面进行了改版，不但扩大了商务版，还改进了娱乐版。结果，改版两个月后消费者评价极高，更加喜欢这份报纸，这时《多伦多邮报》提升了价格……

前几年，笔者在东北一家乳制品企业做营销部经理时就曾采取过这种策略。当时，公司推出了新产品——搅拌型酸奶。那时，长春搅拌型酸奶市场几乎为河北保定的几个品牌所主宰。保定几个品牌产品的包装容量都是一个大包装内 10 小袋，零售价格也较为接近。经过一段时间的销售，消费者对包装形式与包装规格也有所认知。如果我所在的企业推出其他包装，消费者短期内未必认可，那样将增加市场成本。同时，如果采取同样包装规格，虽为本土企业，但由于缺乏产销规模，在价格上又难于获得竞争优势。在这种情况下，我建议公司采取一个大包装内 8 小袋，每小袋包装容量与保定的几个品牌等同。这样，酸奶产品就拥有了低价进入市场的机会，在外包装上也容易给消费者造成一定的"模糊"，并且在包装形式上也符合消费者的胃口。结果，产品推向市场后，由于产品质量到位，很快就得到了消费者的认可，并很快成为企业的拳头产品。

"三招"让企业远离"价格战"

在中国，大多数产业都处于过度竞争状态之中，"价格战"愈演愈烈。但是千万不要因为你的企业目前尚未参与"价格战"而感到庆幸，因为"价格战"离你的企业可能并不遥远。美国营销专家 Akshay R. Rao 曾经这样告诫企业：也许你的企业目前还没有处于"价格战"中，但可能很快就会卷入。因此永远不要认为现在准备是为时尚早……Akshay R. Rao 还一针见血地指出："价格战"没有胜利，只有"鲜血"。的确，"价格战"是损人而不利己的竞争方式，并且还可能破坏一个行业的生存与发展空间。当然，并非每一次"降价"都属于恶性竞价，当市场发展到一定阶段的时候，确实需要市场领先品牌通过降价来净化一下行业市场，清理杂牌军，以更有利于行业发展。

总体来说，企业远离"价格战"有"三招"：第一招是把价格营销模式化，确保价格竞争优势持续突出；第二招是变"价格战"为价值战，与竞争对手不比价格比创新；第三招是远离红海、开创蓝海，摆脱与竞争对

手之间刺刀见红式的价格竞争。

1. 打造独特的价格竞争模式

在此，有必要先校正一些企业错误的价格竞争观念。对于"低价"竞争，很多企业都把其理解为"价格战"。实际上，"低价"未必是"价格战"的代名词，更未必会吞噬营业利润。当"低价"成为一种商业竞争模式时，不但不会吞噬利润，而且正好相反，还会创造利润。当"低价"营销成为一种商业竞争模式时，是一种良性价格竞争。价格竞争模式是指企业以价格为核心竞争力的营销模式。我们可以看到，很多企业成为长期坚持低价竞争的企业，诸如戴尔电脑、沃尔玛超市、国美电器。但是这些企业之所以采取低价竞争并有所建树，是因为这些企业的商业模式能保证企业长期拥有低价竞争优势。这些企业的"低价"竞争仅仅做到便宜还不够，还要保证这种"低价"不是恣意而为的短期行为，而是立足于企业长久的、可持续发展的战略行为，并且这种战略行为不但不吞噬利润，而且还源源不断地为企业创造利润。**从企业战略高度来看，进行企业设计必须考虑几个关键环节：客户选择——价值设计——业务范围定位——差异化、战略控制——组织模式确定。**这些环节让我们明白在"低价"背后，还有大量的工作要做，否则无以成为一种商业竞争模式。

下面盘点一下以"低价"为竞争优势的商业模式。《发现利润区》这本著名的商业著作中，提到了这样一种利润模式：基础产品模式。一种最有利可图的赢利模式是能够带来长期后续业务的基础产品模式。厂商首先推出一个可以扩展的基础产品，在以后的使用中，一直要与其后续产品搭配才能发挥功效。用户购买了基础产品后，不得不长期购买其后续产品。基础产品的销售额和利润可能都不高，但其后续产品的利润却是持续稳定而极具吸引力的。基础产品有很多，如复印机、打印机、照相机，而墨粉、复印纸、胶卷、相纸等则是后续产品，设备供应商为客户提供了一个不断"吃掉"这些后续产品的"大嘴机器"，而这些后续产品才是可以为供应商带来长久利润的产品。看来，基础产品实在是个诱饵。

2000年，柯达（中国）公司推出"9.9万当老板"的建店行动计划，欲建柯达快速冲印店的中小投资者趋之若鹜，这使柯达在中国市场上一下开设了数千家彩扩店。要知道，柯达冲印设备的利润微薄，而后续的巨量相纸和冲印套药供应所带来的丰厚利润才是柯达所图。目前，中国照相机普及率只有15%，只及美国的1/5，广大农村人口更甚，这给柯达胶卷销售再创佳绩带来了困难。2001年，柯达实施以让更多人拥有相机为主旨的"相机播种计划"，在中国西部地区二级城市为主的市场上，每年投放30万套KB10相机胶卷套装。该套装由四个柯达MAX400胶卷和一台可重复使用的相机组成，售价仅99元。而单个MAX400胶卷的零售价就得26元。套装本身几乎没有利润可言，但套装的购买者必将成为未来柯达胶卷的消费者，这将让柯达获得长期销售胶卷的机会。现在读者就明白了，对于这种利润模式低价只是一个诱饵。

很多大型商超、大卖场为什么能够提供其他竞争对手所不具备的价格竞争优势？在这方面不同企业还有着不同的商业模式支持：第一种是自有品牌模式，通过让生产厂商贴牌生产自有品牌商品，以获得低成本优势，诸如家乐福与上海联华超市合资成立的迪亚天天折扣店。其未来目标是自有品牌商品要占到全部商品的一半以上，达到60%—70%的水平，而自有品牌商品要比市场上同类商品便宜5%—20%，并且还能保证比家乐福还要便宜10%。这样，通过自有品牌的成本优势、规模优势形成了巨大的杀伤力，并且使自有品牌成为利润源泉。第二种是直复营销模式，诸如目录销售、寄贸销售、电视直销、网上销售，通过压缩渠道成本来获得价格竞争优势。戴尔（DELL）之所以有能力把价格压低，并且底气十足，主要就是由于这个原因。戴尔有一个销售法则："要做的最重要的事情就是像卖土豆白菜一样把PC卖掉。"因为其采用直线订购模式，省去了代理商、专卖店等商业流通环节，所以节省了大量的流通成本。这样相对于竞争对手而言，具备了更为丰厚的竞争资本与利润空间。第三种模式就是大规模采购与定制包销模式。在这方面，国美是一个典型例子，国美主要运用低价战略征服了所到之处的大部分市场。所以，人称国美是"价格屠夫"、"疯狂杀手"。国美的低价来自何处？国美靠的就是勤进快销，用大批量包销、定制、招投标采购来降低进货价格，再靠低价去不断开拓市场。

不管哪种"低价"利润模式，似乎都有一个共性："低价"是一种隐性利润模式。"低价"只是一种表象。对企业来说，"低价"表象背后隐藏着自己的生存法门和财富命脉；对客户来说，这种表象显得既真实又合理，大家更愿意因"低价"而埋单。看来，"低价"并不影响企业的生存能力、赢利能力和发展能力，因为"低价"背后隐藏着一个利润区，并且产品产销循环越是良性，这个利润区就越显得深不可测。

2. 价值营销让顾客小投入大回报

如今，很多企业倡导打价值战，即开展价值营销，而不是打"价格战"。价值营销专注的不是竞争对手，而是用户的实际需求。价值营销的原理是以顾客为中心对产品、服务、品牌等要素进行价值创新，通过价值创新提升竞争力以及赢利能力。"不要老是向顾客叫卖你的产品，要不断为他们创造价值"，这是对价值营销的莫大支持。当然，这里的价值应该以产品价值为核心，还包括品牌价值、服务价值等方面，为顾客提供"价值包"。通过价值营销，不但可以避开与竞争对手进行价格比拼，更可以吸引顾客。就如著名市场营销学权威菲利普·科特勒所言，"顾客是价值最大化者，要为顾客提供最大、最多、最好的价值"。总之，价值营销要通过价值创新与价值组合来拉开与竞争对手的距离，用价值创造竞争力。

我们都知道，海尔始终坚持"只打价值战，不打价格战"。海尔有句口号叫"创造有价值的订单，创造有价值的需求"，并谋求企业、用户、员工才能三方得利。即便市场处于过剩状态，海尔依然能够通过价值创新找到不过剩的市场，诸如海尔"不用洗衣粉的洗衣机"、"海尔防电墙热水器"等就是围绕产品进行的价值创新。海尔 CEO 张瑞敏有一个独到的观点，企业的核心技术并不等于核心竞争力，能够抓住和发现用户的需求，做到不断满足用户的需求，才是企业的核心竞争力。也就是说，立足于市场的价值创新才是企业核心竞争力的体现。就拿热水器来说，海尔面对降价竞争，没有跟进，而采取了以服务增值产品的价值营销策略。海尔在"安全三剑客"系列热水器精品上市时，在全国范围内推出了"五免"、"三带"服务活动和"即买即安装"活动。

再如，小天鹅集团 2004 年开始在全国推行庞大的"2004 升级洗衣工程"，打出让消费者享受到"家庭洗涤科技"带来的高品质生活的概念，目的就是以价值战应对"价格战"，推出具有国际最先进水准的第四代洗衣机，让千万中国家庭享受到先进的洗涤科技。为此，小天鹅在三方面做了"增值"努力：一是升级行业标准，即增加产品功能。诸如针对消费者对"健康生活"的追求，增加了洗衣机的自我清洁、加热消毒、加热风干等功能。二是升级制造水平。小天鹅洗衣机一直坚持这样一个制造理念——"把矛盾留在厂里"，保证销售到消费者手里的每一台洗衣机都具有可靠的质量、稳定的性能。三是升级竞争层次。小天鹅价值战略强调"丰富附加价值"，适时推出特有的"25 年小天鹅金卡"，消费者不仅可以凭借这个金卡享受长达 25 年的完善售后服务，还可以获得"以旧换新"等多项附加超值服务。

国产手机有两种惯用竞争手法：一种是产品战，即"机海战术"，以多品种同时出击市场；另一种是"价格战"，与竞争对手搞比价竞争。康佳就很聪明，认识到企业的生命力由价值决定而非价格决定，手机行业最终将从规模竞争转向价值竞争，比拼综合素质。中国手机市场已经陷入恶性竞争的"红海"，企业要想获得持久成长，就必须蓄积产业科技力，营造差异化生存空间，开展价值营销。因此，康佳手机明确提出"精品化"产品发展策略，提出"消费价值"最大化的产品竞争策略。为此，康佳确定了四类目标客户群体，包括时尚玩家型、技术实用型等，并针对不同客户群体的需求特点开发相应产品，为具有市场潜力的客户提供最有价值的产品。

3. 开创蓝海远离价格竞争

W. 钱·金与勒妮·莫博涅教授合著的《蓝海战略》自 2005 年 2 月由哈佛商学院出版社出版后，先后获得"《华尔街日报》畅销书"、"全美畅销书"等称号，迄今为止已经被译为 27 种文字，打破了哈佛商学院出版社有史以来出售国际版权的纪录。随着《蓝海战略》的走红，"蓝海战略"也成为 2005 年全球企业管理界谈得最多的关键词之一，跨越产业

"红海"进入"蓝海"已成为企业努力的目标。所谓"红海"是指目前已知的产业市场空间，在这个市场里，企业为了寻求持续的增长，往往会与竞争对手展开残酷的竞争。企业为市场份额而战，为竞争优势而战，但在过度拥挤的市场上，硬碰硬的竞争使企业的利润全部缩减。企业所能做的就是不断扩大产销规模，以获得低成本优势，然后再不断降价，结果往往导致"价格战"此起彼伏。实际上，在红海中打拼最终只能有极少数企业胜出，一个行业市场拼杀到市场成熟阶段，能有三五家企业"立"得住就不错了。格兰仕就是血战红海，不断提升产销规模不断降价，逼迫竞争对手退出或者阻止竞争对手进入。面对整体市场已经陷入恶性竞争的"红海"，企业要想获得持久成长就必须蓄积产业科技力，营造差异化生存空间，深入"蓝海"市场。蓝海战略不局限已有产业边界，而是要打破这样的边界条件，有时候蓝海是在全新的一片市场天地中开辟的，但是很多时候蓝海可以在红海中开辟，诸如星巴克咖啡跨越了麦氏、雀巢等企业的价格竞争策略，通过开辟"第三空间"，贩卖"体验"而大获全胜。可见，星巴克在原有红海中开辟了蓝海。一位著名的管理专家说过："优秀的公司满足需求，伟大的公司创造市场。"从某种意义上来说，企业通过蓝海战略来创造新市场并满足市场需求，不但优秀而且伟大，且值得尝试。

当企业进入"蓝海"，实际上已经脱离了与竞争对手的正面接触，已经甩脱了竞争对手。企业独自进入全新的市场领域，自然不会与竞争对手发生短兵相接的"价格战"。当然，面对商业利益的诱惑，竞争对手也可能跟踪或模仿，"蓝海"也可能变为"红海"，这就需要企业持续的创新能力。另外，在"蓝海"市场上，企业不但可以独自尽享价值创新带来的高额利润，也可以通过差异化带来的低成本优势实施低价攻略，来吸引目标客户。我们都知道，百威啤酒在进入中国市场时就选择了高端市场，百威因进入这一"蓝海"市场而大获成功。安海斯布希公司（AB公司）是世界上最大的啤酒制造商之一，在全美拥有啤酒市场的半壁江山。AB公司旗下的百威啤酒在进入中国市场时，中国的啤酒市场可谓颇具特色：每个城市甚至每个县城都有啤酒生产企业，并且大都为低端产品。百威如果将自己生产的产品定位为低端产品，必然面临着血腥的征战，尤其是价格战。并且，低端啤酒是一种区域性产品，也不利于 AB 公司全线作战。高端化定位，使企业能突破低档啤酒销售半径 100—150 公里的限制。于是，AB 公司把目光锁定在中国高档和超高档啤酒领域的定位，填补了当时高端产品的空白，结果大获成功。AB 选择的是这样一种路径：占领高端市场，站稳脚跟后，再通过收购的方法向主流酒市场迈进，尤其向中端啤酒市场迈进。AB 公司已经通过收购哈啤实现了向终端市场的延伸与渗透。如今，百威已经占据中国高端啤酒市场的大部分份额。百威啤酒通过高端定位开创了市场"蓝海"，获得了高额的销售溢价。

与百威啤酒的高价营销恰恰相反，春秋航空有限公司（以下简称春秋航空）则通过采取蓝海战略获得了低价竞争优势，同时也避开了与竞争对手之间的"价格战"。春秋航空从 2004 年筹建时就采取低成本定位，提出"让更多普通大众坐得起飞机，让乘飞机旅游进入千家万户"的口号。自 2005 年 7 月 18 日首航以来，春秋航空相继抛出 1 元、99 元、199 元、299 元、399 元的超低价机票。经过运营，春秋航空的网络已覆盖上海、广州、珠海等多个城市，航线超过 20 条，平均客座率达到了 99.07%。从 2006 年的数据来看，春秋航空的每张机票每条航线大约比主流航空公司便宜 36%。并且，很多航空公司因行业不景气而亏损时，春秋航空却无赔本之虞。那么，春秋航空公司低成本优势来自于哪里呢？首先，成本压缩与节流。春秋航空提出"无花边服务"，即减少非必要服务，除了给每位旅客免费提供一瓶矿泉水之外，不免费供应其他饮料和餐食，旅客如有需要可有偿食用。另外，压缩工资、福利以及一些零碎的柔性费用，并在人力资本，如人机配比、管理费用等方面做出努力，春秋航空采用单一的空客 320 客机，以便于飞行培训和维护，最大限度地减少了总部和地勤等的人员数量。每架飞机只配备 60 人，相当于其他航空公司飞机的 30%—50%。其次，春秋航空还努力提高效率，寻找差异化的竞争力。为此，春秋航空采取了长途航线为主的策略，让机队的日均飞行时数达 13 个小时，摊薄成本 44%。再次，寻找差异化的机票销售方式。春秋航空的机票销售不进入中国民航 GDS 预订系统，全部在春秋航空自己开发的座位控制销售系统销售，以网上电子客票直销和呼叫中心电话直销为主，辅以春秋航空遍及全国、在华东地区甚至延伸到乡镇的三千余家网络成员的销售网络进行销售。这样，旅客在家或在办公室通过网上订票、网上划位服务就可以自助打印电子客票，并实现了无托运行李旅客自助登机的简便方式。春秋航空公司在成本上创造了很多成绩，2006年春秋航空的平均票价比市场上的平均价格低36%，为旅客带来两亿多元的实惠。成人达己，春秋航空也在蓝海市场获得了成功。

案例自检

【案例与背景】

春都:被"危机"撞了一下腰

洛阳春都集团曾因于 1987 年 8 月生产出中国第一根火腿肠而闻名,开创了中国肉制品行业的一个新品类,并一度成为中国肉制品行业的龙头企业。早在 1958 年,国家投资建设了洛阳市冷冻厂。1979 年,更名成立了洛阳肉联厂。1985 年,国家开放了肉制品市场,洛阳肉联厂难御市场"风寒"而出现亏损。恰在此时,高凤来掌舵洛阳肉联厂,企业经营出现了转机。1986 年,通过对国内外肉制品市场进行分析考察,高凤来果断决定改变原来从事生猪屠宰储藏的单一业务,发展高温肉制品生产加工业务。于是,在国内首开先河地从火腿肠生产大国日本引进了中国首条西式火腿肠生产线。1986 年,洛阳肉联厂生产出了中国第一根西式火腿肠,成为国内火腿肠行业的缔造者。1989 年,随着企业营销推广力度的加大,广告中被称为"会跳舞"的火腿肠开始畅销中国市场。春都火腿肠创造了一个商业奇迹,成为中国肉类加工行业的"名角"。

20 世纪 80 年代末期到 90 年代初期,可谓春都火腿肠最辉煌的巅峰时刻。仅仅几年的时间里,春都火腿肠就创造了神话般的销售业绩。此时,洛阳肉联厂已从一家年产值不过百万元的小企业发展为年销售收入超 20 亿元、市场占有率达到 70% 以上、利润过亿元的国内著名大型肉制品生产加工企业。1992 年,以洛阳肉联厂为核心,以春都牌火腿肠为核心产品组建了洛阳春都食品集团,后逐步改造为春都集团有限责任公司。1999 年 3 月,春都集团独家发起成立的洛阳春都食品股份公司在深圳证券交易所挂牌上市。对于春都来说,最大的成功就是市场上的成功。作为中国最大的

火腿肠生产基地，春都集团曾为荣誉的光环所笼罩：河南省 50 家重点企业、全国 120 家大型企业集团试点单位、全国 520 家大型重点工业企业、全国食品行业质量效益型先进企业、中国行业百强企业……另外，春都火腿肠还多次被评为"全国名牌产品"、"著名商标"，并一度成为中国火腿肠的代名词。成为一个品类的代名词无疑是品牌营销的最高境界，也是很多企业为之奋斗的目标。令人痛惜的是，进入 2001 年，春都开始陷入困境，上百条生产线几近停产，企业濒临瘫痪，亏损额达到 6.7 亿元，并且还欠下 13 亿元的巨额债务。企业主导产品春都火腿肠的市场占有率也从高峰时期的 70% 下滑为 10%，市场岌岌可危。

那么，究竟是什么原因让春都食品快速崛起而又快速衰落呢？我们有必要从战略层面、战术层面、管理层面加以探讨。

战略失误把企业带进沼泽地

实际上，击倒春都的不是双汇、金锣等竞争对手，而是春都自己。任何企业都要为自身的自负与头脑发热埋单。资本的欲望就是扩张，很多企业一旦做大了就觉得自己无所不能，接下来就是漫无边际地扩张。身为春都集团董事长兼总经理的高凤来一直在寻找新的经济增长点，他聘请的顾问建议走多元化发展之路，这无疑也坚定了高凤来多元化扩张的信心。同时，春都的国企身份也使其不得不接受政府把企业"做大做强"的建议，以打造"大春都"鞭策企业，这就是中国特色的政企关系。但是，当地政府倡导"高起点，超常规，大跨步，跳跃式"发展，喜欢搞"拉郎配"，企图以强扶弱，结果把很多包袱放在了春都的肩上。以上两种驱动力导致春都在经营战略、投资战略上出现了失误。所谓经营战略失误，就是盲目进行业务扩张，业务战略多元化，进行大量的收购、兼并或投资，结果从资源上、精力上偏离主业，使主业被荒废。从 1995 年开始，春都开始实施多元化战略。春都先是投资 1000 多万元对 8 家企业进行参股经营，后又投资 1.5 亿元对 16 家企业进行控股经营。于是洛阳当地制革厂、饮料厂、药厂、木材厂等一大堆负债累累、与肉食加工不相干的亏损企业被一股脑儿归于春都名下。1998 年以后，春都集团先后兼并了洛阳食品公司等 11

家企业，全资收购郑州群康制药厂等6家企业。与此同时，春都还先后对河南思达科技集团等24家企业进行参股或控股，使集团员工从一千来人很快突破一万人。在金融机构的鼎力支持下，数亿元资金被投入并购扩张业务。实际上，此时的春都已经成为收拾残局的机器，就如一个筐，什么样的企业都往里装。通过几年的高速扩张，春都资产平均每年以近6倍的速度递增，由1987年的3950万元迅速膨胀到29.69亿元。此时，扩张、兼并、追求规模效应成为企业发展的关键词。然而，扩张不但没有为春都带来多少收益，还使企业背上了沉重的包袱。由于战线过长，春都并购的企业中，半数以上亏损，近半数关门停产，另外春都对二十多家企业参股和控股的巨大投资也有去无回。实际上，春都A在上市后，80%的资金被春都集团用于并购扩张，这就导致其主业缺乏资金支持而陷于泥潭，业绩一滑再滑，最终导致亏损。春都的竞争对手双汇就没犯这个错误，在企业上市后，双汇把募集来的资金全部投入到主业及相关项目中，集中力量发展主业，从而形成企业发展的良性循环，形成了产业化的经营格局。1994年下半年，春都连续5年高速增长的销售额开始下滑，24小时开工、4班倒的火腿肠生产线首次出现开工不足的局面。

在投资战略上，春都也是问题多多。春都不断地融资，然后再投资，业界把春都乱投资、乱扩张，花样翻新的改制称为"投资饥渴症"，这种"病"对于春都来说可谓严重。春都从定向募集资金搞股份制改造到进行中外合资，从组建企业集团到构建母子公司体制，从资产重组到选择集团公司部分资产重组上市，都一一作了尝试，却依然没能阻止其走入困境的趋势。据估算，春都通过各种途径融资高达20多亿元，仅在当地5家国有商业银行的贷款就在10亿元以上。1993年8月，春都在原洛阳肉联厂的基础上进行股份制改造，组建春都集团股份有限公司，向社会432家股东定向募集法人股1亿股，募集资金近2亿元。春都把这笔钱用来搞多元化发展，先是投资1000多万元对8家企业进行参股经营，后又投资1.5亿元对16家企业进行控股经营。结果，改制改成了一个个累赘，春都与这次发展的大好良机失之交臂。1994年9月，春都与美国宝星投资公司等5家外商合资，吸引外资折合人民币2.9亿元。但合资后外方发现春都的问

题，于 1997 年寻找理由提出撤资。按照协议，本息加上红利，春都一次损失 1 亿多元。1996 年，春都在原来股份制的基础上进行新的改制和资产重组。从股份公司中分离了国有独资的春都有限责任公司作为母公司，再分离成立了 14 个子公司。疲于改制占用了大量人力物力，遍地开花的技改、新上项目不是停滞就是夭折。另外，从"七五"到"九五"，春都技改投资高达 7.28 亿元，基本没有收益。1998 年 12 月，已是亏损累累的春都集团决定选择集团公司部分资产重组上市，募集资金 4.24 亿元。2001年，作为上市公司大股东的春都集团公司，将上市募集的大部分资金用以偿还外商。2003 年年底之前，外商欠款终于全部还清，春都却到了穷途末路。实际上，这里有一个十分严重的问题，那就是大股东春都集团占用上市公司资金，为此 2001 年 4 月 10 日春都 A 向洛阳中级人民法院起诉状告春都集团，上演了一幕"儿子"告"老子"的特色官司，目的就是要求偿还被占用资金。而实际上，大股东春都集团和上市公司春都食品股份是一套人马两块牌子，人员、资产、财务根本没有分开。春都 A 上市后的第三个月，春都集团就从上市公司抽走募集资金 1.9 亿元用于偿还其他债务，此后又陆续"有偿占用"上市公司数笔资金，合计高达 3.3 亿元，占上市公司募集资金总数的 80%，从而造成上市公司对公众承诺的 10 大投资项目成为一纸空谈。2000 年 5 月，中国证监会郑州特派办向春都股份有限公司提出整改要求，限其在 2000 年年底解决大股东资金占用问题，同时向有关领导机构通报了春都股份有限公司在机制转换、募集资金使用、资产质量较差、重大信息披露不充分等方面存在的问题。但是，春都此时已步入困境，资金已经成为企业的难解之"渴"。

策略失当使竞争优势渐失

　　说起春都的成功，首先应该从产品创新说起。当时，春都开创了中国火腿肠品类，很快成为这个品类的龙头企业，可谓开创了肉制品的"蓝海"。20 世纪 80 年代后期，国家对肉联企业经营提出"大变小、生变熟、粗变细、废变宝"的四个转变的政策性引导，洛阳肉联厂的掌门人高凤来审时度势，通过对国内外肉制品市场进行分析考察，果断决定改变原来单纯从事生猪屠宰储藏业务的经营状况，对猪肉进行深加工，发展高温肉制品生产加工业务，于是投资上马火腿肠生产项目，获得了成功。春都的成功首先得益于对国内肉制品市场的深入分析和技术工艺的刻苦攻关：春都火腿肠将国外的先进经验与中国的现实国情及中国人的饮食习惯有机融合在一起，独创了"85%的精瘦肉加常温条件下三个月以上的保质期"这一中国式火腿肠产品质量技术标准。随着市场需求的扩大，春都火腿肠生产规模不断扩大，生产能力在短短几年间猛增了100倍，生产线由7条、20条、40条直至109条，产能由不足万吨扩大到年产20万吨，却依然无法满足市场的需求。此时，郑州肉联厂、漯河肉联厂等河南肉联企业面对巨大的市场商机，也相继推出了郑荣、双汇等火腿肠新品牌。这两大品牌采取了市场跟随战略，通过强力市场运作很快便在市场上崭露头角，乃至逐渐与春都齐名，河南火腿肠市场三足鼎立之势形成。但遗憾的是，春都不是死于产业竞争的"红海"，而是被自己击倒。对春都来说，可谓成也产品败也产品。2001年11月，《新闻晚报》记者马越在《春都的没落》一文中这样写道：曾几何时，春都火腿肠"舞蹈"广告铺天盖地地出现在电视、报刊等各大媒体之上，将春都火腿肠放在桌上"蹦跶"，是当时不少孩子在吃火腿肠之前必做的"功课"。火腿肠为何会跳舞？其中的猪肉，特别是精肉多，所以火腿肠的弹性特别好。正所谓"成也萧何，败也萧何"。春都既赋予了火腿肠"会跳舞"的特性，随后又无情地脱下了火腿肠的"舞鞋"——原本85%的精肉含量到最后只剩下10%，其余都是淀粉，火腿肠再也无法"翩翩起舞"，春都人将"面棍"的绰号送给了不会"跳舞"的火腿肠……实际上，当时董事会秘书常虎在接受《智囊》杂志（2001年第8期）记者司炎采访时也曾表示：春都A亏损，除了资金被大股东占用外，还有一个重要原因，那就是"春都新产品开发跟不上，因此难以适应市场的需求，而目前销量比较好的低档产品利润又非常低"。同时，在记者问及"听说你们目前有些低档产品含肉量很低，不足20%"这个问题时，常虎只是给予了极其模糊的回答："这个不好回答，这个关系到产品的生产成本，保密。"如果含肉量超过20%，又有什么不好回答的呢？

春都开创了中式火腿肠这一新品类，市场必然对这种新产品缺乏认识，所以要承担起市场教育与推广的重任。这意味着春都必须加大在人力、物力、财力、精力及其他资源方面的投入，甚至要承担创业的艰辛与压力。在产品市场推广与促销方面，当时春都也做了很多扎实的工作。第一批火腿肠上市时，中国消费者基本不知道此为何物，甚至在进行产品试销时消费者对产品的可食用性都要产生怀疑。在这种情况下，春都销售人员创新地推出了"酒精炉"推销法，即酒精炉现场演示试吃活动。既演示"开袋即食"方法，又演示火腿肠的各种烹饪方法和吃法。实际上，很多新品类完成市场教育需要1—3年时间，春都在如何撬开消费者的嘴巴上花费了三年时间。但遗憾的是，春都后期的一些短期行为却又开始"堵"上了消费者的嘴。《智囊》杂志刊登了这样一段：春都A一直都在搞一些促销活动，2001年初曾经在河南某地做过一次促销活动——免费品尝。活动中有根5月份产的火腿肠已发酸变质，令品尝客户大为恼火，当时参与活动的工作人员好不尴尬，再下来每打开一根火腿肠总是要先切下来一块，自己尝尝才敢拿给客户。据某职工讲，有一次在某商场举行促销活动，凡是在该商场消费10元以上的顾客都可以获赠春都火腿肠一根。但来领取赠品的人极少，春都的工作人员都感到没有面子。

仅凭人员推广还不够，广告也必不可少。1989年春都火腿肠开始批量生产，全国销售，但当时销量很小，只是一些高端人群在消费。高凤来决定贷款也要上中央电视台做广告。1986年，春都的利润是120万元，准备拿出20万元做广告，没想到却被央视广告部拒绝："广告每天做三遍，连做3个月，才能有成效，不然广告费就只能打水漂。你们这种情况至少要100万元。"春都咬咬牙答应了广告投放。到了第三个月的月底，奇迹出现了，大批带着现金开车来提货的客户排成了长队。春都制作的"会跳舞的火腿肠"上了央视，很快红遍全国。可以说，肉制品、副食品上央视做广告，春都算是第一家。广告词"春都进万家，宾朋满天下"及"会跳舞的火腿肠"创意征服了广告消费者。另外，1994年春都集团成功地导入CI，为进行企业形象塑造与品牌形象塑造做了基础性铺垫。

在市场竞争方面，春都价格营销成为其永远的痛。在春都旺销后，春都火腿肠的生产能力在短短几年间猛增了 100 倍，生产线由 7 条增至 109 条，生产规模由不足万吨扩大到年产 20 万吨，却依然无法满足市场的需求。此时，郑州肉联厂、漯河肉联厂等河南肉联企业乘势而上，相继推出了郑荣、双汇等火腿肠新品牌。同时，起步于山东沂蒙山区的一家乡镇企业——金锣集团生产的金锣火腿肠也积极参与到竞争中来。可以说，在价格营销方面春都既吃双汇的亏，也吃了金锣的亏。最初双汇只是一个跟随者的角色，但到了 1998 年年底，双汇与春都的实力、市场规模都已经不相上下。但在春都于 1999 年上市之后，双方距离却越拉越大，春都火腿肠市场占有率已由最高时的 70% 锐减到 10%。再后来，双汇则取代了春都市场第一的地位，并以 60% 以上的市场占有率控制着火腿肠市场的大局。本来，竞争对手的出现在某种程度上也是一件好事，不但有利于共同拓展市场空间，还有利于共同打造产品地理品牌，形成产业集群优势，从竞争上来讲是一件好事。但在竞争中，关键是战略战术的较量。在较量中，无论是春都还是郑荣，其落败皆与多元化经营、荒废主业有关，它们无法把主要资源、精力用于肉制品主业，可以说在战略上就败了。在此，笔者想从营销策略的角度谈谈春都与双汇之间的竞争。双汇把春都视为市场"靶子"，于是率先掀起了"价格战"。在竞争上，春都出现比较严重的市场操作失误，导致其遭遇危机。双汇在和春都的竞争过程中，做了一个产品差异化的尝试，据说双汇降低了产品的标准，加大淀粉的量减少了肉量，火腿肠是价格敏感的产品，双汇在价格上摆起了迷魂阵。结果，春都就盲目跟进，做很便宜的产品，为的是低成本低价格。最终，春都为降成本、求低价而牺牲了产品质量。逐渐地，春都发现自己的市场份额很大一块被双汇夺去了。同时，双汇在电视广告中大力宣传其价格低廉的产品，消费者进入超市却发现双汇可供选择的产品更多。而春都呢？产品品类已相对单调，消费者潜在的消费需求得不到满足，自然要与春都挥手告别。春都盲目地跟进降价，并且没有在产品品种数量上做相应的调整，结果已经明了，春都在价格战中不敌双汇。

正当春都与双汇埋头苦干时，半路上杀出个程咬金，这就是地处山东沂蒙山区的一家乡镇企业——金锣集团。1995 年才竖起大旗的"金锣"

虽姗姗来迟,但阵势却咄咄逼人。这位山东来的"小弟"一亮相,便以低价格向"老大哥"发起挑战,结果金锣硬是从春都和双汇的蛋糕上切下去了一块。面对金锣对市场的瓜分,双汇率先作出反应。1997年下半年开始,双汇点起一把"降价火",每吨火腿肠降价1000多元。春都、郑荣虽感棘手,但也不得不跟着降价。为应付这场价格战,春都和双汇各付出了5000万元的代价,郑荣则少收入1680万元。1997年下半年的价格大战之后,"火腿肠大战"又向更高层次的竞争发展。在双汇集团与春都集团的竞争中,双汇集团提出的口号就是"跟、学、打",其核心是春都的产品销到哪个地方,双汇的产品也要销到哪个地方,春都找哪些经销商,双汇也要找哪些经销商,利用"跟、学、打",双汇集团反而战胜了春都集团。另外,在营销渠道上春都也没有做好。在春都产品旺销时,产品供不应求,客户交了钱却也未必提得到货,用车水马龙来概括当时到春都提货的景象非常恰当。正因"皇帝的女儿不愁嫁",使春都曾一度疏忽渠道建设。在全国,春都可谓"不设一兵一卒",而双汇则非常注重机制的创新。在企业发展初期,他们就以市场为中心构建营销网络,在集团营销人员中叫响了"历尽千辛万苦、走遍千山万水、说尽千言万语、想尽千方百计、走进千家万户"的口号,积极组建营销网络,后来又发展建立连锁直销店。虽然后来春都也意识到营销网络建设的重要性,但还是比双汇慢了半拍。2000年年底开始,双汇与春都干脆搞起了"开店竞争",比开店数量、比开店速度。

春都一系列的决策失误不仅给自己留下了黑洞,同时也给双汇留下了可趁之机。相继上市以后,双方差距越拉越大。2000年,双汇发展主营业务收入31亿多元,主营利润达到4.5亿元。春都A的主营业务收入只有2.95亿元,亏损3591万元。差距如此之大,已非过去。双汇创业之初,是依靠屠宰加工和对外贸易艰难起步;1991年苏联解体,出口无望,万隆顶住重重压力,力主上马火腿肠生产线;1994年国内企业扩张正热,双汇却始终没有偏离肉制品加工这个主业;1996年市场大竞争开幕,双汇没有采取降质量、降价格的手段搞恶性竞争,赢得了品牌的美誉度;2000年,双汇连锁店开始推向全国,"双汇冷鲜肉"几乎成为"放心肉"的代名词……与此同时，双汇的产销从不足 1000 万元增长到 100 多亿元。如今，双汇"开创中国肉类第一品牌"的口号已经享誉神州大地。

粗放管理使企业无序而无为

　　缺乏科学的管理与健康的用人机制，直接导致了春都在管理上的混乱。在用人方面，春都存在几个典型问题：一是用人不当。春都经营者曾强烈意识到人才的重要，并一度向社会发出呼唤，大量招用大学生。但当他们从大学、研究所前来投奔后却学无所用，被分配到车间拉板车、干粗活，甚至杀猪卖肉，不但造成了人力资源的浪费，企业发展更是缺乏后备资源储备。二是重用"庸人"。这里所谓的"庸人"是指那些"算命大师"，也就是春都智囊团。据媒体报道，在春都集团，大到人事任免、投资决策，小到领导出差的方向、办公室的朝向，都会让"算命大师"们占卜吉凶。这势必影响决策层作出正确的决策，错误的决策很难产生正确的结果。另外，在其他方面的管理上也出现了很多问题，主要是资金管理混乱，给企业造成了资金黑洞。诸如春都斥资 3000 万元在远离生产区的市区收购了旋宫大厦酒店，用作办公场所，还为各科室和中层以上干部分别配备了专车。还有，春都与新西兰一家公司搞旅游项目合作，一张白条掷出 7 万美元，结果项目没搞成，钱也没了踪影。另据媒体报道，春都投资外地一家药厂的 200 多万元资金，对方没忘记，而春都的账上却找不到记载。进入 1997 年，管理问题就变得更为突出明显，主要体现在以下几个方面：一是因春都沉迷于与双汇等品牌打"价格战"、产品战，导致产品质量不稳定，春都火腿肠因口感差、外观脏、长短不一、标签不齐、包装破损、胀袋多、价格高等因素屡招消费者投诉，甚至被曝光，品牌形象受到损害；二是经销商管理失调，因产品质量等因素导致经销商缺乏进货积极性，同时很多经销商跳槽到竞争对手那里，渠道在管理不善中逐渐丧失；三是因销售不利，企业内部相关部门出现纷争，甚至相互推卸责任，尤其是采购、生产、销售三大部门之间的扯皮更使春都的经营进入一个高成本时代，要知道内耗是企业最大的成本。由是，春都集团陷入经营怪圈，经营上恶性循环也已形成，至使市场份额不断萎缩……

败局是因为遭遇困局，但未必是死局。2002 年 4 月，春都公司重组伊始便提出了"品质为本，重创中国肉类食品领先品牌"的口号，以期使"会跳舞的火腿肠"以欢快的舞步重返市场。但这也只是美好的愿望。2002 年 7 月，春都几无可用周转资金，主业基本停产，亏损数亿元。中外双方、银企关系、业务伙伴关系全面恶化，市场几乎丧失殆尽，人员大量出走。至此，一代企业明星陷入困境。2003 年 3 月，大股东洛阳春都集团有限责任公司将其持有该公司的 10000 万（占总股本的 62.5%）国有法人股中的 9340 万股分别转让给郑州华美科技有限公司（西安海拓普控股公司）6000 万股，占总股本的 37.5%，转让给河南省建设投资总公司 3340 万股，占总股本的 20.875%。2003 年 7 月，经法院判决，将春都集团有限责任公司持有的 660 万股，占总股本的 4.125%，过户给中航公关广告公司。至此，春都一个新的资本结构形成。春都品牌毕竟在河南乃至中国产生过重要影响，无论是政府部门还是春都集团都不希望这个曾经享誉中国的西式灌肠、熟肉制品龙头企业从市场上消失，而是想尽办法使其重新"跳舞"。2003 年，河南省及洛阳市政府领导提出一个发展思路：盘活资产，重振品牌，异地搬迁，加快发展。具体操作如下：依托现有的综合资源优势和品牌优势，瞄准以洛阳为核心的豫西北区域市场，实施差异化的产业和营销战略，以生猪屠宰为龙头，以高温产品为品牌基础，以冷却白条和生鲜调理产品为突破，以中低温产品和整合地方传统名吃发展地域文化特色品牌产品为辅助，用三年到五年时间，逐步形成生鲜屠宰、精深加工肉制品、地域传统文化食品、特种包装材料四大主导产业格局。这一基地的目标确定为：以年屠宰 110 万头无公害生猪和年屠宰 3 万头优质肉牛生产线建设为龙头，以养殖模式创新和养殖基地建设为支撑，带动洛阳地区养殖业、饲料生产等实现产业化；依托 4 万吨肉制品精深加工生产线建设，积极发展现代化中西式高低温肉制品和调理食品，全力打造安全、健康、时尚的"工业化大厨房"……按此规划，春都"二次创业"的总体目标实现后，春都年可创农业产值 12.3 亿元，实现深加工工业销售收入 20 亿元，实现利税 2.3 亿元，核心市场份额达到 60%，进入肉类行业五十强，成为国家农业产业化重点龙头企业。如今，新春都正在有计划地重振复兴。2007 年 9 月 8 日，新春都美厨连锁郑州 1 号店首次亮相，"新春都"
直接控制食品终端，以直营店的形式外扩，在郑州除了直销火腿肠、春都
冷鲜肉外，还有栾川豆腐、横水卤肉、东关包子肉等洛阳"老字号"名
吃。无疑，这体现了"新春都"的决心：进军郑州肉类零售商业圈，夺回
属于自己的一片天地……

【问题与思考】

1. 从战略安全角度来分析，导致春都失败的原因有哪些？

2. 对于春都来说，成也产品败也产品，那么成在何处又败在何处？

3. 春都品牌定位存在失误，通过阅读本案，你认为春都品牌定位失误
   在何处？

4. 对于案中春都火腿肠免费品尝促销，你认为会导致哪些负面效果？

5. 在产品旺销的情况下，春都忽视了渠道建设，这会造成什么样的营
   销安全隐患？

6. 在企业及营销管理上，春都存在哪些严重的问题？导致了什么样的后果？

7. 对于新春都重振市场，你认为其切入点应该在哪里？

本案例编写主要参考文献

卢泰宏：《营销在中国——2002 中国营销蓝皮书》，广州出版社 2002 年版。

闫东：《市场营销案例》，中国商业出版社 2004 年版。

司炎：《春都之烂》，智囊杂志 2001 年版。

张方：《从"春都"失利谈经营战略》，时代工商杂志 2003 年版。

韩晓静：《春都：将老大位置让给了双汇》，中国经营报 2002 年版。

马跃：《春都的没落》，新闻晚报 2001 年版。

石破：《春都的陷落》，南风窗杂志 2001 年版。

小月、印黎华：《春都双汇洛阳打擂，竞争角逐皆大欢喜》，市场报 2001 年版。

程东升：《"悲情"春都：一个国有明星企业的沉浮全纪录》，21 世纪经济报道 2004 年版。

赵志伟：《春都"二次创业"：全力打造"工业化大厨房"》，洛阳日报 2007 年版。

刘黄周：《"新春都"进军郑州》，洛阳晚报 2007 年版。

读书心得

第三章

品牌安全

品牌已成为企业最为关键的核心竞争力要素之一，品牌不仅是企业信誉的标志与符号，更是区隔竞争对手、制胜市场的竞争工具。如果品牌在企业经营过程中"受伤"，或者品牌风险显现而遭遇品牌危机，那么将对企业营销产生灾难性的影响。不但要遭受经济损失，还会导致品牌形象受损，甚至企业生命的终止。

阅读导引

　　品牌安全是 21 世纪企业营销的新课题，更是品牌竞争时代不可不关注的核心论题。其实，危及品牌安全的因素很多，诸如产品质量、产品扩张、违法经营、不当竞争、广告公关传播、服务水准、企业并购等。另外，不要忽略知识产权层面的品牌保护，品牌商标及标志遭到恶意抢注或者产权归属模糊不清都可能使品牌安全受到威胁。在此，必须要提醒企业，做品牌必须像牧羊人守护羊群一样精心呵护，这样品牌才能成长得健康茁壮。

　　通过深度阅读本章，希望读者能够掌握以下要点，并能应用到企业经营管理实践之中：

　　1.掌握品牌安全的概念，以及品牌安全的构成要素，树立品牌安全管理意识；

　　2.认识到企业忽略品牌安全管理的严重后果，这样才能在品牌的路上走得更远；

　　3.认识到品牌经营过程中风险因素的存在，以及品牌风险"变现"的后果与危害；

　　4.深度把握威胁品牌安全的内部因素与外部因素，并对这些因素进行深挖细究。

第一节　破解品牌安全的"核心基因"

任何一个品牌都面临着品牌安全问题，无论是刚刚入市的新生品牌，还是强大的富可敌国的跨国品牌，品牌风险与危急时刻在考验着企业。那么，什么是品牌安全呢？**所谓品牌安全，就是指品牌风险与危机程度，风险与危机程度越低，品牌的安全性就越高。**可口可乐公司总裁曾说过这样一句话：即使一把火把可口可乐公司烧得分文不剩，公司仅凭可口可乐这一驰名商标就可以在几个月内重新建厂投产，获得新的发展。因为名牌代表的是企业良好的信誉和形象，这种价值是无形的，是企业的巨大财富。为什么可口可乐总裁能够如此自信地高喊企业的品牌是"大火烧不掉的品牌"，就是因为品牌的"担保"使企业具有足够的抗危机能力，以及极强的抵抗力、免疫力与恢复力。当企业有各种不当品牌经营行为出现而导致品牌形象受损时，或者企业在进行品牌经营时把品牌过度延伸，以及不当的品牌并购，都可能导致品牌危机，对品牌安全构成威胁。还有一点，那就是品牌传播行为对品牌安全的影响，诸如品牌传播透支企业资源、传播过程中过度承诺（非诚信传播）、不当传播造成企业形象受损等。

总体来说，品牌安全主要包括十个方面，实际上这构成了品牌安全体系，见图3—1：

1. 知识产权安全

知识产权安全是指品牌在知识产权方面的自我保护程度。品牌知识产权，包括商标（文字、图形）、品牌标志、产品包装、网络域名等诸多方面。知识产权的保护要先于企业经营管理行为，这是保证品牌知识产权安全的一个基本原则。对品牌知识产权的保护，主要是注册保护，包括纵向和横向全方位注册，不仅对相近商标进行注册，同时也对相近行业甚至所有行业进行注册。同时，要考虑行业注册、副品牌注册、产品包装注册、

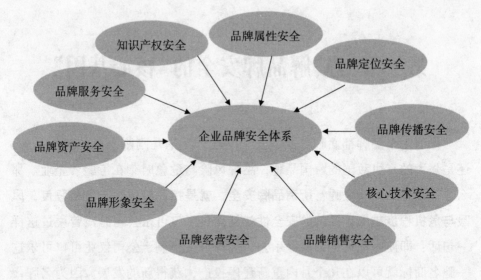

图 3—1　品牌安全体系构成示意图

企业标志、吉祥物等注册。另外还要强调一下，近似注册、跨国注册保护在品牌全球化时代尤为必要。一些品牌商标未完成全球化注册，而在其他国家地区遭遇恶意抢注。诸如，"小天鹅"、"六必居"等商标在加拿大被抢注。再如，1999 年，博世－西门子公司在德国注册了"HiSense"商标，并开始以该商标销售家电产品。该商标与中国海信集团的"Hisense"商标只有极微小的区别，就是其中的"S"一个是大写，一个是小写。结果，海信在德国被起诉。经过政府相关部门的斡旋，最终博世－西门子以低于50 万欧元的价格将争议商标转让给海信集团，同时撤销针对海信的商标诉讼。2006 年 8 月，北京王致和集团发现自己旗下的"王致和"腐乳、调味品、销售服务等三类商标，被其德国代理销售商欧凯百货公司于 2005 年 3月悄悄在德国注册。类似的案例都提醒我们要加强对知识产权的保护和重视。

2. 品牌资产安全

对于"国有资产流失"、"国有资产保值增值"这两句话，我们已耳熟能详。实际上，品牌作为企业最宝贵的资产也存在"流失"与"保值增

值"之说,这就关系到品牌资产安全的问题。通常而言,品牌资产的构成要素包括品牌知名度、品牌认知度、品牌忠诚度、品牌联想及其他资产。可见,任何增加品牌知名度、品牌认知度、品牌忠诚度、品牌联想等要素的行为,都是在增加品牌资产,否则就是抵减品牌资产。

3. 品牌形象安全

品牌形象安全是指导品牌形象的危机程度。品牌形象安全主要包括以下几个方面:一是品牌属性形象安全。品牌属性形象指品牌价值、品牌文化、品牌主张等方面,在传播过程中是否得以有效坚持,如果发生偏离就会涉及品牌属性形象安全。二是品牌市场形象安全。品牌市场形象主要是品牌在渠道商、消费者、竞争对手那里的形象。品牌的经营行为是否在渠道商、消费者及竞争对手那里树立了良好形象,直接关系到品牌市场形象安全问题。三是品牌社会形象安全。品牌社会形象主要指品牌在政府机构、行业协会、媒体、专家、金融机构、股民等社会力量那里的形象。如果在这些社会力量那里没有树立好的形象,品牌社会形象安全问题就会找上门来。

4. 品牌销售安全

品牌销售安全是指在销售量、销售额、销售利润、市场占有率等方面所受到的威胁程度,如果一个品牌失去销售量、销售额、市场占有率等市场要素的支撑,何以成为具有影响力的品牌?影响品牌市场安全的因素很多:一是竞争对手的挑战及促销行为,对品牌营销构成威胁;二是企业内部品牌营销人员的行为,诸如品牌管理人员或销售人员的错误或不当行为,都可能威胁到品牌市场安全;三是来自合作伙伴的市场安全问题,诸如合作伙伴诚信缺失,也会危及品牌市场安全。

5. 品牌经营安全

企业品牌经营行为给品牌带来的危机与风险,具体品牌经营行为包括:一是品牌延伸,尤其异业延伸和改变品牌既有定位的同业延伸;二是品牌出租，即把品牌租给其他品类的生产经营企业；三是品牌出售，主要是指品牌转让，包括有偿转让与无偿转让；四是品牌收购，并购其他品牌；五是品牌联合，与其他企业推出联合品牌；六是品牌特许授权，通过特许方式许可其他合作伙伴使用品牌的权利。对于第六种情况，需要重点强调一下，它还包括两种类型：其一是特许加盟；其二是品牌声望商品化。诸如迪斯尼允许别人使用自己的品牌，当然使用的多是文学、电影或电视中的人物，以收取转让费，这就是把品牌声望商品化。

6. 品牌属性安全

品牌本身就是竞争的区隔工具，其核心是在理念层面与竞争对手形成差异，并在理念层面获得消费者认同。只要品牌名称、品牌标识、品牌价值、品牌主张等方面受到模仿、抄袭或侵害，都会引发品牌属性安全问题。如今，很多新生的小品牌喜欢"傍名牌"，"傍名牌"和冒牌不同，还游走于法律的边缘地带。因此，虽然打"擦边球"的小企业为数不少，可不少知名大牌却也无可奈何。无疑，这对品牌的安全构成了威胁。

7. 品牌传播安全

品牌传播行为是有风险的，也可能导致品牌危机出现。品牌传播安全包括：一是品牌传播资金安全，资金出现问题，品牌传播也就会出现问题，自然会关系到品牌安全；二是品牌传播过程的错误诉求、过度诉求或过度承诺，不但容易偏离品牌内核，也容易引起目标受众的不理解、抱怨或反对；三是品牌传播过程中，媒体选择、媒体组合、广告位选择等都关系到品牌安全。诸如一个高端品牌在受众群皆为低端的媒体发布广告，就很容易让人误解该品牌是针对低端人群，使品牌形象受损。

8. 品牌定位安全

品牌定位力求精准，要认识到出现偏差的严重性。绝对不是出现偏差再调整、出现错误再推倒重新定位那么简单，每一次错误的定位与有偏差的定位都会对品牌造成伤害，都会对品牌安全构成威胁。如果是品牌定位

出现偏差，每次调整都是对品牌的危害，因为越调整品牌脸谱就越不清晰，品牌个性也就越模糊。另外，很多品牌因错误定位导致企业经营失败，根本就没有再次定位的机会，甚至连品牌带产品都死掉了。

9. 品牌服务安全

实际上，品牌是产品或服务的个性化标志与识别符号，产品（或服务）则是品牌依附的载体。品牌进入市场是依赖于产品（或服务）进入市场实现的。因此，产品（或服务）安全直接关系到品牌安全。就拿南京冠生园月饼而言，2001年冠生园使用陈馅做月饼的危机发生之后，不仅招来媒体讨伐，更引起了消费者普遍的愤慨。仅仅几个月时间，南京冠生园就被市场毫不留情地抛弃。结果，冠生园品牌受到严重伤害。

10. 核心技术安全

或许读者会问，品牌安全与技术有什么关系？不要忘了，在企业庞大的品牌体系中，必然包括技术品牌。同时，一个领先的品牌往往需要强大的技术创新能力支持，这样才能保证一个品牌的持续发展与领先。我们可以从四个方面来理解核心技术安全：第一个方面是技术壁垒，遭遇技术壁垒的品牌就无安身之所；第二个方面是技术保密，如果技术外流，品牌安全也会受到威胁；第三个方面是技术专利保护，缺乏有效保护就谈不上安全；第四个方面是引进技术的安全，诸如掌握领先技术的供应商，如果不能保证供应，也会危及品牌安全。

第二节 忽略品牌安全终将难成"大器"

品牌出现安全问题也应该理解为一次事故或危机，其结果不一定是品牌"死掉"，还可能表现为多种情况。不过，这些结果一定是品牌的管理者们不愿意看到的。如果品牌忽略自身安全管理，则可能会出现以下六大后果而难成"大器"：

1. 品牌市场占有率下降

当品牌遭遇危机，一个最直接的危害就是对销售产生巨大影响，最直接的市场表现就是销售量、销售额下降，客户流失，市场占有率降低，利润下滑……当然，也存在这种情况，虽然销售量、销售额下降，客户流失，市场占有率降低，利润下滑，但品牌的市场地位却并未被撼动。不过，市场占有率越低，品牌的风险系数就越大。随着竞争对手的增加，以及促销措施的频繁使用，尤其是"价格战"的出现，这种情况也很常见。全球最大的芯片制造商英特尔在2006年被竞争对手AMD打了个措手不及。在2007年1月，英特尔发布了2006年第四季度财报，该报告显示由于企业与主要竞争对手AMD大打"价格战"，导致英特尔第四季度净利润同比下滑39%。虽然英特尔在中国市场的份额有所下降，但其排名依旧位居前列。

2. 品牌形象受损

品牌形象受损可能比经济损失更可怕，恢复或重塑品牌形象需要大量的资源投入。当一场危机来临时，尤其产品质量危机来临时，其破坏力不仅在于因补救、赔偿、销售受阻等因素给企业造成的经济损失，更为关键的是无形损失：品牌形象受损，公信力降低，同时危机还破坏了产品或服务的关系营销环境，包括消费者、渠道商、政府相关部门、社团组织、新闻媒体、其他合作伙伴（如原辅材料供应商、银行等）关系受损。如果企业营销的关系环境不能得以及时重建，可谓危害无穷，诸如被竞争对手乘虚而入，抢占市场，甚至还会危及产品线上的其他产品，乃至品牌。我们知道，一个品牌要成为名牌必须得到上述社会力量的认可，在关系没有得到真正修复、恢复之前，名牌也将不"名"，甚至品牌也将不存在了。

3. 品牌所有权易主

最可悲的当属品牌权属的丧失，即品牌易主。这主要有三种类型：一

是品牌被收购；二是品牌被雪藏，遭遇品牌遏制；三是品牌所有权因各种原因被判给他人。第三种情况主要是品牌商标权存在争议的情况下，通过法律裁决将商标所有权判给纠纷的某一方。而输掉官司的一方，要么关门大吉，要么另创品牌，要么加盟"敌人"的行列。诸如2003年葡萄酒行业的长城、王朝、威龙等巨头联手向国家商标评审委投诉张裕，就是关于"解百纳"归属权问题的纠纷。再如，"永和豆浆"和"永和大王"关于"永和"商标的纠纷，奇瑞QQ与腾讯QQ关于"QQ"的纠纷，王老吉、上岛、张小泉、小肥羊等商标都曾发生过纠纷，结果是喜忧皆有。

4. 品牌资产贬值

任何一个品牌都不要以为与上一年度相比，企业又做了大量的品牌传播投入，品牌资产就一定会增值，至少也能保值。因为不见得每一次传播都是在为品牌做加法。我们来看一看《商业周刊》杂志2004年发布的全球品牌100强的部分数据：可口可乐2003年时品牌价值70453百万美元，2004年则为67394百万美元，下降了4%；微软2003年时品牌价值65174百万美元，2004年则为61372百万美元，下降了6%；柯达2003年时品牌价值7826百万美元，2004年则为5231百万美元，下降了33%……实际上，对品牌资产影响最大的就是品牌危机与品牌安全事故，它们都在为品牌资产做减法。

5. 品牌权益受侵害

其实，最直接、最表面的品牌安全事件就是品牌权益受到侵害。主要存在以下两种情况：第一种情况是遭遇假冒伪劣，假冒伪劣对品牌危害非常大，并且影响更为直接；第二种情况就是品牌遭受流言袭扰，这种流言一定是一种不负责任、非事实的负面传闻。在竞争中，主要体现为来自竞争对手的炒作及口水战。"清者自清，浊者自浊"，事实就是事实，任何人都没有能力把假象变成事实。所以，恶意炒作也好，流言战也好，虽然暂时会蒙蔽一些消费者，但最终终有"拨开云雾见日月"的时候。

6. 品牌个性模糊不清

品牌如果失去个性，就不足以称之为品牌。总体来说，导致品牌个性模糊不清的因素主要有三个：一是品牌延伸导致的安全问题，容易导致品牌个性模糊不清，甚至会失去品牌在消费者心中的独特地位。诸如三九集团以999胃泰起家，但后来却将品牌延伸为999冰啤，999胃泰治胃，而999冰啤作为酒类伤胃，产品相互抵触却使用同一品牌，结果999品牌受到伤害。二是品牌定位不当也可能导致这个问题出现。诸如宝洁公司推出的"润妍"品牌在2002年4月全面停产，就是因为其错误地定位于城市高端女性市场，市场没有被成功启动。这不仅是"润妍"品牌的失败，对宝洁品牌也构成了伤害。三是竞争对手的"跟风"，即竞争对手的模仿与抄袭容易导致品牌个性模糊不清。虽然竞争对手的"跟风"不是原创，但也会具有一定的攻击性，也会对同类中的首创品牌造成伤害。据不完全统计，国内市场上类似"华伦天奴"的注册商标一度多达200多个，而与"梦特娇"雷同的品牌的持有企业也多达60多家。

第三节　品牌经营过程中蕴藏无限"杀机"

品牌经营风险是全程的，它隐匿于品牌经营的各个阶段。可以说，从品牌规划阶段开始就已存在品牌风险。在品牌规划阶段，通常要设计品牌战略、品牌定位、品牌策略，但很难保证做出的品牌规划客观正确。同时，品牌风险也是多元的，因品牌经营方式不同，表现形式也多种多样。品牌经营包括品牌延伸、品牌衍生、品牌特许、品牌并购、品牌联合等多种形式。虽然商无定律，但很多企业在长期品牌经营实践中，还是发现了一些规律性的基本操作章法。企业不遵守品牌经营的基本章法，无异于给品牌"下毒"。只不过有些品牌经营行为的毒副作用大，很快就能显现，而有些品牌经营行为的毒副作用小，但经过长期的日积月累，依旧能置品牌于死地。

1. 品牌延伸

　　没有哪一家企业不想做大，但遗憾的是大多数企业不是想在专业化的领域里做大，而是谋求在多元化领域里做大。这体现了资本的贪婪性，资本的欲望就是扩张，而企业扩张直接体现为品牌扩张。一个企业经营业务的扩张，在品牌操作上往往会出现两种倾向：一是进行品牌延伸；二是采取多品牌经营。在这种情况下，企业的多元化经营风险在品牌身上也就体现出来了。

　　所谓品牌延伸，就是指把一个有价值的成熟的品牌应用到新的产品、新的领域、新的市场，利用现有品牌的成功来帮助新市场成长。如今，很多企业都在尝试品牌延伸策略，当然主要是把现有成功的品牌用于新产品或修正过的产品，以提高产品营销的成功几率与成功效率。美国著名品牌专家科普菲尔把品牌延伸分为相关延伸（持续延伸）和间断延伸，凯文·莱恩·凯勒作为美国公认的营销沟通与战略品牌管理研究的先驱，把品牌延伸分为线延伸和大类延伸。实际上，这两位大师对品牌延伸分类的方法基本一致。线延伸亦即相关延伸，是指用母品牌作为原产品大类中针对新细分市场开发新产品的品牌，或者理解为品类内延伸；大类延伸也即间断延伸，是指母品牌从原来的产品大类中进入到另一个不同的大类，或者理解为跨行业延伸。在此，把品牌延伸进一步细分一下，见图3—2：

　　总体来说，企业通过品牌延伸来推广新产品，其成功率往往高于新创品牌。品牌延伸是一个趋势，越来越多的企业在进入新市场时，会主动利用现有品牌优势，而不是开创新品牌。在具体操作上，对于企业品牌与产品品牌合一的就干脆直接用企业（或产品）品牌去延伸，当然也有一些企业采取主副品牌策略的，用副品牌去进行延伸，诸如宝洁公司推出了系列"飘柔"洗浴用品，将"飘柔"品牌从洗发水领域延伸到香皂和沐浴露领域。又如，娃哈哈的非常可乐就是在娃哈哈后面加上"非常"两字。或者形成一个产品系列，例如箭牌，就有绿箭、黄箭、白箭等。但是，其前提是要做正确的品牌延伸：其一，要在恰当的时候，即主营业务稳定，品牌

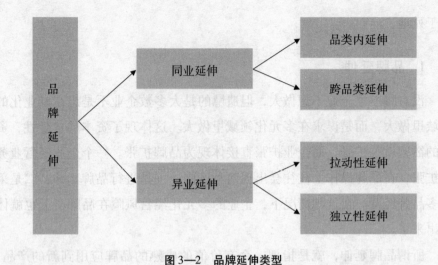

图 3—2　品牌延伸类型

已经处于成熟阶段。其二，要有恰当的战略，通过品牌延伸要能使企业战略得到支持，能支持企业走得更远。其三，恰当的事，或者说要有恰当的经营业务，要有恰当的产品与服务。其四，恰当的资源，包括恰当的原料、资金、技术、渠道、客户等资源，能支持新业务开展。实际上，娃哈哈延伸到瓜子、碳酸饮料，主要是依靠其强大的渠道资源支撑。其五，必要的关联，要么在业务上有关联，要么在品牌价值方面有关联。品牌核心价值具有包容力而使类别较远的产品共用一个品牌成功的例子比比皆是。万宝路延伸到与香烟类别相距很远的牛仔服、牛仔裤、鸭舌帽、腰带获得了很大的成功，因为这些服饰与香烟一样都张扬着"勇敢、冒险、进取"的品牌精神。再如，2004 年，当百事可乐公司决定用自己著名的饮料品牌，在中国全力进军运动服饰产业时，也是立足于百事可乐"年轻、前卫"这一核心价值基础之上的。否则，品牌延伸很容易失败。如 999 从医药延伸到啤酒，就没有取得让人满意的成功。以美国 Scott 公司为例，该公司生产的舒洁牌卫生纸原本是美国卫生纸市场的佼佼者，但后来该公司又生产了舒洁牌餐巾、舒洁牌面巾、舒洁牌纸尿布等产品，这就使 Scott 公司在人们心目中的定位出现了偏差，其延伸效果自然不打折。

　　品牌是不能无限延伸的，企业要把握品牌延伸的尺度。五粮液曾先后意欲把品牌延伸至生物医药、金融、纸业、OLED 显示器、汽车模具、柴

油发动机等产品领域，但是无一成功，五粮液终究难以抹掉自身白酒品牌的标签。茅台酒也进行了品牌延伸，从白酒到红酒、葡萄酒，再到医药、生物工程、金融等，但也鲜有佳绩。无疑，品牌延伸也会增加品牌风险，主要表现为以下诸方面：品牌延伸使品牌个性模糊不清，甚至会影响主业绩效；遭遇品牌危机时容易发生连锁反应，这是商业版的"株连九族"；副业经营业绩不佳，反而影响主业。阿尔·里斯在说明品牌延伸损害企业长远发展时曾引用了七喜的案例：七喜在1978年时只生产一种饮料，占据了5.7%的市场份额，后来尝试生产多款饮料，以品牌延伸求发展。此后的2003年，七喜的市场份额却跌到了1.2%的历史低点。再如空调品牌春兰，从电器延伸到了汽车，以及电视、冰箱、电脑等很多产品，延伸得太多太快，最后几乎无一成功。当IBM推出同一牌子的复印机时，首先损害的是其计算机的形象，人们会降低对IBM计算机的认同——IBM不务正业了，它的计算机还能靠得住吗？另外，人们对它生产的复印机也不买账，因为人们认为，IBM是做计算机的，它能做得好复印机吗？做复印机可不是它的专长。这样两面作战，拉长战线，必然分散精力、资源，导致投资加大，成本提高，利润下降，甚至出现亏损。IBM集中生产大型计算机时业绩斐然，而后来它几乎什么都做：PC机、笔记本、工作站、中型机、软件、网络、电话、复印机、商业卫星等，却几乎不能维持收支平衡。

2. 品牌并购

20世纪90年代以来，全球企业并购的规模和数量呈现不断上升的趋势。实际上，越来越多的企业试图通过并购来构建更高层次的核心竞争力，以期实现企业的持久竞争优势。虽然企业并购失败率很高，但企业还是把并购视为快速成长与扩张的捷径。通常谈到并购，我们总是想到企业之间的并购。其实，也不乏以获得品牌为目的的并购。这里的品牌并购，是指以获得目标品牌及品牌资产、所属资源为目标的收购行为。很多企业都把品牌并购视为品牌扩张的捷径，毕竟收购品牌的成功率要远远高于新创品牌。就拿IBM公司来说，1995年IBM成立软件集团，从最初并购Lotus 软件至今，IBM 已经收购了 54 家软件企业。在 IBM 软件 5 大品牌中，除 DB2 和 WebSphere 外，Lotus、Tivoli、Rational 均来自于成功的收购。IBM 的并购是成功的，是因为其坚持了互补性收购。IBM 的并购主要看重技术关联性和市场价值，选择与 IBM 具有技术相关性并可以延伸产品价值链的高技术含量公司。同时，IBM 公司还充分考虑了并购整合风险，充分考虑文化、人员、技术整合等门槛。IBM 软件公司的成长史可以说就是一部并购史，企业在并购过程中实现了成长与扩张。再如，成立于 1984 年的高科技企业思科公司，在并购高峰期创下这样的纪录：9 年多时间里，思科成功地收购了 80 多家大大小小的公司，最繁忙的时候曾在 10 天内吃掉 4 家公司。成功的收购策略不仅推动了思科的高速成长，使其先后超越英特尔和微软等成为全球最有价值的公司，而且改变了硅谷的技术精英们对自主研发与收购的看法。思科已经成为高科技领域中成功实施并购战略的样板企业，被称为"并购发动机"。

企业并购成为资本扩张的一个重要手段，但是现实中却有不少企业因为盲目的并购行为反而影响了自身的发展，其中有一个重要原因就是忽略了并购风险或者对并购风险考虑不足，导致并购失败。2005 年 9 月，明基高调宣布收购德国西门子手机部门，一跃成为全球第四大手机制造商。当时，这笔交易曾被外界视为很划算的生意：明基分文未出，西门子手机业务还另外补贴给明基 2.5 亿欧元。不过，这笔交易有一个前提是，西门子手机日亏损高达 120 万欧元。李焜耀曾对外表示要在一年之内让西门子手机扭亏，明基当时准备了 8 亿欧元，计划用两年时间来消化这次并购可能带来的亏损，但 2006 年 9 月 28 日，由于陷入不断增加的亏损黑洞及股东方的压力，明基不得不宣布停止向其德国手机子公司 BenQ Mobile 注资，并申请破产保护。2006 年 12 月，明基电通掌门人李焜耀现身中国内地，公开向媒体承认明基收购西门子失败。

实际上，并购风险具有全程性的特点，这种风险可以分为三个阶段：第一个阶段是并购前的风险，主要是并购对象的选择风险，以及并购方式确定上的风险；第二个阶段的并购风险是并购进入实施阶段时，企业将面临融资风险、信息风险、法律风险、反收购风险等；第三个阶段是整体运

营与整合阶段，主要是营运风险、文化整合风险。并购从来都是一把双刃剑，并购形成的聚集效应吸引了很多企业，但整合的难度又使得它们失败。此外，企业还要全程担负因操作不善而导致的形象风险。2002年，TCL收购德国施耐德公司时，对根德公司也非常感兴趣，根德的规模相当于施耐德的20倍，从规模上说对TCL在欧洲拓展市场的作用将会更大，但是收购根德需两亿欧元，而收购施耐德只需820万欧元，由此对前者进行整合的风险肯定会更大。由于施耐德在德国甚至欧洲都有相当强的市场基础，TCL最后选择了施耐德。

对于并购能否成功，以下几点至关重要：一是相关经营领域并购会提升并购的成功率。迈克尔·波特对1950年至1980年并购的33家大企业进行广泛研究，发现这些大企业后来总共卖掉购进企业的53%，而在不相关经营领域的企业有74%被卖掉。麦肯锡咨询公司在1986年对1972—1983年之间涉及的200家最大的公营公司的并购进行了研究，结果发现不相关经营领域企业的并购成功率只有8%。二是可融合的管理风格与文化价值可提升并购成功率。研究发现，并购成功与否不仅仅依靠被收购企业创造价值的能力，而在更大程度上依靠并购后的整合，尤其是人员整合与文化整合。并购失败的企业在很大程度上是因为没有注意购并后的整合，而并购成功的企业最有力的武器也就是整合。并购失败的公司中有85%的CEO承认，管理风格和公司文化的差异是导致失败的主要原因。思科公司历史上最大的失败收购是在1996年收购StrataCom公司之后的几个月内，大约有1/3的原StrataCom公司的销售人员辞职，导致了公司销售的长期瘫痪。思科掌门人钱伯斯为兼并活动制定了五条"经验法则"：兼并对象必须与思科发展方向相同或角色互补；被兼并公司员工能成为思科文化的一部分；被兼并公司的长远战略要与思科吻合；企业文化和气质特征与思科接近；地理位置接近思科现有产业点。在并购之后思科则强调并购双方在各个方面的整合。并购后的整合包括人事整合，被并购企业经营政策的调整，制度、运行系统与经营的整合等，是并购成败的关键。思科的并购战略得以成功，在很大程度上归功于它们对被并购企业在并购前的考察以及并购后的整合。思科公司人力资源部总监巴巴拉·贝克甚至认为除非一家公司的文化、管理方法、工资制度与思科公司类似，否则即使对公司很重要也不会考虑收购。因此在"疯狂"的并购中，思科非常注重整个公司的共同目标和前进方向。思科能够在并购企业的同时得到被并购企业绝大多数的人才，他们对人员和文化的整合的重视起到了不可忽视的作用。在正式并购开始之前公司就专门组织一个 SWAT 小组来研究同化工作的每一个细节，尤其针对人员整合做大量准备工作。如果收购一家价值、文化完全不同的公司，无异于是把水和油兑在一起。并购最大的感受是必须包容，就像娶到家里的媳妇一样，除了告诉她基本的规矩外，在其他许多方面都应该包容她。

另外，也要考虑政治风险。政治风险是品牌应思考的问题，尤其在拓展全球市场时。一个品牌想要并购企业，必须考虑本国与拟并购企业所在国家的关系，以及在未来一定时期内的政治关系走向，要对该国家的现行政策及政策走向有一个充分的把握。在并购过程中，也要考虑"政治因素"，考虑到民族情绪。在整合过程中，也要遵守所在国家的政策及法律法规，维护经济秩序，遵守商业伦理道德。达能布局中国过程中，对中国民族品牌的态度很特殊，可以概括为两点：一是企业由达能控股，但达能并不派员参与管理，被收购的品牌仍拥有商标权、管理权、产品及市场开拓权；二是被收购企业可以取得在中国市场上无偿使用达能品牌的权利。这样做既照顾了中国人的民族情绪，又弱化了品牌间的内耗，敌对企业变成了同胞兄弟，轻而易举地完成了市场洗牌的壮举。另外，品牌并购后的品牌整合也是必须考虑的问题。收购品牌的结果一般有多种：对所并购的品牌重用还是弃用，或者小用，还是他用。当然，更有很多品牌在并购之后"不可用"或"不能用"。

3. 品牌租赁

品牌特许主要有三种经营形式：品牌租赁、品牌特许延伸和特许经营。品牌租赁与品牌特许经营的区别在于品牌租赁往往强调的是"商标使用的许可权"，而一般不涉及其他方面资源，如技术诀窍、经营模式等。首先来看一看品牌租赁。1989 年，何伯权带领一班人马创立中山"乐百

氏"，并租用广州"乐百氏"品牌从事经营活动。经过一番运作后，中山"乐百氏"在乳品、矿泉水等领域创造出可观的成绩，"乐百氏"也成为颇具影响力的知名品牌。1997 年，中山"乐百氏"收购广州"乐百氏"由商标租用者变为拥有者。

　　品牌租赁无论是对于出租方，还是承租方都存在一定的风险。对于出租方，其风险在于承租方能否把品牌当成自己的孩子来对待，这关系到在租赁期内是为品牌做加法还是做减法，关系到品牌资产能否保值增值，关系到品牌形象是否受损。品牌租赁双方对待品牌的态度和出发点是不同的：所有者使用品牌是把它当成一种资产，不仅考虑短期利益，同时也会注重长远的利益。而被许可方，因为并不拥有这个品牌，它关注的是短期利益最大化，而不会关注品牌的未来，不会关注现在的行动对品牌将来的影响。对于品牌租赁，可以从两个方面来理解：一是把品牌租赁给其他企业用于经营活动，如果承租方经营不善，会对品牌构成严重伤害；二是租赁其他企业的品牌用于企业经营，这种情况的风险在于为别人做嫁衣，并且企业缺乏稳定经营的根基。2001 年底，万家乐与珠海飞翔达实业有限公司签订了《商标使用许可合同》。按合同约定，品牌使用期限为 5 年，万家乐许可飞翔达在其空调、冰箱产品中有偿使用"万家乐"商标。2004年 3 月，各大媒体以"万家乐空调破产"为题报道了生产万家乐空调的飞翔达公司危机事件，给万家乐品牌造成了极大的负面影响。飞翔达危机爆发后，由于多数消费者并不知道企业出租品牌、贴牌生产等运作模式，导致万家乐燃气灶、万家乐消毒柜等使用"万家乐"商标的关联企业都被牵累。事后，万家乐公司为挽回影响，就万家乐空调事件发表声明称：飞翔达公司出现违反国家相关法律法规的行为，由其自行承担相应的法律责任。万家乐公司将密切关注事件的发展，并将采取果断的法律措施维护万家乐商标的品牌形象。很显然，万家乐的这份声明是希望通过收回飞翔达公司的品牌使用权来了断飞翔达与万家乐空调之间的一切关联。尽管如此，万家乐品牌价值受损已成为不争的事实。万家乐公司采用的是简单的品牌授权方式，且对品牌出租的回报承诺缺少客观的市场评估和有效的品牌风险管理，尤其是对被授权企业抵御风险的能力估计过高。因此，才失算于品牌租赁。对于承租方来说，租赁别人的品牌"过日子"毕竟不是长久之计，一旦合作终止，过去对品牌所做的投入都将付之东流。这就是何伯权的高明之举，中山"乐百氏"从租赁到拥有商标所有权，是明智之举，也是必然之举。再如，法国联合利华在1999年时，也曾租赁"美加净"和"中华牙膏"这两个当时最具品牌知名度和影响力的牙膏品牌："美加净"当时年销售量6000万支，"中华牙膏"出口量全国第一。后来这两个品牌终被联合利华收购。

　　如果换一个角度，还可以把品牌租赁分为内部租赁与外部租赁。所谓内部租赁，是指品牌出租方与品牌承租方之间存在资本纽带，而外部租赁则是品牌出租方与品牌承租方之间不存在任何资本联系。外部租赁比较常见，但对于内部租赁亦不可忽视。2000年3月，乐百氏与法国达能正式签订协议，共同投资组建"乐百氏（广东）食品饮料有限公司"。乐百氏集团仍拥有"乐百氏"商标所有权，合资公司以有偿许可的方式使用"乐百氏"商标，合资公司使用"乐百氏"品牌的生产经营将集中在乳酸奶和瓶装水领域。这就属于内部租赁的一种。内部租赁也存在着巨大的风险。1996年，娃哈哈集团与外商合资时，"娃哈哈"商标的注册权利人是国有独资的娃哈哈集团有限公司，宗庆后任该公司董事长兼总经理。合资公司的全称是杭州娃哈哈食品有限公司。娃哈哈商标经评估作价为1亿元人民币。根据1996年2月9日的《合资经营合同》，娃哈哈集团向合资公司的注资包括5000万元无形资产，即娃哈哈商标价值的一半，娃哈哈商标价值的另外5000万元由合资公司出资购买。这样，娃哈哈系列商标的全部权利归入合资公司。这份合同于1996年2月9日签订，2月17日获浙江省对外经济贸易委员会批准，2月18日浙江省工商行政管理局核发了营业执照。虽然合资合同约定由合资中方限期将娃哈哈商标权利人变更为合资公司，但变更事宜由于种种原因没能实现。宗庆后后来这样对媒体说："当时对方提出娃哈哈商标转让给合资公司，我们感觉是娃哈哈转让到娃哈哈。娃哈哈是一个合资公司，我们还占了大股，所以感觉也没有问题。"可是，1996年，娃哈哈、法国达能公司、香港百富勤公司共同组建合资公司，持股比例分别为49%、49%和2%。亚洲金融风暴期间，香港百富勤

将 2% 股权转给达能，达能获得 51% 的控股地位。这样一来，娃哈哈在商标方面的话语权大减。结果，导致了 2007 年的"达娃商标之争"：达能想并购目前在使用娃哈哈商标的非合资公司，而娃哈哈则坚决反对，其本质是"娃哈哈"商标所有权的争夺。但由于对品牌价值的模糊认识，宗庆后在"娃哈哈"商标争端初期就吃了"哑巴亏"。在接受媒体采访时，宗庆后提及当年签署的一份合同时追悔莫及，"由于当时对商标、品牌的含义认识不清，使得娃哈哈的发展陷入了达能精心设下的圈套"，"由于本人的无知与失职，给娃哈哈的品牌发展带来了麻烦与障碍，现在再不亡羊补牢进行补救，将会有罪于企业和国家！"

4. 品牌特许

品牌特许是指品牌所有权单位（或个人）通过合同授权方式，允许受许企业（或个人）有偿使用品牌权益的经营行为，这里的品牌权益可能包括商标、商号、技术诀窍及其他方面的知识产权。同时，在授权合同中，明确约定双方权利与义务，包括品牌管理、经营行为、利益分配等诸多方面。品牌特许主要有以下三种经营形式：一是品牌租赁，将在下文专门探讨。二是品牌授权运营，即品牌所有权人通过品牌授权某一运营商，由运营商在得到授权的范围内经营品牌而获得经营利润的一种经营方法，也就是 OAM：Owner（品牌拥有人）—Agent（品牌营运商）—Manufacturer（制造商）模式。在 OAM 中，品牌营运商占主导地位，通过把品牌拥有人和产品制造商所拥有的资源进行整合，作为一个独立的主体直接面对市场，参与品牌的运作。品牌营运商对品牌实施管理与监控，实现品牌增值前创造经营利润。国外知名品牌"百事"进军国内饮料行业以外的市场也是以品牌租赁方式进行的，福建国际信托投资公司是其租户。为了运作"百事"品牌，福建国际信托投资公司专门成立了"福建华富技术贸易公司"。通过对"百事"的运营，福建华富企业与 FDS（世界特许服务组织）中国合作，成功推出了"百事流行鞋"等鞋类、服装产品。三是特许经营，包括商业特许经营与工业特许经营。我们所熟知的麦当劳、肯德基等企业除了直营连锁外，还通过特许经营发展加盟店，这是商业特许经营。工业特许经营在中国已经有很成功的例子，诸如 2004 年 10 月，上海鄂尔多斯服装控股有限公司成立，负责鄂尔多斯品牌延伸战略的具体运作。一方面控股公司与合作方合资成立服装专业公司，并且掌握合资公司的控股权；然后通过品牌授权的方式，将某一个品牌系列授权给这个专业公司经营。专业公司由富有行业经验的职业经理人组成新的管理团队；控股公司通过委派产权代表和财务总监的方式监管各专业公司。另一方面控股公司剥离了设计、生产、销售等环节，把精力集中在品牌维护和质量控制上。事实证明，鄂尔多斯的这种特许经营是成功的。我们再来看看恒源祥集团。1991 年，恒源祥通过实施品牌经营战略，充分利用恒源祥商标的无形资产，调动和组合社会有形资产，实现了规模经营和快速扩张。在实施品牌战略中，恒源祥发现，手编毛线所产生的利润已经无法支撑一个品牌的发展。1998 年，恒源祥做出重大的战略调整，开始向家纺、服饰、针织、日化等领域拓展，并同时实施具有恒源祥特色的特许经营。对于经营品牌的企业而言，关键的不是产品的技术、款式、原材料，而是消费者的需求和选择。因此，恒源祥的核心工作就是充分地发现、创造和满足消费者的需求。恒源祥以消费者需求为导向，在整个恒源祥联合体范围内，从管理层、子公司、加盟工厂到经销商的各个层次，从采购、设计、生产、检验、销售到售后服务的所有环节，都反复思考如何满足消费者需求，如何为消费者创造价值。其实，这正是从传统的产业实体经营方式转变为纯粹的品牌经营方式，并且以为消费者创造价值，始终坚持以消费者为起点、以消费者为终点的理念。

5. 品牌联合

恰当的品牌并购可以实现"1＋1＞2"的整合效果，同样，恰当的品牌联合也可以产生"1＋1＞2"的效果。所谓品牌联合是指分属于不同企业的两个或两个以上的品牌，通过短期或长期的协同合作，以实现优势互补、利益共享的经营目的。20 世纪 80 年代以来，品牌联合在管理实践中得到了越来越广泛的应用。麦肯锡咨询公司 1994 年的一项研究表明，全球范围内实施品牌联合的品牌数量正以年均增长 40% 的速度递增。Nutra

Sweet、Microsoft、Intel 等品牌都曾通过品牌联合取得了巨大成功。品牌联合有多种形式：第一种形式是打造联合品牌，即两家或多家企业联手打造联合品牌，诸如索尼公司和爱立信公司联合生产的手机使用"Sony Ericsson"作为联合品牌名称；第二种形式是联合营销，这是品牌联合应用最广泛的联合方式。联合营销还可以进一步细分为多种形式，诸如企业间成立共同的营销组织，开展营销活动，这种情况亦可称为组织联合。再如，企业间联合开展促销活动，以实现客户资源共享。还有，企业为获得营销资源而结成营销联盟，诸如"以技术换渠道"，这都属于品牌联合。

　　要知道，并非所有的品牌联合都是成功的。2000 年，为抵御国美家电连锁商的低价销售行为，家电企业联合举办中国彩电业峰会，希望组成价格联盟。但是，国家计委公开表态：众多彩电厂家联手自律的想法是值得肯定的，但组成价格联盟搞最低限价的做法不合法，最终这次品牌联合流产了。品牌联合的结果无非以下几种情况：一是在合作期内各企业实现了各自目标；二是合作不利中途和平分手；三是合作被遏制或扼杀，最终流产；四是合作中出现冲突，导致成员利益受到损害。这就提醒我们，必须研究如何去提升品牌联合的成功率，要知道失败是会给企业带来现实经济损失的。**品牌联合要想获得成功，以下几个因素必须考虑：**一是品牌利益性，即品牌之间联合必须有共同的利益点，并且这种利益点要明晰化；二是品牌匹配性，即品牌联合成员之间必须对等，品牌之间能够相得益彰；三是品牌互补性，即品牌之间要能相互帮助，能够弥补对方能力或资源的短板；四是品牌可溶性，即品牌联合在理念上能够形成共识，并且在品牌文化上也要有可溶性。

　　品牌联合需要合作各方投入资源，并且按照既定目标与规则行事，要充分考虑风险、危机与陷阱。以下几种情况会增加品牌联合的风险：一是合作企业之间内耗与冲突。可以说，这需要付出最高昂的合作成本与费用。二是合作品牌出现战略调整。三是合作品牌遭遇经营危机。四是合作品牌单方面退出。五是合作品牌遭遇并购……并非每一次品牌联合都能产生奇效，如果品牌联合违背法律法规或者违背市场经济规律，甚至违背商业伦理道德，就会产生负效应。在 1997—2000 年这三年中，由于联合串通甚至用威胁手段让零售商维持商品定价，造成了市场垄断，香奈尔公司等13家全球著名的法国香水化妆品公司以及三家法国香水化妆品分销店共被处以4620万欧元的罚款，其中包括李嘉诚在英国的公司。中国香港富商李嘉诚旗下名店玛丽奥诺（Marionnaud）连锁店也没能逃过处罚厄运，且罚款数额最高——1280万欧元。法国香水闻名遐迩，像香奈尔、伊夫·圣·洛朗、克里斯汀·迪奥等都是全球女性钟情的品牌。但这些香水制造商却陷入了联合操纵香水价格的丑闻，使其品牌形象受损。实际上，这种情况并不少见，2006年2月，北欧航空公司、英国航空公司、法国航空公司、德国汉莎航空公司等公司因涉嫌联合操纵价格而被欧盟委员会和美国司法部调查；2006年10月，美国司法部表示，三星和Hynix的官员已经被起诉，这是美国政府对计算机内存产业的价格操纵案进行调查的一部分。据外电报道，美司法部在一份声明中说，旧金山地区的一个联邦陪审团已经决定起诉三星的两名官员和Hynix的一名官员。起诉书指控三星高管Kim Ⅱ - Ung和Young Bae Rha，以及Hynix的加里·斯文森参与了2001—2002年期间联合操纵计算机内存价格的活动。

6. 品牌"外嫁"

所谓品牌"外嫁"，是指转让品牌所有权及使用权的行为。在企业具体经营过程中，主要包括三种情况：一是把品牌整体出售给其他企业；二是品牌被其他企业并购；三是在合资过程中，把品牌所有权及使用权转入合资公司，而合资公司由对方控股。实际上，我们研究这种情况下的品牌安全意义在于对于品牌的爱惜与保护。因为品牌在谁的名下并不重要，重要的是品牌能够发扬光大。所以，我认为从"民族品牌"、"自主品牌"的角度来看待品牌安全，是不理性的，也是不科学的。我们来看两次在化妆品业有着巨大影响的收购：2003年12月，全球最大的化妆品集团欧莱雅宣布收购中国护肤品牌小护士；2004年1月，法国欧莱雅集团正式对外宣布收购护肤品牌羽西。小护士、羽西被欧莱雅收购后，可以说备受重视，成为欧莱雅在中国构筑其品牌金字塔的主力品牌，并与宝洁公司对抗。在这种情况下，笔者认为只要小护士、羽西出路与前景是好的，那么品牌

"外嫁"就是正确的。

但是，我们也要看到，很多原本很优秀或具有一定潜质的品牌却在"外嫁"后黯然失色甚至销声匿迹了。我们来看一个案例：联合利华收购"美加净"后，为了达到消除竞争对手的目的将此品牌雪藏，收购后联合利华对"美加净"采取了"冷处理"，甚至降低价格使其沦为低档品牌，使大量"美加净"的消费者转变成了联合利华自有品牌"洁诺（Signal）"的用户。而与此同时，联合利华在收购"中华牙膏"以后，自 2001 年起在其原有的品牌基础上大力投入，使得 2003 年中华牙膏在国内市场占有率排名第二，达到 15% 左右。由于跨国公司在中国市场的扩张活动呈现出更为谨慎和系统性的特征，包括在收购后的品牌运作等方面都有战略性的规划和掌控，所以很多品牌的败落或死亡，离不开一些企业的战略性"阴谋"。

相信很多读者朋友对"活力 28，沙市日化"这句广告语并不陌生。但是，活力 28 在"外嫁"后却走过了曲折的七年。1994 年，外资的进入无情地揭开了民族品牌极力粉饰的伤疤，活力 28 呆死账近一亿元，流动资金严重匮乏，新项目相继胎死腹中，拳头产品洗衣粉的销量开始下滑；1996 年，活力 28 以品牌和生产设备一起作价 7000 万"外嫁"德国邦特色，成立美洁时公司，同年，活力 28 被核准上市；1999 年，活力 28 公告亏损；2000 年，正式挂帽 ST，同年转股天发，ST 活力更名为天颐科技；2003 年 2 月 28 日，颠沛七年，极盛而衰的活力 28"游子重着故人衣"，活力 28 商标使用权正式被湖北活力 28 集团收回。可见，品牌"外嫁"的关键是在与其他企业合作过程中，如何保护自身的品牌。因为品牌败落或死亡很可能会导致一个企业的败落或死亡。因此，在操作品牌"外嫁"时要慎重，并且要多一分战略性思考。

7. 多品牌经营

所谓多品牌，是指企业同时经营两个或两个以上品牌。采取多品牌策略的企业或者多行业经营，或者多品类经营，或者多市场区域经营。采取多品牌策略，往往针对不同行业、不同品类、不同区域市场推出不同的品牌。当然，也存在一品多牌的情况，这主要常见于两种情况：第一种情况是为其他企业贴牌加工生产产品；第二种情况是针对不同渠道市场差异，推出差异化的品牌，但在产品品质上未做改变。当然，很少有企业一出生就同时推出多个品牌，而是在企业发展扩张中逐步积累起来，包括自创品牌或者通过企业并购获得品牌。对既有品牌进行保护，维护其独特的品牌行为与品牌形象，不进行品牌延伸而采取新创或并购品牌的办法。金龙鱼是小包装食用油行业第一品牌。嘉里粮油希望把金龙鱼品牌塑造为高品质的食品油专家，把金龙鱼定位为食品油的高端产品。因此，为了维护第一品牌的形象，金龙鱼是不会把产品延伸到中、低端市场的。在消费者的头脑中，高品质绝不能低价。为了不失去份额巨大的中、低端市场，明智的做法就是推出新的品牌，抢占这一市场。

　　企业多品牌策略态势的形成主要有几种情况：一是企业形成"品牌癖"，热衷于推出新品牌。很多企业喜欢不断地上新品，不断推出新品牌，这是一种非理性的品牌操作。企业的初衷与愿望可能是好的，但却容易犯战线过长难以兼顾的错误。同时，也会犯画蛇添足的错误，使现有的品牌资源得不到挖掘、整合与利用。二是在企业并购扩张中形成的多品牌格局。有时多品牌并举是企业无奈的选择，就拿新希望集团进军乳业来说，自2001年11月新希望开始了并购之旅，先后累计控股乳制品企业达十几家，由于并购而拥有10余个品牌，但多为区域性品牌，拥有品牌数量在全国乳制品行业堪称首位，但却缺乏全国性品牌。这对于统筹运作全国市场极为不利，品牌资源、产品资源也难于整合。三是市场细分背景下形成的多品牌格局。多品牌策略或家族品牌策略有时是企业为主动适应市场而制定的品牌战略，品牌存在的依据是市场细分，或按目标人群、或按区域市场、或按渠道类型……诸如科龙空调2002年时旗下有两个品牌：科龙和华宝。科龙品牌主打中高档空调市场，华宝则扼守中档市场入口，阻击三线品牌，以此为品牌策略的科龙在2002年取得不错的销售业绩。进入2003年以后，科龙又针对中低收入的低端市场推出"康拜恩"品牌，以构筑多层级的品牌金字塔。因此，在主观或客观条件下都容易孵化多品牌策略，至于多品牌策略"弊"的一面并不可怕，可怕的是不知如何管理品牌，如何根据市场做品牌的加法和减法。

很多企业通过实施多品牌运作获得了成功，诸如宝洁公司。成立于1837年的宝洁公司，刚开始的时候只是一家生产肥皂和蜡烛的公司，经过160多年风风雨雨艰苦奋斗，它已经成长为目前世界上名列前茅的日用消费品制造商和经销商。宝洁公司在全球56个国家设有工厂及分公司，所经营的300个品牌畅销140个国家和地区，其中包括我国消费者日常接触率最高的洗涤用品、化妆品、纸品、药品、护发护肤用品等。当然，并不是宝洁公司推出的每一个品牌都获得了成功，诸如润妍等品牌在中国市场上就遭遇了失败。再如，欧莱雅是世界第一大化妆品公司，共拥有500多个品牌，在我国的品牌框架包括高端、中端和低端三个部分。高端品牌是赫莲娜，产品品质和价位都是这12个品牌中最高的，面对的消费群体的年龄也相应偏高，并具有很强的消费能力。其次是兰蔻、碧欧泉，这些高端化妆品主要在高档百货商场销售。中端品牌可分为两大块：一块是美发产品，有卡诗和欧莱雅专业美发。还有一块是活性健康化妆品，有薇姿和理肤泉两个品牌，它们通过药房经销。还有福建达利食品集团有限公司，这家企业创办于1989年9月，生产薯片、饼干、凉茶、八宝粥、花生牛奶、杏仁露、优先乳、蜂蜜绿茶、冰红茶、果粒橙等诸多产品。达利采用的就是类似于日化巨头宝洁公司的多品牌策略，目前其旗下拥有三个重要品牌"达利园"、"可比克"、"好吃点"。2002年到2005年，达利公司通过一线明星、强势媒介、密集广告投放，快速创立了这三个品牌，多品牌运营基本取得了成功。

多品牌策略的成功有三个关键点：一是不同品牌价值的关联性；二是不同品牌定位的互补性；三是每一个品牌能够有效代言一个品类。多品牌之间既要有必然的联系，以最大化利用其共性，实现资源优化培植，同时还要有必要的个性，容易识别，把品牌及产品信息最大化地传递给顾客。其实，这就是北京奔驰－戴姆勒－克莱斯勒汽车有限公司（以下简称BBDC）的多品牌经营理念，BBDC旗下有四个品牌，分别是奔驰、克莱斯勒、吉普和三菱。再如，对于退居幕后的 Lenovo，未来"Idea"与"Think"两个品牌将分别开始对于消费类与商务领域的运作。IdeaPad 和 IdeaCentre 等 Idea 消费电脑品牌与定位于高端的商用 Think 品牌无疑形成了品牌的互补优势，至此联想的海外产品品牌战略也日渐清晰。联想在海外市场中，商务市场以 Think 为主导，而消费市场以 Idea 为主导，Idea 和 Think 之间有着内在的联系，含义也很类似。Idea 是个不错的名字，与声名远播的 Think 有着很好的联系，消费者通过 Think 也很容易记住 Idea，这有利于 Idea 的推广。联想 Idea 品牌的发布在业界看来的确是一个好主意，和 Think 放在一起产生联动效应，未来国内和国际品牌的统一无疑对加快联想的国际化进程大有助益，并使 Idea 子品牌形象尽快在海外消费PC 市场中树立起来。

不过，多品牌经营未必都是好事。APP（今光纸业）作为国际知名纸业公司，仅复印纸一项在中国的五个工厂就有 25 个品牌，平均每个企业有五个品牌，并且都是中国本土品牌，与 APP 这个总体品牌没有什么关联。APP 公司认识到相同产品的品牌重复建设，增加营销推广费用和成本，无法发挥集团的品牌优势，甚至发生自家品牌的内讧，品牌管理问题令领导层痛苦不堪。在遭遇多品牌负面效应困扰后，品牌"裁员"就成为很多企业迫在眉睫的问题了。

那么，什么情况下应做品牌减法？ 一是作为品牌载体的产品已没有市场竞争力，品牌已经没有优势产品支撑；二是当品牌遭遇严重危机而企业无力再造或重塑品牌形象；三是企业内部品牌过度、重复定位，内部产品互相冲击、互抢市场；四是当品牌阵营中某个品牌影响到品牌阵营中其他品牌的生存与发展时……在品牌阵营中，又如何进行"裁员"呢？一是通过转让企业间接转让品牌；二是企业直接宣布品牌退出市场；三是企业放弃使用某个品牌而把该品牌出租；四是把品牌作为资产拍卖或有条件转让；五是把现有品牌加以整合，"合多为一"，形成更具有竞争力的品牌。尽管削减品牌可能存在负面效应，但要知道这种负面效应是暂时的且可以消解的，而弱势品牌对企业的负担却是致命的，因此做品牌减法应该果

敢、大胆，而不应犹豫徘徊。多品牌经营未必都是好事，多子未必多福，反而会为企业经营增添很多烦恼。因此，很多采取多品牌策略的企业最终还是进行了品牌整合，以集中使用企业资源，以及消解品牌之间的冲突与矛盾。另外，多品牌还容易降低资源的使用效率。从 2001 年 11 月控股四川阳坪乳业开始至今，新希望先后控股十几家乳品企业，包括安徽白帝、重庆天友、四川华西、长春苗苗、杭州双峰、河北天香、青岛琴牌、杭州美丽健、云南蝶泉、昆明雪兰等品牌。但是，由于品牌难于整合，无法像蒙牛、伊利那样集中资源注入优势品牌之中，所以其经营效果并不理想。

　　品牌经营的关键是采取正确的品牌战略组合。也就是说，企业的品牌系内的品牌应该能实现互补。当然，没有绝对的互补，这是现实。就连成功运营多品牌的企业宝洁公司也曾遭遇困扰。宝洁公司的一位品牌经理在接受《幸福》杂志采访时说："品牌经理们都在顶牛，自相残杀的事情多有发生。你可能在同一时间发送宝洁公司生产的液体和粉末状清洁剂的购物券。"同时，要大胆地根据企业需要对品牌做减法。五粮液在白酒界通过首创 OEM 贴牌扩张、买断经营的形式，在不到 20 年的时间内占据了中国白酒市场的半壁江山。在高中低端的各个细分市场形成了众多的子品牌，形成了有效的多品牌组合。五粮液在市场上曾有过 200 多个贴牌的子品牌，过度的子品牌开发让五粮液母品牌被透支的问题逐步暴露了出来：一是五粮液很多子品牌定位重复，缺少品牌规划，市场管理混乱。五粮液采取的是 OEM 贴牌、让代理商对品牌买断经营的策略。但是，各代理商更注重的是眼前利益和自身利益，对五粮液品牌的长期利益关注较少，这样就导致有些贴牌的品牌在市场管理上显得混乱，经常会为了利益而相互残杀，甚至有些子品牌还存在欺骗经销商等不规范经营行为，对五粮液的品牌形象产生了负面影响。二是在五粮液的品牌组合中，有些品牌并没有和五粮液品牌家族形成合力。基于某些子品牌影响五粮液的品牌形象，五粮液曾在 2002 年削减了 38 个市场表现差的子品牌，主要是对一些产品前景黯淡、推广和经营能力不足、销量小的品牌限期收回权限，终止总经销协议。

第四节　危及品牌安全的"幕后真凶"

品牌遭遇危机有其必然性和偶然性，或者说有其直接原因与间接原因。通常来说，直接原因往往源自企业自身，即企业本身就暗藏风险。而间接原因则往往体现为外部诱因，即诱发品牌安全事故发生的外在因素，诸如政府机构例行检查、消费者投诉、媒体负面传播、专家提出质疑、竞争对手"设套"、合作伙伴拆台等。从根源上来说，"祸起萧墙，根在自身"，给品牌下毒的往往是企业自己。只要企业存在品牌安全隐患，安全危机或安全事故就迟早会找上门来。当然，也不乏企业遭遇不可抗外力而遭遇危机，但这种情况毕竟为数不多。下面就从直接原因与外在诱因两个角度来探寻一下品牌危机的根源：

一、导致危机的直接原因

导致危机的直接原因才是最值得企业反思与自省的，因为这是内部的问题，如果眼前的问题都不能得到妥善解决，何谈未来与长远，恰是"一屋不扫，何以扫天下"？对企业而言，关系到品牌安全的内因很多，诸如产品质量、产品扩张、渠道冲突、不当竞争、品牌扩张、广告公关传播、服务水准、企业并购等。不过，总体来说围绕产品（或服务）品质而导致品牌危机的居多。下面介绍八种常见的品牌危机的"致病因"。

1. 质量问题而引发危机

产品（或服务）品质缺陷最容易引发质量事故，甚至引发品牌危机。实践证明，在品牌危机事件中，60%以上都是由产品（或服务）质量事故引起的，也就是说品质安全是关系品牌安全的核心要素。要知道，品牌与产品是唇齿相依的共生关系，可谓荣辱与共。品牌在某种程度上可以增色

并担保产品，但却无法保护产品。优质产品可以有效地保护品牌，产品是品牌的形象大使。产品在品质上的微小缺憾或者质量上的稍微下滑，都可能会影响到品牌的整体形象，让品牌在消费者那里失去光彩。可以说，品牌的最大风险来自于质量低劣的产品。主要有以下五种情况：

一是受供应商供应的原辅材料影响而导致产品质量出现问题，或者出现违禁成分，或者成分含量超标。诸如 2005 年 3 月，因上游供应商所供应原料含有"苏丹红"成分，而导致肯德基的新奥尔良烤翅、新奥尔良烤鸡腿堡、香辣鸡腿堡、辣鸡翅等产品中被检出"苏丹红"成分，结果肯德基不得不暂时停售产品、销毁原料，并向公众致歉。2006 年 9 月，宝洁SK－Ⅱ被国家质检总局通报数个品种使用了违禁成分，尽管生产厂商日本宝洁株式会社多次发表声明坚称产品合格，但还是不得不暂时退出中国市场。直到 2006 年 10 月 23 日国家质检总局、卫生部发表声明称，SK－Ⅱ化妆品中所含违禁成分铬和钕系原料带入所致，正常使用含微量铬和钕的化妆品对消费者的健康危害较低，这场危机才渐渐逝去。

二是因消费者对产品或服务消费及使用常识不清，导致错误使用或消费而出现的危机。在服务行业，这种情况非常常见，诸如消费者因参与服务生产，错误的消费行为导致不当的后果。对于实体产品来说，这种情况亦不少见。很多产品如果本身消费方式不当就会产生危险，诸如小杯型果冻曾被称为吃人果冻，孩子因吞食不当而导致窒息事件发生。在这种情况下，果冻企业就可能遭遇危机。2005 年年初，上海、南京等地相继发生了儿童因吸食小果冻不幸噎死的事件。因此"一口吞"小型杯果冻，被冠上了"杀人果冻"的恶名。

三是企业因涉嫌产品"二次利用"导致的危机，诸如"翻新"、"再加工"等。2007 年上半年，LG 遭遇了产品翻新危机，被指旗下的冰箱、空调、彩电等产品涉嫌以旧翻新，结果引来媒体关注，使 LG 品牌陷入了危机。再如，2005 年 6 月 1 日，光明乳业郑州公司将过期变质的牛奶回收再加工被媒体曝光。对此，光明乳业董事长王佳芬予以断然否认。2005 年 6 月 19 日，郑州市食品药品安全委员会发布书面调查文件称，郑州光明使用了在保质期内的库存奶进行再加工。结果，给光明牛奶带来了巨大的负面影响。

四是产品存在质量缺陷导致的危机。产品质量缺陷，尤其对消费者人身安全造成伤害的，导致的危机后果可能最为严重。2006 年 4 月，中山三院对 64 名患者注射了齐齐哈尔第二制药有限公司生产的"亮菌甲素注射液"，导致 13 人死亡。5 月 27 日，国务院联合专家调查组赴中山三院调查，认定是"亮菌甲素注射液"中所含的二甘醇中毒导致的死亡。危机发生后，由于性质严重，"齐二药"的主要负责人均被刑拘，企业生产立即处于停滞状态，企业信誉扫地，最终破产。

五是产品涉嫌造假。2005 年 10 月 13 日，某 IT 专业网站曝光：英特尔涉嫌为他人生产的假冒移动 CPU 提供改装服务。11 月 8 日，英特尔正式发表书面声明，对"造假"一说予以坚决否认，认为这完全是在误导消费者，并向消费者提供多种辨别产品真伪的方法。但业内人士表示，英特尔应当聘请第三方权威机构来进行相关检测。11 月 16 日，英特尔表示将对问题产品的来源进行调查，并联手政府有关部门和合作伙伴打击这些非法行为。

2. 涉嫌对消费者构成歧视而导致危机

可以说，消费者就是企业的衣食父母。消费者购买企业的产品或服务，除了获得物质上的满足，还会追求精神上的享受。如果消费者感觉企业存在歧视或者忽略消费者的感受，那么企业的日子就不好过了，可能要遇到麻烦。当然，出现这种情况，很可能是消费文化差异所致，或者企业过分追求创意而忽略实际营销效果。2005 年 2 月 14 日情人节，一向特立独行的屈臣氏超市北京新东安店推出了购物满 38 元赠送安全套的活动，让不少顾客觉得尴尬甚至反感，认为商家在追求新意的同时忽略了消费者的感受。2 月 17 日，屈臣氏就此事指出这是个别门店而非总部的行为，并道歉。再如，2005 年 6 月，麦当劳公司的一则名为《讨债篇》的电视广告，因其中有一位消费者跪着拉住店主的裤管乞求折扣的画面，引起不少消费者的反感，认为为买麦当劳下跪求折扣，这样的内容简直是在侮辱消

费者，于是纷纷向工商和消协等部门投诉。6月21日，麦当劳停播了该广
告，6月23日发表声明，对引发广泛争议的"下跪"广告表示了歉意。

3. 涉及民族尊严与国家主权而导致危机

为什么要强调品牌营销本土化？就是要求企业"到哪山唱哪儿歌"，
营销要合情（民情）、合理（符合消费文化）、合法（遵守法律法规），要
维护民族尊严，尊重国家主权。2003年2月，南京的个别消费者发现自己
购买的中电通信CECT928手机屏幕上竟出现这样一句问候语，"Hello
Chow"，译为"你好，中国种的狗"，消费者随即向新闻媒体反映此事，
掀起轩然大波。许多人认为这是对民族尊严的伤害，是对中国人的侮辱，
此手机的众多用户欲向厂家讨说法。中电通信公司表示本着用户至上的原
则，绝无伤害国内用户民族尊严的想法与行为，而"Hello Chow"是手机
问候语，意为"你好，可爱的宠物狗"，是该手机人性化的开机界面。同
时，本着对国内购买者负责的原则，购机用户如不喜欢该界面，CECT可
提供免费软件升级，并公布售后服务中心的地址和电话。再如，2004年7
月26日起，陆续有网友发现在腾讯的QQ游戏中输入"尖阁列岛"、"尖
阁岛"竟然可以正常显示。要知道，"尖阁列岛"、"尖阁岛"是日本对我
国钓鱼岛的称呼。随即，中华网论坛贴出了《腾讯公司依然顽固挑战13
亿中国人的爱国情感！》的文章，恰是一帖激起千层浪。7月30日，腾讯
公司发表《腾讯致网友》的信出面澄清。还有，2004年11月，据媒体报
道，麦当劳的英文官方网站中，在Select country（选择国家）一栏中没有
中国，而竟然有"Taiwan"（台湾）和"Hong Kong"（香港）。除香港和
台湾两地区外，其余57个选项全为国家名称。结果，不但网站被黑客攻
击，在舆论上更是引起轩然大波。2003年12月初，《汽车之友》杂志刊登
一则日本丰田公司的"霸道"广告：一辆"霸道"汽车停在两只石狮前，
一只石狮抬起右爪做敬礼状，另一只石狮向下俯首，配图广告语为"霸
道，你不得不尊敬"，要知道石狮在中国有其特有的文化象征，结果该广
告引起社会各界强烈反感。

4. 企业核心人员变动而导致危机

从表面上看，企业的人事危机似乎与品牌风马牛不相及，但人事危机一旦上升为社会层面的问题时，品牌形象就会受到损伤。总体来说，人事危机包括三个层面：第一个层面是企业高管引发的人事危机，诸如高管"被捕"、"跳槽"等；第二个层面是企业人事管理行为引发的人事危机，如裁员、减薪等；第三个层面是企业因引入人才措施不当而引发的危机，诸如通过挖竞争对手的"墙脚"的办法来网络人才就很容易遇到麻烦。2004年11月30日上午9时，香港廉正公署执行了代号为"虎山行"的行动，创维集团高管黄宏生等10人涉嫌转移资金被拘捕。黄宏生被拘事件使得创维企业及品牌一度陷入危机。2004年11月底开始，创维数码停牌，原因并非公司本身业务运作问题，而是主席黄宏生兄弟个人牵涉挪用公司资金而被调查。

5. 涉嫌虚假宣传与广告欺诈引发危机

很多企业为扩大市场销售，在对外传播过程中存在虚假宣传与广告欺诈，结果引火上身，要知道纸终究难于包住火。2006年3月15日，中央电视台的"315晚会"，对欧典地板进行了曝光：欧典地板在宣传中所说的"德国总部"其实并不存在，而只是当地一家名为汉姆贝格的公司。但这家公司与欧典地板没有任何产权隶属关系。欧典地板在网络与宣传材料上频繁使用的"欧典（中国）有限公司"也根本未注册，"百年欧典"纯属虚构。原来，"欧典"商标2000年才正式注册，商标注册及所有人为1998年才成立的北京欧德装饰材料有限公司。消息一出，欧典地板四面楚歌：3月16日全国各大媒体纷纷予以报道，揭露其冒充"洋品牌"；全国各地工商部门以其涉嫌商业欺诈为由对该品牌地板进行清查；很多经销商停售欧典地板……"胡师傅"以"锅王"自居，并宣称采用了航天科技、紫砂合金锻造、绝对无涂层。但是上海材料研究所检测中心却让它现出了原形：既不是钛合金，也不是锰钛合金，而是一个以铝为主量的铝合金。电视直销中把价格卖到599元的高价，实在与其品质不符。结果，让消费

者大受伤害，而"胡师傅"的生产厂家也陷入舆论的旋涡。

6. 因涉嫌不正当竞争而引发企业危机

如果企业不遵守竞争规则，必然要遭受法律法规、竞争对手或市场的报复。当然，恶性竞争可能表现为多个方面，诸如恶意攻击竞争对手、采取垄断竞争手段、传播对竞争对手不利的流言等。2005 年，急于趁联想收购 IBM PC 抢夺客户的惠普在我国台湾省打出攻击联想的广告——"连想，都不要想"，强调自己是"正宗美国货"，鼓励原 IBM 客户转投自己旗下，对此联想及中国媒介反应激烈，指责其缺乏商业道德。又如，2005 年寒假各种电子教育类产品热销期间，以洋笑星大山为品牌代言人的"好记星"突遭暗算，竞争对手一句"'好记性'不如英考王！"的谐音广告语让"好记星"吃了哑巴亏，对此"英考王"方面坚称只是巧合。再如，自从中国的联想集团整体收购美国 IBM 公司的个人电脑业务之后，联想公司新闻不断。2005 年 4 月以来，传出了联想公司的竞争对手戴尔公司员工通过电子邮件诋毁联想的丑闻。据有关媒体报道，戴尔公司的员工在一组电子邮件中向目标客户反映说，"联想公司是一家中国政府控制的企业，最近刚刚收购 IBM 公司的个人电脑业务。尽管美国政府已经批准了联想的收购，大家必须明白一点，现在客户每买 IBM 公司 1 美元的产品，都是直接支持和资助了中国政府"。此举经媒体曝光后，在中国掀起轩然大波，而戴尔集团对此则轻描淡写地表示"深表遗憾"。8 月 1 日，戴尔公司总裁兼首席执行官凯文·罗林斯正式就此公开道歉，表示已对该"行为不端"的员工进行了严肃处理，并对中国政府、有关公司以及中国客户深表遗憾和歉意。

7. 因灰色交易对品牌形象造成伤害

在任何一个市场上都不可避免地存在着"黑金交易"、"黑金营销"。不通过公平的品牌实力竞争而采取灰色交易，为品牌蒙上了一层灰尘。2007 年 12 月，传出了这样一则丑闻：朗讯将因"邀请中国各大电信公司高管海外观光旅游以换取订单"而支付罚款 250 万美元。这一次将洋贿赂捉拿归案的并不是我国政府，而是美国司法部，罪名是朗讯对中国官员的"旅行赞助"与美国《海外反腐败法》相抵触。从朗讯、西门子到 IBM、家乐福，为什么曾以守法著称的跨国巨头接二连三地卷入商业贿赂？以下这起波及西门子全球市场的贿赂丑闻始于 2006 年 11 月。2007 年 8 月 13 日，西门子贿赂案审查人员宣布，自 20 世纪 90 年代中期起，西门子的非法贿赂支出资金已超过 10 亿欧元。8 月 20 日西门子贿赂案再起风波，德国《经济周刊》援引西门子内部人士的话说，西门子中国约 90% 的业务都是通过第三方执行，在西门子中国公司的运营当中将近一半的业务涉及行贿。10 亿欧元的贿赂额与"50% 的业务与贿赂有关"，我们足以看出西门子贿赂程度的严重性，这严重破坏了西门子在全球公众心目中的品牌形象，一系列灰色交易也会使公众给西门子打上不恪守商业道德的烙印，直接影响公众对西门子的信心，其企业声誉受到的重创，直接冲击西门子的百年基业。

8. 爆破式、赌博式营销导致失败

实际上，这也是掠夺式营销。所谓爆破营销是破坏企业资源与生态平衡的掠夺式营销。笔者主张不要逞营销上的一时之快，而要走系统的、协调的、可持续的营销发展之路。这样，营销就容易"烂尾"，这就是笔者提出的烂尾营销理论。中国企业做营销往往善始不善终，频频"烂尾"，就是因为企业喜欢"砸"市场，拿今天去赌明天，并且好大喜功、盲目乐观，结果造出了"市场泡沫"。实际上，在中国市场上有很多企业在大起之后就迅速大落了，就是这个原因。从 1994 年的央视黄金时段广告招标至今已二十几个年头了，"标王"花费千万甚至上亿元的广告费用，却没给他们带来对等的利润。"标王"的没落说明中国企业面临着品牌危机，消除品牌危机主要是必须对品牌进行战略维护，通过对企业品牌的维护，提高企业的内在素质，增强产品的美誉度以及消费者对企业的认知度。1994 年年底，中央电视台推出黄金时段"5 秒标版"广告招标，当年孔府宴酒以 3079 万元中标，1995 年"喝孔府宴酒，做天下文章"成为家喻户晓的广告用语。1996 年山东临朐县秦池酒厂抛出 6666.88 万元夺取标王，

使秦池酒迅速成为中国白酒市场上最为显赫的新星。据秦池酒厂对外通报的数据，当年销售收入9.8亿元，利税2.2亿元，增长五倍以上。1997年，尝到甜头的秦池酒厂开出3.2亿元的天价再次夺得标王。结果在自以为找到"发展捷径，制胜法宝"的营销门道儿上跌了跟头，广告费无法兑现，并且引出一场"秦池勾兑风波"。1999年11月，山东临沂市中级人民法院下达民事裁定：将曾两度夺得中央电视台广告"标王"桂冠的"秦池"注册商标予以冻结，并且不排除拍卖的可能。再如，1998年的标王被爱多以2.1亿元夺得，这是央视招标的最后一个标王。但标王命运多舛，一年后"爱多"因为资金链出现问题而退出VCD市场，将"爱多"商标独家使用权转让给蓝火科技以冲抵其所欠巨额广告费。

二、引爆危机的外在诱因

外在诱因只是品牌安全危机或品牌安全事故的导火索，只是把品牌内部问题加以暴露，甚至严重化的外部原因。总体来说，包括以下六个方面：

1. 政府相关部门的监督检查

政府例行检查或接到顾客投诉而实施检查的过程如果发现问题，如手续上、产品或服务质量、广告等方面存在的问题，其结果是曝光、处罚及整改。2004年，国家烟草专卖局对卷烟市场进行抽样检查，这次抽检了国内117个牌号与两个国外品牌的产品。在这130个规格的卷烟产品中，不合格产品只有一个，那就是玉溪红塔集团生产的"红塔山（金）"卷烟，不合格的原因在于实测焦油含量超过盒标值。结果，该产品被责令停产整顿，已经生产的该牌号产品暂不得出厂。同时，国家烟草专卖局责成云南省烟草专卖局、云南中烟工业公司认真监管停产整顿工作，在验收合格后才可恢复生产。更让玉溪红塔集团雪上加霜的是2005年1月，该产品作为130个检验产品中唯一不合格的产品被公开曝光，尤其是"红塔山"这个金字招牌在曝光中更是颇为惹眼。结果公布以后，在卷烟市场与消费者中间产生了巨大反响，各大媒体也纷纷报道或转载。就这样一次看似普通的检查，让这个拥有四十多年历史、曾经连续七年荣获"中国第一品牌"称号的卷烟品牌陷入了品牌危机。

2. 新闻媒体调查与舆论监督

媒体履行舆论监督职责或者经消费者投诉媒体通过记者调查揭示问题并予以曝光，负面新闻势必四处蔓延。当然，媒体记者的调查文章也可能有"水分"，或者失真之处，更不乏个别媒体记者为某企业所收买而充当枪手的个案。2004 年 8 月 2 日，《瞭望东方周刊》一题为《北京新兴医院巨额广告打造"包治百病"神话》的文章，对北京新兴医院提出质疑，随后，公众及监管部门纷纷对该医院提出全面质疑。8 月 4 日，新兴医院通知媒体他们会在最短的时间内向公众澄清近期媒体对新兴医院的质疑，并定于 8 月 5 日召开新闻发布会。但到了次日却取消了新闻发布会。再如，2004 年 10 月 13 日，《河南商报》记者接到报料称巨能钙里含有有害物质"过氧化氢"。此后，《河南商报》记者历经一个多月的调查取证，充分证实了巨能钙多个品种中残留有过氧化氢有害化学物质成分。2004 年 11 月 17 日，《河南商报》刊发了《消费者当心 巨能钙有毒》一文，并同时附了农业部农产品质量监督检验测试中心和农业部农产品质量安全监督检验测试中心的两次检验证明，巨能钙"双氧水"事件首度在媒体曝光。在随后的一周时间内，国内 30 多家报纸和 20 多家电视台都进行了相关报道。同时，在几大门户网站和 BBS 上，网友纷纷通过发帖子等形式对巨能钙予以抨击，尤其对于巨能钙采取的公关处理方式表示不满。

在这方面也有反例。国内某著名杂志在 2007 年 13 期刊登了题为《完美保健品"死亡名单"调查》和《完美产品：究竟是完美保健品还是死亡催化剂?》的报道，称完美公司的系列产品被怀疑配方改变后从而导致锌含量超标，造成五十多人死、病、残。该报道一经刊出，国内一片哗然，众多媒体、网站互相转载。完美公司总裁胡瑞连在对"死亡名单"事件的回应中说，某杂志记者"错误采信未经核实的材料，运用大量肯定性、结论性、倾向性和煽动性语言撰写而成的失实报道，严重诋毁完美公

司及公司产品的声誉。对于此种有悖新闻道德与职业操守，有悖于坚持新闻真实性原则的行为，完美公司深表遗憾"。同时，完美公司采取危机公关措施，以消解负面影响，诸如举办新闻发布会，邀请政府多个部门、马来西亚领事馆、中国保健协会陈词，以示媒体对完美产品的负面报道"是不真实的，缺乏事实根据的"，以及证明"完美芦荟矿物晶"是安全无毒的合格产品。同时，还请广东省食品药品监督管理局保健品安全监管处发表了《对网上有关完美公司产品报道的几点意见》，为完美的"失实"报道逐一澄清。

3. 客户对产品或服务不满而投诉

客户不满意而投诉，包括向企业、政府、媒体投诉，对品牌安全影响最大。同时，上升到法律层次的纠纷也很多。如果投诉在企业那里得不到很好的解决，事态就很可能严重化，对品牌造成伤害。三株公司是一个靠30万元起家的民营企业，核心产品为三株口服液。正是这个三株口服液建成了仅次于中国邮政网络的三株营销网络，掀起了"卖疯"和"买疯"潮，催生了中国保健品营销史上的高潮。然而，一起"人命官司"让三株遭遇了严重损失，品牌也受到了巨大的伤害。1996年6月，身患冠心病、肺部感染、心衰Ⅱ级、肥大脊柱炎、低钾血症等多种疾病（二审法院已查明）的77岁老人陈伯顺，在医生的推荐下服用了三株口服液。后来，陈伯顺皮肤出现病状，1996年9月在一家诊所经治疗无效后病故。1996年12月，陈伯顺之子陈然之向常德市中级人民法院起诉三株集团。1998年3月31日，湖南常德市中级人民法院作出一审判决，判决三株公司向死者家属赔偿29.8万元，并没收三株公司非法所得1000万元。三株的"人命官司"震惊全国，各种媒体纷纷予以报道，"8瓶三株喝死一老汉"、"谁来终结'三株'？"、"三株红旗还能打多久？"等爆炸性新闻不时出现在报纸、杂志上。这一突发性事件给三株公司带来了近乎灾难性的影响：1998年4月（审判后的第二个月），三株口服液销售额就从上年的月销售额两亿元下降至几百万元，15万人的营销大军被迫削减为不足两万人，生产经营陷入空前灾难之中。据三株公司介绍，官司给三株造成的直接经济损失达40多亿元，国家税收损失6亿元。时隔一年，湖南省高级人民法院作出二审判决，常德陈然之诉讼案三株公司胜诉。对于三株来说，虽然通过上诉在这场官司中最终获胜，但却成为事实上的失败者。

4. 竞争对手设套、做局施展小伎俩

来自竞争对手的恶性炒作，包括"放流言"、"抓尾巴"两种情况，使品牌形象受损。虽然实施危机公关或许可以扭转被动局面，但其前提是能够说出道理来，如果"道理"为竞争对手所掌握就不好办了。就拿金龙鱼来说，本来"1∶1∶1"是个很好的概念，可以在营销上大有作为，但却带来了麻烦。2004年8月26日，媒体刊发了金龙鱼以中国粮油学会油脂专业分会副会长李志伟名义发表的观点性文章《你的炒菜油是否健康》，为金龙鱼食用油的"1∶1∶1"摇旗呐喊，从专家的角度对目前食用油进行了点评，并得出结论：长期食用单一的菜子油、橄榄油、红花子油、大豆色拉油和花生油会引起营养不均衡等问题。同时还告知消费者：食用油里的三种脂肪酸一旦摄入不均衡，就会相应引起各种重大疾病，因此，"只有当三种脂肪酸的吸收量达到'1∶1∶1'的完美比例时身体才能健康"。最后文章还指出，在我国食用油领域第一个运用"1∶1∶1"概念的品牌是金龙鱼，"1∶1∶1"应该成为家庭厨房最合理的用油选择。9月6日，以《中国经营报》为首的北京多家媒体刊发了《中国粮油学会油脂专业协会郑重声明》，称该学会油脂专业分会副会长李志伟的名义被"盗用"，错误地宣传了食用菜子油、橄榄油、红花子油、大豆色拉油、花生油对人体健康不利，极大地误导了消费者。声明同时指出，目前国内外市场上没有任何单一食用油或者食用调和油的成分能达到"1∶1∶1"的均衡营养比例，并要求有关媒体立即停止在新闻媒体上的不实报道，以消除影响。虽然声明中没有把剑锋直指金龙鱼，但近几年来大举炒作"黄金比例1∶1∶1"概念的只有金龙鱼，因此把金龙鱼对号入座也是自然的事。事情还没有结束，9月13日，国内7家粮油名企联名向国家工商总局和北京市工商局提交"紧急致函"，要求工商部门叫停金龙鱼的相关广告，显然金龙鱼遭遇竞争对手的围剿。但对金龙鱼伤害最大的还是对"1∶1∶1"概念的否定，使金

龙鱼精心构筑起来的概念成为空中楼阁。这次事件，疑为某品牌竞争对手联手公关公司一起烹制的"大餐"，对金龙鱼进行"恶炒"。

5. 渠道商不恰当的经营行为

渠道是产品流通的通道，经销商、终端商在销售上不支持生产商的策略，将对产品营销构成威胁，同时也对品牌安全构成威胁。我们知道，联合营销往往需要合作各方在平等、互利、共赢的情况下开展，并且在很多情况下还要坚持一个原则，那就是品牌对等。2003 年 4 月 25 日深圳媒体登出一则促销广告，广告文案为"震撼出击，买威力送格力：从 2003 年 4 月 26 日至 27 日，凡在深圳国美电器购买威力空调新款 2 匹单冷柜机即送价值 1828 元格力精品小 1 匹单冷挂机。数量有限，售完为止！"此促销广告刊发后，立刻引起业界哗然。格力作为国内空调一线品牌，威力的影响力与之有较大差距，威力和国美如此的促销做法实在不妥，既有损于格力品牌美誉度，更涉嫌不正当竞争，还有可能扰乱格力空调的价格体系。广东各主要媒体都接到格力集团有关此事的相关意见。然而，就在格力方面要求追查刊登该广告的厂商的当天，无论是深圳国美还是威力集团均极力否认此事与己有关。对此，格力愤然向深圳工商局提起投诉。

6. 受行业内或关联行业企业的牵连而陷入危机

"闭门家中坐，祸从天上来"。行业内部的一条"鱼"足以腥了整个行业这锅"汤"，让很多无辜的企业受到牵连而招致危机。金华火腿已有 1200 年的历史，被称为"世界火腿之冠"，它的美味是通过特别的选料和金华地区特殊的地理气候，再加上流传千年的腌制、加工方法生产出来的。但是浙江金华永泰火腿厂、旭春火腿厂生产的火腿采用了独特的"驱蝇秘方"——敌敌畏。2003 年 11 月 16 日，中央电视台《每周质量报告》播出金华个别企业采用敌敌畏浸泡火腿防苍蝇的恶性事件后，金华火腿一时成为焦点。政府有关职能部门于事发当天下午就查封了涉及事件的永泰火腿厂、旭春火腿厂。11 月 18 日起，以市质监局、卫生局和金华火腿行业协会为主，组织检查组对全市范围内的火腿生产企业进行排查检查，检测合格后方可上市销售。然而，在金华地区同时享用金华火腿这个商标的其他上百家企业却因此遭到重创。个别企业的劣迹引发了金华火腿这样一个原产地区域性品牌多米诺骨牌式的品牌株连危机，使得金华这张有着悠久历史的城市名片黯然失色。至此，一场原产地区域品牌株连危机暴露在世人面前，而正是其劣根性——分散性，导致了这场危机的出现。为此，政府也采取了积极的行动，诸如销毁"问题火腿"、召开金华火腿同行自律会议、产品原产地认定保护……以重塑金华火腿形象。

企业不但要受到合法竞争对手的侵扰，还要受到那些非法的隐性竞争对手（如假冒伪劣产品生产经营企业）的侵蚀，对品牌安全构成了极大的威胁。再如，2004年1月16日，安徽阜阳吕寨镇一张姓村民投诉其所购买的三鹿奶粉有质量问题。但是，经过阜阳市疾病预防控制中心与三鹿集团共同确认，该张姓村民所购买的产品为假冒产品。但是，由于阜阳市疾病预防控制中心工作失误而把假冒三鹿奶粉的检测结果按"不合格产品"上报，并于4月22日在《颍州日报》上曝光。结果，该产品在全国多个市场被强制性下柜、封存，企业遭受了1000万元以上的经济损失。在这个案例中，假冒伪劣产品在先，疾病预防控制中心的工作人员失误在后，原因均出自外部，其结果却导致三鹿一度陷入危机。

案例自检

【案例与背景】

彩电业复兴之年，乐华品牌缘何危机缠身

早在 20 世纪 70 年代，广州广播设备厂就已经是一家主要生产黑白与彩色电视机的家电企业了。1982 年起，这家企业创立了乐华品牌。1984 年，企业引入松下生产线进行产能规模和质量水平的进一步提升。1997 年，香港长城电子国际集团注资广州广播设备厂，共同成立广州乐华电子信息产业集团。从此，乐华集团由三方持股，其中长城数码拥有广州乐华 50% 的股份，是最大股东，青远乐华持股 20%，广州市政府持股 30%。1998 年，乐华在全国首家研制出 43 英寸等离子壁挂式彩电，首次实现了健康与电视机制造技术的完美结合。1998 年 4 月，中国第一台纯平彩电在乐华研制成功，使中国彩电技术跨入世界尖端前列。1999 年，乐华推出信息化 100HZ 彩电、纯平新一代彩电、数码联网彩电，引导行业技术潮流；1999 年，乐华彩电出口欧、美、南非、澳洲等 90 多个国家地区，彩电出口量占全国第一；2000 年 2 月，乐华彩电被评为"广州名牌产品"；2000 年，乐华彩电销售额突破 30 亿元，彩电市场占有率名列全国第五……

一步步走来，乐华也曾得到过无数鲜花与掌声。尤其是在 20 世纪 80 年代，乐华彩电位居彩电品牌前五名，这是乐华品牌的巅峰时刻。但是到了 2001 年，中国彩电市场整体表现低迷，很多彩电企业都处于亏损状态，乐华也不例外，遭遇了市场的寒冬。2002 年，当很多家电企业开始走出寒冬走向春天时，乐华却陷入经营危机，到 2003 年 7 月时已几近瘫痪。当然，乐华陷入经营危机，其衰落的原因与背景是复杂的，诸如品牌定位与

市场策略冲突、渠道变革引发危机、内部管理秩序混乱、售后服务真空及服务不足、媒体参与下的负面传播……

渠道变革是危机的导火索

在 2002 年 7 月乐华发起渠道变革之前，乐华彩电已经连续五个月亏损，渠道库存压力很大。并且，渠道还存在以下四个问题：一是营销费用太高，导致营销成本高昂；二是部分分公司直接面对营销，腐败滋生，尤其是分公司财务管理方面；三是部分分公司做大后，执行力差，甚至出现总部难于调遣的情况；四是传统的彩电销售渠道很难兼容其他事业部的产品销售，对于空调、手机等延伸产品帮助很小。要知道，乐华的投资正向优势项目集中，乐华准备在电子、空调、通信、电工、厨卫、电教等多元化领域有所作为。在此背景下，乐华管理决策层拍板决策，启动了这场对于乐华来说具有重要影响的渠道变革。

这次渠道变革其核心有两点内容：一是砍掉 30 多家分公司及办事处，全面实现代理制，采取与大型家电连锁零售企业合作的方式，而原分公司或办事处则服务于代理商；二是乐华对代理商也提出了较为严格的要求，即必须现款现货。可以说，这次改革动作很大，难度不小。结果，很快渠道变革的负效应就显现了，表现最为直接的就是彩电销售回款受到了大幅影响。乐华彩电在 2001 年时，单月回款一般在 1 亿元以上，甚至高达 2 亿元。而 2002 年实行代理制后，单月回款一路下滑到千万元左右，甚至低到不足百万，这对于乐华来说简直是杯水车薪。同时，各地分公司经理的集体叛逃现象，使乐华的渠道链面临断裂。应该说，渠道变革本身无可厚非。但是，这次变革却存在几个严重问题：首先，这次变革有些过急。乐华犯的最大错误就是一刀切，渠道变革应该循序渐进地推行。2002 年 4 月27—28 日，乐华电子信息产业集团所有管理层及各地分公司经理召开"闭门会"，提出了彩电业渠道变革的思想。5 月，乐华的"渠道瘦身计划"开始实施，开始砍掉分公司、实行代理制。原有的各地分公司或办事处改为营销管理中心，职能变得单一，即负责给代理商提供技术支持、售后服务、品牌支持，以及提供大型促销方案的策划和指导实施等。由于内部沟通不足，导致分公司经理集体叛逃。其次，这次变革"过激"。乐华一步到位地实施代理制，是对渠道判断不够充分而产生的盲目决策。当时，商业连锁渠道是一种新生的、不可忽视的渠道力量，但其不足以完全替代乐华原有的渠道。国美、苏宁、三联等家电连锁销售商，当时的市场势力还局限于一二线市场，对于三四线市场的辐射力还很弱，就更不用说农村市场了。在这种情况，乐华必然丢弃了很多已经占领的市场，尤其三四线市场、农村市场，必然会导致销售量、销售额、回款额下降。另外，乐华对未来与这些家电大卖场合作的弊端诸如通道费高昂、渠道难于掌控等问题估计不足。如果合作久了，这些问题就一定会显现出来，最终导致销售下滑，这是对品牌的最大伤害。

多元化经营下的品牌过度延伸

多元化一直是企业界与理论界探讨的焦点。不过，对于一个正在成长中的品牌来说，多元化未必是一件好事。尽管多元化可以增加企业利润，并可以分散企业经营风险。时下，正在畅销的《专业主义》一书的作者大前研一指出，"中国的机会太多，以致很难有中国的企业家专注于某个领域。其实，进入一个行业，专业化，然后全球化，这才是赚钱的唯一途径"。乐华多元化的步子不但很快，而且很大。乐华决策层有一个自认"伟大"的构想：乐华要用品牌、技术开发能力以及全球市场的销售能力带动乐华规模与利润的综合增长。实际上，就是要以品牌为线进行品牌延伸，实施经营业务多元化战略。于是，除了主业彩电、空调外，手机、音响、冰箱、洗衣机、复读机、热水器等诸多领域都被纳入企业规划，甚至厨卫、电工等领域也有所涉及，这一切都被计划在2002年5月以后陆续实施。

乐华品牌从彩电延伸至空调，再到其他诸多产品，虽然经营业务基本上没离开家电信息业，但已经给成长中的乐华品牌背上了不小的负担。乐华做得相对强势一点的项目，如彩电、空调、手机等产品，无论哪个行业它都未能进入前几名，均属于二线品牌，实无资本进行品牌延伸。另外，就在乐华规划实施经营多元化之际，虽然空调业务呈现出了不错的成长性，但企业的整体赢利状况并不够好，这就更加大了产品扩张的风险。很多企业实施多元化是在经营业绩良好、主营业务突出的情况下才进行的。优秀的企业，在商业机会面前要坚持"禁欲主义"，经营上存在缺陷的企业更是要"禁欲"。有人说 GE 原总裁杰克·韦尔奇的最大成就就是在任期内收购了上百家有价值的企业。但是，这位 GE 的 CEO 却说"不"，他对公司的最大贡献是拒绝了至少 1000 个看上去很值得投资的机会。他在自传中写道，作为一位 CEO，首要的社会职责就是确保公司的财政成功。

另外，乐华决策层有一个核心经营思想。他们坚持，乐华从 2002 年 2 月前后开始转向"品牌经营"模式。其实，所谓"品牌经营"就是"品牌+贸易"，即对即将进入的产业，乐华将不再像原来先建工厂，再建销售网络。而是先找买货的人，再找做货的人。由此可以看出，乐华领导层似乎也在规避着风险，即规避工厂建设、设备购进等诸多方面的投资，包括在研发上的投资。实际上，乐华除了彩电、空调外，其他产品没有生产基地，而是通过生产外包——贴牌加工（OEM）方式获得产品，诸如计划中新上项产品冰箱、洗衣机、微波炉等。乐华彩电靠的是由乐华集团控股股东——长城电子集团绝对控股的惠州长城工业园贴牌生产，虽然在广州也建设了生产基地，但实际上并未投产，而空调的生产基地则处于广州台山、清远等空调基地。但是，对于彩电生产基地乐华亦不能自主。OEM 方式存在着一个巨大的风险，那就是在企业资金紧张甚至资金链断裂时，只能听由生产供货商摆布。当资金出现问题时，产品安全就会受到威胁，产品资源就难以得到保证，进而威胁到品牌安全。

品牌定位与营销策略的冲突

从理论角度来讲，品牌营销要围绕着品牌定位展开。但是，乐华却没有处理好这一点。乐华从 1998 年起，就开始塑造与传播"国际化概念"，努力把乐华打造成国际化背景品牌。乐华之所以这样做，是因为其股东香

港长城电子（国际）集团有一定的国际化背景。并且在 1999 年时，乐华彩电出口欧、美、南非、澳洲等九十多个国家地区，彩电出口量占全国第一，是出口大户。基于此，打"国际化牌"并不存在什么问题，并且在当时也算得上是一个不错的创意。于是，乐华凭借这两点，开始建立"国际化产品"的定位，打造"国际化企业"与"国际化品牌"，以在激烈的市场竞争中赢得优势地位。为此，乐华打出了法国（生产基地）、美国（科研基地）和香港（企业总部）这三张牌，以把其包装为国际型企业。可以说，乐华通过借助长城电子国际化的企业背景，确立"国际产品"的定位不仅使产品获得了品质保证感，还为品牌附加"洋化"的感性利益，从而提升品牌形象，增加品牌价值。遗憾的是，乐华希望为品牌建立起高品质高技术的形象，然而其采取的市场策略却与其品牌定位发生了严重的冲突。乐华走了一条低价路线，把市场价位定位于所有品牌中价格最便宜的，这样难于体现出国际品质的形象，难于分清是低端还是高端。结果，给消费者留下了廉价的品牌印象。同时，在渠道商那里也被打上了廉价的标签。如北京十大商场为应对国美、苏宁等家电连锁销售商的挑战与竞争，以乐华的"低价"为竞争武器，更引来很多媒体刊登"北京十大商场联手低卖乐华空调"的新闻，更使乐华的"国际化品牌形象"受到一定程度的伤害。乐华未能及时提升品牌形象，难于获得更为长远的发展。久而久之，乐华的品牌形象十分模糊，常常被误认为是"低档产品"。

艰危时刻遭遇媒体"猜炒"

对于媒体，很多企业历来谨慎对待，企业都明白一个道理：成也媒体，败也媒体。可以说，乐华能够如此迅速地倒下，媒体的"参与"也发挥了很大的作用。总体来说，对乐华影响最大的媒体报道有两件事。第一件就是媒体关于"长城数码有意退出乐华"、"乐华要放弃彩电"的报道。为此，包括乐华的最高决策者也不得不面对媒体辟谣，表示"长城数码不会退出乐华，乐华也绝不放弃彩电"，"乐华不仅不会放弃彩电，还要将乐华彩电推向高端"。实际上，媒体的报道使乐华的外部环境复杂化。第二

件是 2002 年 8 月 5 日，广州某报刊登了一篇名为《乐华：资金链疑云》
的文章，引发了全国范围对乐华空调的负面炒作。乐华方面在沉默了近 10
天后，开始作出强烈反击，把该文章的两名作者告到法院，并提出了 200
万元的索赔要求。按照乐华方面的说法，该报道导致全国范围内不明真相
的媒体对该"严重失实"文章的转载，致使"债主名单足有几页纸厚"、
"某国有银行江门分行已打算通过相关的资产管理公司查封乐华空调台山
生产基地厂房"、"个别型号的故障率高达80%甚至90%"等情节造成了
全国读者、观众对乐华品牌和企业的负面认识，直接影响了乐华空调和彩
电产品的销售，给乐华空调的回款工作造成重大影响。同时，乐华方面在
诉讼书中认为，失实的报道已经构成了对企业信誉的损害。文章发表后，
原告的经销商纷纷停止打款，并要求退货，部门原材料供应商暂停了关键
原料的供应，银行也暂停了贷款，造成了重大的经济损失。同时，该媒体
的报道同样对乐华空调准备上市提出了严重的质疑。乐华在此时犯了一个
不大不小的错误，起诉两名作者反而为媒体继续炒作传播这个话题提供了
素材，只能使负面影响进一步扩大。此时的乐华，其实应该寻找一个更理
想、更理智的方法解决负面报道传播与炒作。结果怎么样呢？打官司并没
有给乐华带来转机与好运，该发生的还是发生了。

服务真空导致服务危机显现

乐华在实施渠道变革后，分公司或办事处的职能由直接面对营销转变
为配合代理商，为代理商提供支持与服务。这种变革触动了乐华销售服务
人员最敏感的那根利益神经，结果一些销售服务人员开始"消极服务"，
导致销售服务问题频出。据《新快报》报道，2002 年 9 月下旬，广州市消
委会向媒体发布消息，披露了乐华彩电短时间内大面积爆发售后服务投
诉。一周内，消委会收到关于乐华彩电的投诉超过了 40 宗，部分投诉更
是指维修点已经人去楼空。在被媒体曝光后，加上"12315"和消委会做
了大量协调工作，在大约半个月的时间里投诉曾有一定程度的减少。但
是，好景不长，不久乐华彩电的投诉就再度恢复明显上升的态势。根据广

州市工商局"12315"消费者申诉举报中心提供给媒体的数据，2002年10月乐华彩电的投诉再度恢复明显上升的态势。在安徽也出现类似状况，根据《安徽商报》报道，2000年11月以来，合肥市工商局"12315"投诉中心至少已接到过数十个类似的投诉电话，如"三包"期内的彩电出了故障，消费者按照维修卡上的电话打到乐华驻合肥办事处要求维修时，却发现办事处两部电话均已欠费停机，消费者维修无门。究其原因，是因为乐华前期的营销方式是在各地设立分公司或办事处，而当时撤销了合肥的办事处，新的代理商尚未到位，因此造成了合肥乐华电视售后服务的空白。对于广州出现的情况，乐华高层在接受媒体记者采访时做出了如下解释：在一个月内，乐华广东地区的售后维修公司由原来的三个合并为现在的一个，而一些偏远地区则开设了"特约维修点"，因此维修电话的几经变换使消费者难以查询，造成了投诉量的大幅上升。现在看来，服务漏洞也好，服务真空也罢，这些都很容易引发客户投诉，一旦被媒体曝光，不但会影响品牌形象，局面也将难于收拾。

乐华彩电兵败也殃及了乐华空调。2002年，媒体关于"乐华放弃彩电"的传闻对空调销售也产生了极大的影响，最直接的影响是动摇了经销商的信心。更为雪上加霜的是，大股东香港长城电子集团为了还债，将1.6亿元的资金抽走，触动了乐华空调"大动脉"，使资金链面临断裂的危险。从2002年5月开始，广州台山、清远的空调基地便出现开工不足的现象，部分市场开始缺货，不少经销商上门要求退订货款。另据《南方都市报》报道，到了2003年7月，乐华电子、乐华空调等"乐华"品牌相关企业的债务危机全面爆发，银行、供应商、经销商、物流四方面总债务已经超过十个亿。至此，乐华衰败已是不争的事实，但庞大的债务危机成了整个事件的又一个焦点。10多亿元巨债的背后是乐华千疮百孔的资产往来，而大股东的变更、法人代表的"失踪"也使这场繁杂债务案更加复杂神秘。

2002年11月，乐华经历了资金链断裂、资不抵债和兼并重组等多重变故，整个集团从此一蹶不振。2003年8月12日，TCL集团和南方科学城发展股份有限公司共同组建了广州数码乐华科技有限公司（以下简称数码乐华），主营业务为研制、开发、生产、销售乐华系列彩电，并提供相关技术咨询及产品售后服务。但是，数码乐华与长城旗下的乐华信息产业集团无关系。此次并购可谓纯粹意义上的"品牌并购"，即 TCL 与原乐华并不存在传统意义上的"兼并"或"收购"的关系。数码乐华既不接收原乐华的生产基地，也不接手原乐华的员工，当然，也不承担原乐华的任何债权、债务关系，只是收购乐华品牌本身。完成"品牌并购"后，TCL集团把数码乐华作为第二个独立品牌进行培育，从而形成 TCL 与乐华并立的双品牌运营格局。这两个品牌虽然共享 TCL 集团多媒体本部的资源，但这两个品牌完全独立、互不相干，甚至彼此互为竞争关系。可以说，这次"品牌并购"几乎是中国并购史上"最轻松的并购"，TCL 集团可谓轻装上阵，使数码乐华可以在一个健康、无负担的状态下轻松入市。

实际上，通过"双品牌"运作，有力地支持了 TCL 集团发展的"龙虎计划"：多媒体电子、移动通信终端产业在 3 到 5 年时间进入世界前五强，称之为"龙腾四海"；在家电、信息、电工、文化产业领域，用 3 到 5 年时间，进入国内一流企业行列，称之为"虎跃神州"；创建具国际竞争力的世界级企业，2010 年销售收入突破 1500 亿元。品牌并购后的数码乐华是 TCL 开创"龙虎计划"的重要一部分，数码乐华可以发挥资源整合效应，实现乐华彩电在市场竞争中的快速发展。实际上，数码乐华成立后，在 TCL 集团原多媒体电子产业研发、采购、制造、物流和服务强大平台上，从彩电业务入手塑造乐华品牌的市场地位和影响力，并实现了彩电产业的迅猛成长：2003 年 9 月全国成立 10 家分公司，开发客户近 300 个，累计实现销售近 2 亿元，开发客户近 700 个；2004 年数码乐华获得 TCL 集团管理创新奖，累计销量突破 100 万台，客户数突破 2000 个；数码乐华成立两年来，实现市场占有率 230% 的快速增长，被国内权威市场研究机构中怡康评为"2004 年中国彩电市场最具成长性品牌"；2005 年 10 月，实现本年度累计销量 100 万台，历史累计销量突破 200 万台，年度总销量飙升至 150 万台，快速成长业绩创造了行业奇迹；全国共有 26 个销售分公司，精英员工队伍700余人，直发经销商3000家、销售网络覆盖全国；产品覆盖CRT、背投、液晶等10大系列计60多个型号，被人民日报社市场信息中心评为"中国消费者十大满意品牌"称号；2006年，更被人民日报社市场信息中心评为"中国CRT彩电市场用户满意首选品牌"称号，得到了市场和政府的双重肯定……可以说，经过TCL的介入、整合与运作，乐华品牌已开始健康起跑。

【问题与思考】

1. 你认为导致乐华品牌出现危机的因素有哪些？

2. 乐华（彩电）的品牌定位是否危及品牌安全？

3. 乐华多元化的品牌延伸，给乐华品牌带来了哪些伤害？

4. 乐华因消费者投诉而出现服务危机，服务危机对品牌的危害在哪里？

5. 乐华通过司法途径起诉媒体记者并索赔，这是化解"新闻危机"的最好办法吗？

6. 乐华是一个快速成长而又快速衰落的典型，思考一下品牌可以速成吗？

7. TCL整合乐华品牌后，对乐华品牌进行了策略调整，其值得学习与借鉴之处有哪些？

本案例编写主要参考文献

钟清声：《黑马的黄昏》，新营销杂志2003年版。

綦书环：《乐华彩电深陷变革泥潭?》，中华工商时报2002年版。

王媛：《彩电停产、空调资金链断裂 乐华到底出了什么事?》，新快报2002年版。

王旗：《广州市府与TCL达成默契 乐华品牌遭釜底抽薪》，财经时报2006年版。

谭建东、叶冠勇、邓雅萍：《售后服务不过关 乐华彩电投诉再升》，大洋网2002年版。

邓红辉、戴远程：《乐华渠道变革引发阵痛》，南方日报2002年版。

王逸凡：《乐华兵败反思录》，中国工业报2006年版。

梁桦：《接手乐华　能否当上彩电老大》，经济日报 2003 年版。

刘步尘：《从"数码乐华"看 TCL 战略》，中华工商时报 2003 年版。

卢泰宏：《营销在中国》，企业管理出版社 2003 年版。

读书心得

第四章

资源安全

营销的本质是客户争夺战，其过程是争夺市场资源，其结果是占有客户资源。同时，营销也是一个资源转化的过程，通过整合、投入可掌控资源来收获新资源。营销资源是企业营销活动赖以进行的基础，缺乏有效资源支持，营销将无从谈起。可以说，资源就是竞争资本，资源就是营销力，资源决定成败!

　　整合营销理论已为国内广大企业所接受并努力践行，而实施整合营销的一个关键是"整合企业内部与外部资源"。对于企业来说，只有具备掌控资源的能力，才能拥有整合资源的能力，才能在市场竞争中拥有更多的胜出机会。企业对资源掌控能力越强，企业的营销就越安全。企业内部资源包括营销人员、产品、销售资金、销售物料、信息情报……而外部资源则包括原辅材料、营销渠道、联盟伙伴、顾客等。内部资源安全是外部资源安全的基础，外部资源安全是内部资源安全的保障。

　　通过深度阅读本章，希望读者能获得以下收获：

　　1.了解企业营销资源的整体构成，认识到资源安全对于保障营销安全的重要性；

　　2.认识到产品安全对于营销安全的战略意义，以及在营销过程中如何确保产品安全；

　　3.认识到营销人员是最关键、最活跃、最难掌控的资源，其贡献有多大风险就有多大；

　　4.资金安全是企业最头痛的问题，无论是资金投入还是资金回收，都要做到双向安全；

　　5.销售物料安全是一项新课题，其根本就是要把销售物料利用最大化、价值最大化；

　　6.认识到信息情报是企业制胜市场的生命线，深入把握信息情报安全的本质。

第一节　必须充分重视营销资源安全

1991 年，美国营销大师唐·舒尔茨首次提出了"整合营销传播"的理念，其核心是"管理与提供给顾客或者潜在顾客的产品或服务有关的所有来源的信息的流程，以驱动顾客购买企业的产品或服务并保持顾客对企业产品、服务的忠诚度"。这个理念与"4P"营销理念的不同之处在于改变了过去以企业为中心的营销传播基点，而是站在顾客角度来考虑如何做营销传播。1995 年，Paustian Chude 首次提出了"整合营销"概念，他还给"整合营销"下了一个简单的定义，即"根据目标设计（企业的）战略，并支配（企业各种）资源以达到企业目标"。从两位大师所言可见，资源对于企业营销具有重要的价值。企业只有具备掌控资源的能力，才能拥有更大的在市场竞争中胜出的机会。在此不妨作个比喻，营销资源就是企业投入到一场营销战争中所需要的人、财、物等一系列要素的总和。但是，任何一个企业所拥有的及可调动的资源往往是有限的，在这种情况下如何提高资源利用效率就成为关键。如何合理分配资源？如何适度借用资源？如何快速积累资源？如何有效整合资源？……这些都关系到营销资源安全，也都是企业所关心的问题。

树立正确的营销资源安全观

营销资源可以分为企业内部资源与企业外部资源。企业内部资源很好理解，就是企业所拥有并能调配的自有资源，而企业外部资源则是企业之外的非自有资源，但前提是企业可以掌控，所包括的范畴很广，诸如市场资源、社会资源、自然资源等，见图4—1：

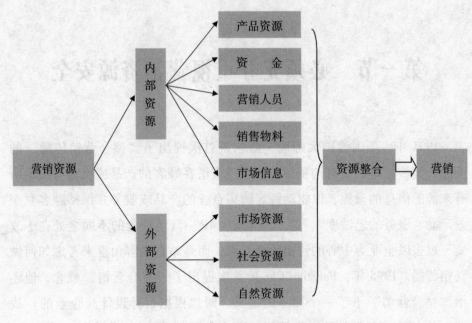

图4—1   企业营销资源构成示意图

从这个角度来讲,营销资源安全包括内部资源安全与外部资源安全。说到这里,很多读者可能会产生疑问,企业自有资源存在安全问题倒是容易理解,外部资源不属于企业所有,何谈安全问题?其实不是这样。外部资源虽然不属于企业,但也未必属于竞争对手。如果有价值的外部资源不能为企业所用,而被竞争对手所用,那对企业来说外部资源就存在安全隐患。实际上,外部资源往往是有限的,尤其有价值的外部资源更是有限的,社会资源、市场资源与自然资源皆是如此。正是有价值的外部资源的有限性决定了企业之间的资源战在所难免,而竞争的焦点就在于企业内部资源的保护与外部资源的争夺。中国的磷化工行业上市公司正在展开新一轮争夺战,不过这次争夺的直接目标不是市场,而是行业上游资源——磷矿资源,主要战场集中在富产磷矿的西南地区。随着中国下游磷化工行业快速发展,作为该行业基础原料的磷矿石行情近年来一路走高,这直接导致了磷化工行业的上市公司纷纷大量囤积磷原料。2006年9月16日,G宜化发布公告,由其控股的子公司湖北宜化大江复合肥有限公司与湖北宜化集团矿业有限责任公司共同投资5000万元组建湖北宜化江家墩矿业有

限公司，取得湖北省宜昌磷矿江家墩矿段磷矿探矿权，这标志着 G 宜化正式拥有了自己的磷矿资源。由于近年来磷矿石供应紧张，价格持续上涨，2006 年以来，G 澄星、G 六国、G 兴发、G 马龙等许多磷化工行业上市公司纷纷加入了磷矿资源的争夺战。这也是一种对企业外部资源的竞争。

实际上，无论是大企业还是小企业都存在资源安全问题，诸如资源浪费、资源闲置、资源损失等。就拿美的集团来说，2007 年 6 月，美的集团董事局主席何享健在接受《第一财经日报》记者采访时表示，美的集团过去以事业部为经营主体开展营销工作造成了营销资源的严重浪费，于是企业酝酿于 2007 年 9 月开始着手进行改革。原来，美的集团旗下有两个二级产业集团：制冷家电集团和日用家电集团。制冷家电集团旗下设有家用空调、中央空调、冰箱、洗衣机四个事业部；日用家电集团旗下设有生活电器、微波电器、洗碗机、厨房电器、热水器等八个事业部。目前这 12 个事业部大的事业部年销售额上百亿元，小的也有十多亿元。这 12 个事业部长期以来都在各自建立独立的营销渠道，也各自拥有独立的营销团队，并且各事业部单独开设专卖店。美的集团在全国已建成的近 2000 家专卖店分为三个层面：一是美的集团层面的"大综合专卖店"，美的品牌全线产品都在专卖店中有销售；二是制冷家电集团和日用家电集团这两个二级平台专卖店，例如，制冷家电集团开设的专卖店中会销售空调、冰箱、洗衣机等下属众事业部的产品；三是事业部层面的专卖店，如微波电器事业部开设的微波炉专卖店。结果，由于营销主体过多，各产品内耗严重，造成了资源投入的分散，这一营销模式难以适应市场。这种营销模式没有办法与经销商、专卖店形成合理良好的对接。认识到这些弊端，美的集团把开设集团统一操作的专卖店作为改革点，开始经营"综合性大专卖店"，以提升专卖店的竞争能力。

营销资源安全的深层内涵

基于企业内部营销资源与外部资源存在一定差异性，因此对于企业内部营销资源安全与外部资源安全分别予以解读。

1. 对于企业内部资源安全的理解

第一层含义是企业内部营销资源能够得以最大化利用。企业能力的好坏不是以其拥有资源的数量或规模来评价的，而是以其对现有资源的利用效率来衡量。基于资源的理论认为，企业是一组资源的集合体，企业之间的竞争围绕着资源的争夺与利用展开。一个企业的市场地位不仅取决于其所拥有资源的数量与质量，而且取决于其对资源的利用效率。前者是企业生产经营的必要条件，但它与企业的市场地位不成正比，否则就不会出现以少搏多、以弱胜强的现象；而后者才是维持企业持久竞争优势的关键，是以弱胜强的真正原因，也是企业管理效率的集中体现。当然，虽然企业在努力提高各种资源的利用效率，但是资源的利用效率却总是达不到百分之百，即企业内部总是存在未利用资源。企业资源利用能力包括目前资源利用能力及潜在资源利用能力。所谓资源利用潜力，是指企业资源利用效率改进的可能与空间，企业资源利用潜力与企业目前资源利用效率负相关。对于大多数中国企业来说，营销资源的利用效率并不高，甚至不及50%。19世纪美国零售巨头约翰·沃纳梅克曾经有句经典之语，"我知道我的广告费有50%是浪费的，但我不知道是哪50%在浪费"，这句话在广告界可谓耳熟能详，实际上就是在说有限的广告资金在企业得不到有效利用。

第二层含义是内部营销资源能够持续满足企业营销需要。如果内部营销资源短缺或者在关键时刻无法满足营销工作的需要，结果是可悲的。在诸多营销资源中，资金是最关键、最核心的因素。很多企业为了做市场，不惜高额贷款打广告，当然，成败皆有之。四川智强集团生产的智强核桃粉、智强鸡精两种产品可谓家喻户晓。这家企业原是一家地方国营食品企业，名不见经传。但在1998年央视广告招标会上，该集团却以6750万元的巨资夺得央视在1999年第一、二、四季度广告黄金段位的"A特段"。加上在其他媒体投放的广告，所耗广告费用高达1亿多元，成为当年四川投放广告耗资最多的企业，被称为四川"标王"。在巨额广告费的轰炸下，智强品牌知名度在全国范围内迅速提升。智强集团的主导产品智强核桃

粉、智强鸡精等产品销往全国近 400 个大中城市，甚至出口到了新加坡、泰国等东南亚国家，企业也被誉为"中国核桃粉大王"。然而，巨额的广告投入和一系列荣誉光环并没有让智强集团在市场上持续火暴下去。由于企业在鼎盛时期的年产值也只有 1.6 亿元，但每年的广告费就超过 1 亿元，结果企业经营被高昂广告费用所困。短短几年时间，智强集团的经营状况每况愈下，出现了借钱或贷款打广告的现象，而应付货款一拖再拖，各种债务纠纷接踵而至。2003 年成都春季糖酒会，智强集团又上演了最后一次广告"大手笔"——出巨资买断主会场的大门和最重要的展场广告。但是，这并没有改变企业的命运，仅仅半年后，智强集团即向法院提出了破产申请，成为被巨额广告投入拖垮的典型企业。

第三层含义是内部营销资源不被员工及渠道商贪污、侵占或挪用。主要有三种情况：一是营销系统员工独自所为；二是营销系统员工勾结渠道商所为；三是营销系统员工勾结其他合作伙伴（如广告公司、公关公司等）所为。实际上，这种腐蚀企业营销系统的毒瘤在很多企业都存在。郑某某原系安徽省蚌埠卷烟厂销售员，其在负责该厂东北片卷烟的销售期间，涉嫌利用职务之便将 2000 多万元回笼货款侵吞，并于 2000 年 3 月携款潜逃。张某 1998 年应聘到西南某药业公司当销售员，负责西南药业在湖南邵阳地区的药品销售工作。张某上任之后，由于工作无方未能打开销路，加之花钱大手大脚，因此总感到入不敷出。于是，张某认为自己在外地搞销售，天高皇帝远，即便拿了公款单位也不容易发现。于是，张某采用收取货款不上交和从客户单位调取药品私下销售等手段，共计侵吞公款 12 万余元。挥霍耗尽后，张某于 2000 年底畏罪潜逃，最终被捉拿归案。

第四层含义是企业内部资源不为竞争对手所用。说到这里，读者可能会困惑，自己企业的营销资源怎么能被竞争对手利用呢？其实，这在实际营销过程中并不少见，主要有三种情况：一是比附定位。蒙牛在产品推向市场之初，"向伊利学习，做内蒙古乳业的第二品牌"，实际上就是这种策略。二是对比销售。所谓"对比销售"，如在推销颐达轿车的同时，将自己竞争对手的车型——凯越、伊兰特、花冠等一一展示出来，供消费者对比试乘试驾，让消费者选择自己喜欢的车。三是借助竞争对手的多种资源。诸如广州年轻态公司生产的护花吟化妆品借助宝洁 SK－Ⅱ"皮肤年龄"的概念提出"皮肤减龄"概念，并借助宝洁公司的"皮肤测试仪"通过发布广告让消费者去检测使用护花吟后的效果，既实现了挑战 SK－Ⅱ的目的，又借用了竞争对手的营销资源。

在竞合时代，竞争对手之间也不仅仅是单纯的竞争，也存在资源上的交换与共享。交换方式很常见，诸如企业之间的"渠道换技术"。共享是指企业依靠自身实力无法获得或不宜获得（如成本太高）资源的情况下，采取与其他企业共同投资、共同使用的方式获得。美国微波通信公司、数字设备公司和微软公司达成协议，共同使用销售网点，既扩大各自的销售能力，也方便了顾客购买。我国企业在共用方面也有一些可贵的探索，如上海华生电器总厂、青岛海尔集团、香港佳乐时有限公司和宁波帅康厨房设备公司等企业，共同在天津组建售后服务系统，集中为家用电器提供维修服务，降低了成本，提高了售后服务水平。再如，Fedex 与 TNT 作为快递行业的巨头，他们之间也不仅仅是竞争，还有资源合作，Fedex 就将自己在田纳西州孟菲斯—亚洲之间的运力和 TNT 的马尼拉—香港之间的运力进行交换。

2. 对外部营销资源安全的理解

对于有价值的外部资源，不但你的企业视其为盘中美餐，竞争对手也会给予充分的关注，甚至觊觎已久。但有价值的外部资源往往是有限的，所以外部资源的争夺在所难免。社会资源来自于方方面面，诸如政府机构、社团组织、新闻媒体、业内专家、社会名流、金融机构等社会力量。有些资源具有不可再生性和替代性，企业只要率先对其独占，也就排除了竞争对手使用这些资源的可能性，如优越的地理位置、矿产资源、专利和商标等。来看一个案例：美国某一计算机分销公司为履行其"24 小时之内将顾客订货送到"的承诺，就近在快递公司的大多数营业点周围建立或租用了库房，他们接到客户订单后，马上组装，然后迅速运到快递公司。其他公司试图模仿时，发现最大的障碍是无法在快递公司周围建立或租用库房。

市场资源安全主要表现为以下几个方面：企业能够准确进入利基市场并占有客户的心智资源；对既有客户资源能够进行有效保留，并不断吸引新的客户群体加入；能够有理、有利、有节地利用竞争对手的资源。社会资源安全主要表现为以下几个方面：企业能够把握抢占社会资源的先机，能够获得必要的社会资源支持，并对社会资源的调度与支配能力能够满足企业经营工作需要。自然资源主要包括：企业能够获得稳定的原辅材料来源，并具有足够的掌控能力，或者说对自然资源的合理占有、战略性占有。

第二节　产品安全是营销资源安全的根基

在市场竞争中，竞争对手会不断进攻你的企业。当然，竞争对手的行为包括正当竞争与不正当竞争。实际上，不正当竞争并不可怕，因为你总可以找一个地方去"说理"，阻止竞争对手的不正当竞争行为，以及挽回竞争对手给你造成的损失。最可怕的是竞争对手在竞争的游戏规则范围内对你的企业实施打击。当然，竞争对手的手段是多元化的，诸如采取渠道战、广告战、公关战、服务战、品牌战……虽然品牌已成为商战的核心，但是不要忘了竞争对手的最终目的是阻止或压缩你的企业的产品销售，以增加其市场占有。可见，产品是竞争的最终着力点。

无论是企业经营的失败也好，还是企业经营的失误也好，总是事关产品。三株遭遇危机后，吴炳新自述"15大失误"，其中有这样一条：后继产品不足，新产品未能及时上市。乔赢在《"红高粱"十大反思》中也有两点：过早否定厨师的手艺，忽视厨师在中式快餐企业中的地位和作用；忽视产品开发和产品组合，没有处理好"多"和"少"。另外，巨人集团史玉柱在《我的四大失误》中也有这样一条：没有把主业的技术创新放在重要位置。从1989年的M-6401桌面排版印刷系统、1990年的M-6402文书处理软件系统，到1993年的巨人中文手写电脑、巨人软件等，这是当初巨人成就辉煌的关键。电脑业走入低谷后，却忽视了技术创新这一"巨人"电脑的生命线，连续两年在业界反应平平，到1996年，"巨人"才推出了M－6407桌面排版系统。"巨人"二次创业的失利与此有很大关系。再有，沈阳飞龙公司总裁姜伟所著的《总裁的20大失误》，其中有一条：企业创新不利。对此，书中予以详细的阐述，"创新是企业发展的根本，一个发展了五年的企业没有创新必然走向衰落，一个销售三年的产品没有创新必然走向死亡。这是无情的规律。但是近六年来，总裁过分强调企业过去的辉煌，没有认真思考创新，造成企业和市场管理无新意。今后要通过更换新生力量，完成企业创新"。百龙矿泉壶的孙寅贵也用一整本书来进行《总裁的检讨》，其中有这样一段文字："进入商战怪圈后策动公关闪电战，短命产品七年预期，产品创新成为笑谈，矿泉壶大战断臂破相，内部管理积重难返……"矿泉壶在国外本是淘汰的东西，孙寅贵加以改进后在国内推出了百龙牌矿泉壶，由于在市场上的优良表现，导致其他品牌的矿泉壶也跟风杀进市场，最终引爆了号称中国最大规模的商战……但遗憾的是，所有矿泉壶企业只为竞争而竞争，而忽视了满足消费者的需要这一最基本的原则，最终同归于尽，矿泉壶也被如今的饮水机所取代，使我们至今再难看到这些企业的踪影。

产品安全是什么概念

对于产品安全，我们可以从广义与狭义两个角度来理解：狭义的产品安全又可称为产品的物理安全，即产品的消费或使用安全。可以说，产品的物理安全是产品安全的基本层面。要知道，很多产品具有不安全因素，诸如食品行业，小果冻被称为"杀人果冻"，因为儿童在不当吞服的情况下易导致窒息死亡。再如，医药行业的药品很多都具有毒副作用，必须按照使用说明或照医嘱服用，过量服用对身体危害很大。还有，燃气热水器中毒事件时有发生，而电热水器跑电事件亦让人触目惊心。

广义上的产品安全则是指从产品生产到形成成品再到产品流通、产品营销、产品服务等一系列环节的全过程保障能力。见图4—2：

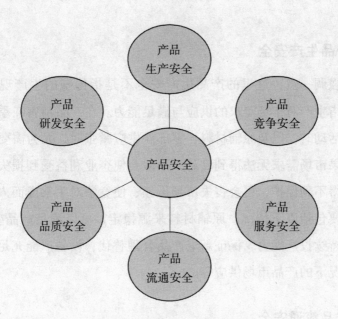

图4—2 产品安全构成示意图

下面对产品安全的构成要素逐一加以解读分析：

1. 产品研发安全

产品研发安全是指产品研发不但具有市场价值，还具有社会价值，否则产品研发就存在安全隐患。企业要想确保产品研发安全需要具备以下条件：具有持续的新产品研发能力，能满足产品新陈代谢需要；产品技术具有良好的保密机制与保密程序；产品所用材料、技术工艺、设计包装等符合企业社会责任标准等。

2. 产品品质安全

产品品质安全即物理安全，产品品质合格、功效达到设计标准，在消费及使用过程中不会对消费者、使用者造成伤害。主要包括以下几种情况：产品符合相关技术标准，能实现设计功能或者品质要求；产品消费及使用安全，能够做出明确的消费及使用提示说明等。产品品质安全是产品安全的最基础层面，也是企业开展营销的基础前提。

3. 产品生产安全

需要强调一点，这里的产品生产安全不是指传统的生产现场安全管理，而是指生产对市场需求的供应与满足能力。在产品销售旺季或者企业开展促销活动时，以及原辅材料、零部件供应紧张时，尤为需要考虑生产安全。如果市场需求无法得到满足，不但会使企业利益受到损失，经销商的积极性得不到保护，更会丧失市场份额，使竞争对手乘虚而入。产品生产安全主要包括以下情况：原辅材料来源稳定，可以满足产品生产需求；产品具备持续投产能力，保证新老产品合理替代；设备产能充足，能满足在旺销情况下的产品市场供应等。

4. 产品流通安全

产品流通安全是指产品进入市场流通后，在渠道销售上不被遏制，渠道物流畅通，渠道库存合理，实现在渠道上低成本、高效率流程。产品流通安全主要包括以下几种情况：产品的渠道库存合理，不会导致产品功能安全事故，并且能按计划消化渠道库存；产品能够正常进入销售渠道进行展示销售，在渠道商销售过程中不被人为遏制；产品能冲破一些技术壁垒，在质量上获得流通的通行证，如绿色壁垒、3C 认证等。我们来看一看志高空调的案例，在开拓国际市场方面，志高空调以注册商标和认证开路，首先将志高商标在全球 100 多个国家注册，同时通过了美国 UL 认证、欧盟 CE 认证、国际 CB 认证等几乎所有国家的认证，从而为志高空调海外营销开辟了一条"绿色通道"。如今，志高营销网络已遍布全球 180 多个国家和地区。

5. 产品竞争安全

产品竞争安全是指产品在市场上受直接竞争对手或间接竞争对手威胁的程度，威胁程度越低，产品竞争安全度越高。产品竞争安全主要包括以下几种情况：在市场上竞争对手不易模仿与复制，产品具有极强的差异化

能力；产品应是精细型产品，而不是粗放型产品，不容易为竞争对手的细分化产品所肢解；产品定位精准，品牌命名科学艺术，不偏离潜在买家需求等。

6. 产品服务安全

所谓服务安全是指产品销售服务对产品销售的配套与支持能力，主要包括以下几个方面：服务能力能够与产品销售相配套，形成有力支持；服务水平与服务质量能够满足产品用户的需求；具有持续提供服务的能力，即便是产品已经退出市场。对于服务安全，将在第六章进行深入探讨，在此不赘述。

典型风险因素分析与化解

实际上，最值得提醒企业注意的不是狭义上的产品安全——物理安全，而是产品的研发安全、生产安全、流通安全、竞争安全与服务安全。为什么这样说？因为产品物理安全除了企业自我监督管理以外，还有政府部门监管。并且，如果产品连最基本的品质都保证不了，还谈什么做营销、办企业？一切都是空谈。蒙牛集团董事长牛根生说过这样一句话："如果没有质量，生产等于负数，营销等于负数，广告与品牌等于负数，收入与声誉等于负数！"可见，企业如果连品质安全都无法保障，一切都将是负数。

对于企业，越是关键时刻越要注意产品安全。笔者认为，产品安全的巅峰时刻主要有以下几个：一是产品销售旺季，要确保产品市场供给；二是开展促销活动，也要确保产品供给；三是市场过度竞争，要注意产品流通安全、产品竞争安全；四是资源出现紧缺时，要确保产品生产安全。

流通安全、服务安全将在本书后文予以重点阐述，在此不赘述。下面就从产品研发安全、生产安全、竞争安全等方面来谈谈典型的风险因素与应对措施：

1. 研发安全的风险因素与应对

通过新产品研发实现产品创新是一件好事，但不要忽略创新本身就是一种风险。对于产品创新，除了考虑市场风险因素以外，还要考虑社会风险因素。只有同时具备市场价值与社会价值的创新，才有可能成功。我们都知道可口可乐，这家公司曾试图创新产品配方而推出了"新可乐"，遗憾的是失败了。在 20 世纪 80 年代中期，可口可乐公司决定进行口味试验。结果显示，多数人喜欢较甜的口味，与百事可乐公司生产的饮料比较接近。1985 年，可口可乐公司废除了老配方，并在大力宣传的情况下推出一种新配方，即"新可乐"。但可口可乐公司最忠实的顾客对此却并不认同。仅仅三个月，可口可乐公司便在消费者的愤怒反应中屈服，重新换上老配方，新配方则被放弃。对此，美国《纽约时报》曾称可口可乐修改配方是美国商界一百年来最重大的失误之一。实际上，这就是缺乏市场价值的产品创新。

那么，什么样的产品创新具有社会价值呢？那就是企业在进行产品创新时必须考虑产品的社会效益，产品必须符合社会发展潮流，企业社会责任能够在产品上有所体现。企业社会责任（CSR）是指企业在创造利润、对股东利益负责的同时，还要承担对员工、对社会和环境的社会责任，包括遵守法律法规及商业伦理、保障生产安全、保护劳动者的合法权益、节约资源能源、保护环境等义务，促进社会和谐与可持续发展。品牌是产品的代言人，产品是品牌的载体。品牌的活力源自产品创新，而产品创新则必须以社会责任为纲。但是在新产品研发方面，社会责任要素绝对不是一种消极的约束，而是一种积极的、方向性的引导，它使产品更符合市场潮流、更迎合消费需求、更吻合社会发展脉搏。以耐克为例，到 2011 年所有耐克品牌鞋的设计都将达到基准目标——减少产品设计和包装方面的浪费、减少挥发性有机化合物的使用，更多使用环保型材料。耐克品牌的服饰则计划在 2015 年之前达到基准目标。到 2020 年，耐克所有设备都将达到基准目标，同时耐克也正在为其产品设计可持续的创新寻求解决方案。

再如，惠普公司认为，减少产品对环境的污染既是挑战也是机会。惠普采用专门的设计技术来设计比较环保的新产品和服务。由于这与客户对产品高性能、低成本和环保功能的要求相一致，惠普因此获得了潜在竞争优势。还有诺基亚，它们创立了基于产品生命周期的环保理念，把环保贯穿于产品的全过程。一个产品从诞生到消亡，经历了设计、研发、采购、生产、销售、使用和废弃等多个阶段，实现了全程企业社会责任管理。最后来看看日立集团，这家企业以"为可持续的循环型社会做贡献"为主题，在广泛领域里提供了节能、节省资源、防止地球温暖化，以及减少有害化学物质的低环境负荷型产品和服务。为了尽量减少产品在生命周期各阶段的环境负荷，日立集团从 1999 年就开始导入并采用了"环保设计评价体系"的概念，具体地说就是从轻量化、长期耐用性、资源再生化、分解处理的简易性、降解和处理的环保性、节能性、包装材料及信息公开容易程度 8 个方面对产品进行考核评价。图 4—3 就是日立集团针对产品整个生命周期的设计思路，展示了企业全程责任管理和产品安全意识：

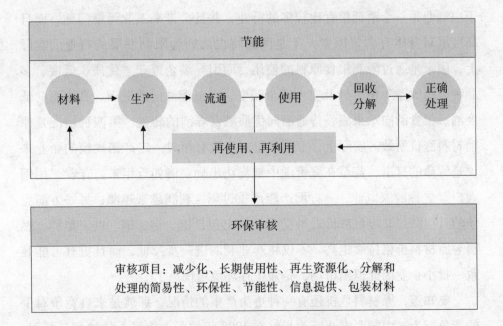

图 4—3　产品全程安全与企业责任关系

2. 上游供应商影响产品生产安全

我们知道，巧妇难为无米之炊，如果一家生产厂商无法获得或者无法按需求获得关键性原辅材料或零部件，那就无法生产产品或者无法足量生产产品，进而无法供应市场或市场供应不足，导致无法满足市场需求。戴姆勒－克莱斯勒的高级副总裁兼首席信息官指出："我们的某些工厂每天需要 450 辆货车的原料供应，如果供应链中任何一环断裂，我们的整个装配线将陷入瘫痪。因此，对我们而言，健壮、敏捷和基于 IT 的供应链管理至关重要。"

当然，企业出现"断炊"情况，未必是上游供应商行为所致，还可能存在几种情况：第一种情况是自然原料资源枯竭所致，诸如矿石原料、石油等基础原料的加工企业都在面临这一问题。第二种情况是人工原料基地产量减少所致，诸如中药的原料药甘草，其用量最大，几乎每味药都要使用甘草。但是由于种植面积萎缩，致使供求缺口很大，导致中药业面临"断炊"考验。第三种情况是国家政策性限制导致原料供应受限，诸如由于白酒业是一个消耗粮食比较多的行业，并且会带来工业污染问题，而且高度酒对身体有害等因素，于是国家将白酒列为限制发展的行业。实际上，国家是通过限制粮食原料的使用，而引导酒企遵守"优质、低度、多品种、高效益"的方针及实现四个转变，即蒸馏酒向酿造酒、高度酒向低度酒、粮食酒向水果酒、普通酒向优质酒营养酒的转变。第四种情况是原辅材料涨价所致。实际上，原料涨价对于没有形成一定产销规模的企业来说是致命的打击，甚至在涨价潮中被淘汰出局。诸如近年来，有着"用钢大户"之称的家电业，一方面产能严重过剩，利润越来越薄；另一方面竞争的日益激烈又导致涨价之举受阻，加上包括铜、铝、钢、铁、塑料、燃料等原材料价格持续走高，不仅将产业利润进一步拉低，而且更有可能导致一批小企业因此退出市场，企业生存环境堪忧。

要知道，原材料危机还有一种更为严重的情况，那就是来自竞争对手的竞争行为。中国彩电业巨头长虹在 1998 年的彩电市场上依然翻云覆雨。从上半年开始，长虹发动彩管大战，大量收购彩管，并宣布他们已垄断了

76%的 21 英寸彩管、63%的 25 英寸彩管以及 100%的 29 英寸彩管。在这种情况下，导致彩管价格在下半年连续三次上扬。彩管价格的上涨迫使其他彩电厂家上调其产品价格。从 10 月开始，厦华、TCL、创维等企业开始小幅上调，竞争品牌价格的被迫上涨使长虹再次处于市场竞争中的有利地位。

那么，如何解决这个问题？企业所有战略都服务于产品营销或者说为产品安全保驾护航。在产品市场供给上，很多企业通过采取三大战略来化解产品安全威胁：

一是战略性业务延伸，即直接投资进入原辅料或零部件生产领域，以获得稳定的自有供应资源。在发达国家每 4 个人拥有一头奶牛，而我国是 400 个人也没有一头，中国是近乎"奶荒"的国家。加之我国目前的饲养水平低，牛群分布不均，南方基本没有大规模的牧场，这给一些乳品企业拓展市场带来困难。2007 年 4 月 4 日，蒙牛乳业继 2006 年 1 月以 1.508 亿元成功控股武汉友芝友保健乳品公司之后，又以 1.344 亿元收购武汉友芝友持有的蒙牛（武汉）友芝友乳业有限公司 48% 股权，从而全资控股武汉蒙牛。自此，蒙牛一举收获友芝友旗下超过 6000 头优质奶牛，其在武汉地区的销售量已从 2006 年初的不到 50 吨/日，上升到目前的 650 吨/日，增速惊人。此外，蒙牛集团还计划在武汉建设占地 1 万亩、日产鲜牛奶 1100 吨的国际化示范性牧场。而蒙牛最大的竞争对手——伊利乳业也有所行动，伊利投资 5.8 亿元的中国乳业最大的现代化乳业综合项目，以及相应的奶牛养殖基地——湖北黄冈伊利乳业基地建成投产。中国另一个乳业巨头——光明乳业也不甘人后，2007 年 7 月 30 日，光明乳业旗下光明荷斯坦牧业有限公司与武汉市东湖区政府、武汉市国营柏泉农场合作，签署了《光明乳业建设武汉现代化生态牧场备忘录》，光明乳业将投资约 1.8 亿元，建一座占地面积约 4000 亩、奶牛规模 6000 头的大型现代化生态牧场，这是光明乳业在上海以外的最大的现代化奶牛牧场。上述三大乳业巨头，积极走出去建奶源基地，实现了产业链的延伸，也为扩大产品市场提供了有力支持。

二是战略性产业联盟。实际上，很多企业都采取了产业联盟方式，以获得稳定的上游供应资源与下游渠道资源。不妨先来看两个典型的例子：一个是戴尔电脑，另一个是志高空调。戴尔与供应商之间结盟是其成功的关键，这样能保证最新、最好的原料迅速补充到自己的产品体系中去，以减少库存和更快满足客户需求。还有一点，就是与下游的客户结盟。戴尔对客户和竞争对手有着独特的观念：想着顾客，不要总是想着竞争。如今，很多企业都太在意竞争对手的行为，时刻关注着竞争对手的行动，但对竞争对手的过分揣摩使很多企业忽视了对消费者的研究。谁更能了解消费者的需求，谁就更能占领消费者的心智资源，谁就更能占领市场并创造利润。再来看看志高空调。在空调行业整体遭遇原材料大幅涨价、一二级市场需求放缓、旺季不旺等多重困境的情况下，志高空调通过与上游供应商结盟、借助国际性的专业化分工，形成独特的"产供销共同体"模式，使特有的资源优势得以放大，从而获得了逆市飘红的佳绩。随着空调产品的不断发展，行业突破口将主要集中于上游的制冷剂、压缩机等关键领域，志高空调与上游结盟显然是战略性地抢占资源。2006 年 1 月，志高空调与韩国现代集团成功续约。2006 年 11 月，志高空调又与日本三菱签订了长期战略合作协议。志高空调自 1995 年就开始与三菱电机合作。10 年来，不管全球空调行业形势如何风云变幻，但双方互利合作、彼此信赖的关系却始终如一，而且随着双方事业不断拓展，合作范围不断深化与扩大，不仅限于压缩机的供需，还在技术、管理等方面进行嫁接。

三是联合化集团采购。集团采购又称联合采购或采购联盟，通过这种形式成员企业不但可以获得相对低廉的采购价格，更可获得优先供应的优势。所谓联合采购是指多个买方联合起来向一个卖方进货以获得较大的议价能力或数量折扣。不过，联合采购需要成员之间在战略上能够形成有效协同，否则联合采购只是一纸空文而已。在日常生活中，我们都有这样的购物常识——批发价永远低于零售价。其实，这也是企业的买卖经。单个企业联合起来有时甚至可以代表一个行业向上游供应商压价。如今，很多行业都出现了采购联盟：在医药行业，医药零售企业联合起来，共同向药厂、包销商施压；在建筑领域，房地产开发公司组建采购联盟，统一口径向建筑材料供应商要优惠政策……采购联盟有些是企业自发组建，有些是

行业协会牵头。无论哪种形式组建，采购联盟都要有其游戏规则或者说采购联盟章程，明确加入条件、采购协作、运营监督管理等"政策"，这样才能保证采购联盟有秩序地运转。采购联盟主要有三种模式：一是类似中永通泰的"联席会议"式，遇到重大的采购行动，各方代表坐下来集体协商，签订多方协议；二是股份公司制，大家共同出资成立采购公司，负责会员单位的采购工作；三是"报账式"，各家将要采购的单子"凑份子"，可多可少，能合并同类项的就合并集体采购。但是，建立采购联盟竞争对手未必愿意响应，因此很多时候这只是一个美好的想法罢了。诸如2003年，面临以钢材为主的原料价格猛涨，威力空调牵头想要组建采购联盟。由于长虹、TCL、东洋、志高、迎燕、华凌、格兰仕等空调厂家的反对，喧嚣一时的应对空调原材料不断涨价的空调采购联盟胎死腹中。当然，这次联盟流产的具体原因很多：一是有些规模大一些的企业觉得联盟"门不当，户不对"，如TCL就这样认为；二是有些企业95%的原材料都由自己的配套厂家供应，参加联盟意义不大，如志高空调；三是有些企业已经完成大规模的原材料储备，参与联盟没有意义，如长虹……

3. 产品技术外泄危及产品安全

因员工"跳槽"或"另起炉灶"，或者产品技术情报为竞争对手所掌握，产品安全也会受到严重威胁。我们来看一个案例：2001年9月~2002年6月，浙江蓝天环保高科技股份有限公司（下称蓝天公司）先后有6名中高层管理人员、技术骨干以个人原因为由离职。但2002年下半年，蓝天公司人事震动的余波未了，蓝天公司就在市场上惊奇地发现了其产品的替代品。一家新成立的名为苏州联氟化学有限公司（以下简称苏州联氟）的企业，开始大量生产销售与蓝天公司产品相同的产品。2003年苏州联氟实现主营业务收入5000多万元，2005年主营业务收入高达2个多亿，其生产销售的替代品达七个之多。蓝天公司从市场反馈的信息发现，这家公司生产的产品不仅与蓝天公司的主要产品完全相同，而且制备技术极为相似。令蓝天公司疑惑的是，苏州联氟总能以略低于蓝天公司的销售价格恶意冲击蓝天公司建立多年的销售渠道，给企业造成了巨大的损失。后经调查发现了事情的真相，原来苏州联氟公司的核心管理人员与技术人员均为原蓝天公司离职人员或其亲属，甚至有些职员在工作中采取了化名。早在2001年上半年，蓝天公司离职的6名员工密谋商议，策划利用蓝天公司的商业秘密获利，决定共同兴办苏州联氟化学有限公司，于是出现了上文的一幕。

此外，竞争对手或潜在竞争对手也会通过实验、测试、研究来破译产品技术机密，诸如可口可乐的配方就曾引起无数企业的关注与研究。可口可乐的原始配方目前存放在亚特兰大一家银行的保险库里，它的三种关键成分由公司的两个高级职员分别掌握。为了防止发生飞机失事导致秘方失传的意外，公司甚至不允许这两人乘坐同一架飞机外出。但是困难并未阻止竞争对手研究可口可乐产品的步伐，近百年来总有一些化学家费尽心机地试图破译可口可乐的配方，却又总是徒劳无获。可口可乐的众多竞争对手曾高薪聘请高级化验师对其公开配方"7×100"进行破译，但从来没有成功过。虽然科研人员通过化验得知，可口可乐的最基本配料是水，再加上少量的蔗糖、二氧化碳等，并且也有公司如法炮制，但配制出来的饮料的口味却与正宗可口可乐大相径庭。后来人们逐渐醒悟，相信可口可乐中存在着占总量不到1%的"神秘物质"，才使得可口可乐维系百年辉煌。欧洲食品科学研究院院长、食品化学研究专家玻尔莫和他的搭档、生物学家瓦尔姆特女士在一本名为《大众饮食误区辞典》的书中说，他们经过长期的研究，解开了可口可乐配方的秘密，但可口可乐公司对配方被解密一事予以否认。

4. 竞争对手实施反定位带来的威胁

在竞争中，竞争对手往往会针对你的产品出招，使你的产品安全受到威胁：诸如攻击产品概念，前文提到金龙鱼提出的"1:1:1"概念就曾经被竞争对手利用。再如，竞争对手挖墙脚，包括挖人才、渠道商等。这些都较常见也易于应付，关键是要防止被竞争对手重新定位。要知道，对竞争对手进行反定位是有理论依据的。营销大师阿尔·里斯指出，现在的公司太多，产品太多，市场上的噪声也太多。进入人们头脑最容易的办法是

争做第一。若是当不了第一，你就得针对已经争得第一的产品、政客或人来给自己定位。要想成为领导者，就必须第一个进入预期客户的头脑。对领导者有效的东西未必对跟随者也有效。跟随者必须在人们头脑里找到一个没有被别人占领的"空当"。如果没有空当可钻，你就得通过给竞争对手重新定位来创造一个空当。这方面我们可以找到很多例子。1997年，重庆奥妮洗发水公司根据中国人对中药的信赖，率先在全国大张旗鼓地推出了植物洗发全新概念，并且在市场上迅速取得了成功。其后，夏士莲着力打造黑芝麻黑发洗发露，利用强势广告迅速对宝洁的品牌形成新一轮的冲击。一些地方品牌也趁机而起，就连河南的鹤壁天元也推出了黛丝黑发概念产品，欲意争夺奥妮百年润发留下的市场空白。在"植物"、"黑发"等概念的进攻下，宝洁旗下产品被竞争对手贴上了"化学制品"、"非黑头发专用产品"的标签。为了改变这种被动局面，宝洁调整了其产品战略，决定为旗下产品引入黑发和植物概念品牌，提出了研制中草药洗发水的要求，并且邀请许多知名的中医向来自研发总部的技术专家们介绍传统的中医理论。再如，宝马对付奔驰也是采取了反定位策略，它做了以下对比："超级驾驶机器对抗超级乘坐机器"，宝马把奔驰重新定位成"轮子上的起居室"，从而突出自己的驾乘优越性。

实际上，很多品牌定位最初体现为产品定位，随着品牌延伸与产品线扩张，品牌定位与产品定位的关联度越来越低。所以，在很多时候研究产品定位更有实际意义。防止产品被竞争对手贴上负面标签有三个关键点：一是明确的产品品类，对外公开的品类应该是现实的、客观的、细分化的品类定位；二是产品要有一个最直接、最简洁、最明确的功效定位；三是传播要有一个最简单、最直接、最真实的诉求定位。

第三节 营销人员是最"贵"的营销资源

21世纪最"贵"的是什么？是人才！营销人才忠诚于企业可为企业

创造宝贵的财富，如果营销人员叛离企业则可能会使企业付出昂贵的代价。营销人员忠诚于企业，营销就是安全的吗？不是这样的。企业怕的不是营销人员离职、"跳槽"，怕的是营销系统运营不具有稳定性，或者说在营销系统机制化的前提下，就不怕营销人员离职、"跳槽"。营销人员安全是指企业营销人员在数量上、质量（素质与能力）上、绩效上能够满足企业经营工作的需要，营销人员管理上也不存在危及企业营销安全的漏洞与隐患。人是生产力最关键、最活跃的因素，因此营销人员安全管理的难度也最大。如果管理不善，其危害也最大。

营销人员的不安全因素

在企业高速发展阶段、企业组织改革阶段及员工"跳槽"高峰期尤其要注意营销人员问题。营销组织变革尽管是企业的主动行为，但也要考虑营销人员安全问题。组织变革包括部门整合、削减、裁员、减薪等，可能会带来人事上的恐慌。一项调查资料表明，企业人员流动的替换成本是原有人员成本的 1.5～2.5 倍，其中包括新进人员的培训费等，除了会增加企业招聘、培训等成本外，还会因营销人员外流而带来一些风险因素，诸如商业机密外泄、客户资源流失等。

总体来说，营销人员的不安全因素有以下五种情况：

1. 营销人员兼职

对于营销人员兼职，除了一些营销人员瞒天过海、偷偷摸摸地从事兼职工作外，还有一些企业大量招聘兼职营销人员，这是两种不同背景下的抉择。对于营销人员在外兼职，其危害主要体现为三个方面：一是员工不能精力全身心投入到工作中去，必然会影响到营销工作绩效；二是企业商业机密可能会泄露，营销资源也可能会为竞争对手所用，尤其营销人员到竞争对手那里兼职的情况下；三是兼职很可能是营销人员"跳槽"的前奏，造成不必要的人员流失。

2. 营销人员"跳槽"

可以说，在大多数企业中，营销人员的流动性最大。这主要有三个原因：一是企业在用人上急功近利，营销人员短期内业绩不佳，企业就可能让其"走人"；二是很多营销人员没有取得很好的成绩，压力过大或丧失信心，也可能主动辞职；三是竞争对手因素，竞争对手把有能力的营销人员挖走。实际上，无论是企业还是营销人员，对于"跳槽"都能以一颗平常之心来对待。但是，不能不提一下让很多企业大伤元气的营销人员集体"跳槽"。营销人员集体"跳槽"往往是由企业中高层管理人员"跳槽"引发的人事地震，会给企业经营工作带来巨大的影响。最近几年，员工集体"跳槽"现象可谓屡见不鲜：1995 年 7 月，段永平离开小霸王创建步步高，小霸王的中层几乎全部转至步步高门下。几个月内，几百名工人也离开小霸王投奔步步高。结果，步步高迅速上位。再如，2007 年 4 月 10 日晚，号称彩电第一职业经理人的陆强华病逝于上海。在家电业，陆强华既是一位传奇人物又是一位风云人物，他不但以销售业绩闻名，更因"集体跳槽"而颇受争议。1996 年之前，陆强华在上海广电股份公司出任销售总经理，因为当时上广电集团内部整合，陆强华抛出了改组的系统方案，触及了既得利益者，上广电集团无奈将其调离。陆强华一气之下选择出走深圳，于 1996 年加盟当时名不见经传的民营企业创维公司，出任销售公司总经理。陆强华在创维采用了高度集权制的销售模式，产品由总部统一定价，各办事处只管销售，不管盈亏，销售越多，获得费用越多。这一模式迅速产生了很大的效益，创维的销售量从 1996 年的 7 亿元一路跃升至 2000 年的 47 亿元，并且进入了彩电五强。2000 年 8 月 2 日，由于陆强华的销售理念与新任领导层不合拍，他被免职。陆强华离开后，销售部 150 名营销人员也随他一同跳槽到高路华彩电。陆强华 2000—2001 年把高路华彩电从年销售 30 万台拉升到 180 万台。但当时高路华董事会要求在公司建立财务监督制度被陆强华拒绝，因为陆强华率领的管理团队对公司都投入了满腔热情，觉得难以接受财务监督制度，于是引发了董事会和经营团队间的信任危机。2001 年，陆强华最终离开高路华。

3. 营销人员另起炉灶

离职或"跳槽"人员另起炉灶的情况并不鲜见，关键是其所从事的行业和所做的事情。如果是同业，必然导致直接竞争，给企业带来巨大的损失。诸如华为三名技术人员离职，带走公司技术机密及相关人才自己创业，给华为造成1.8亿元损失。这个案件纠缠近三年才落下帷幕，虽然华为公司胜诉，可得到的补偿与丧失的商机相比实在是微不足道。2006年新春伊始，联想亚信及其麾下联想网御公司即爆发大规模人事动荡：先是联想亚信一把手同时也是联想网御董事长的俞兵辞职，紧接着联想网御总经理任增强与麾下近百名联想旧将一并请辞。然而，比这次人事震荡更值得关注的是其幕后的两大细节：一是请辞员工找到的最终归宿不是其他公司，而是由其老领导在之前早已筹备注册的一家公司；二是在人事震荡之前，联想网御公司已经与很多员工主动解除了竞业禁止协议。一切都是有备而来，而"有备"背后的关键点却是许多人经常忽略的一个内容即商业秘密。老领导之所以愿意雇用老部下，除了情感的因素外，恐怕最重要的是老部下掌握了大量原公司的商业秘密。而之所以要在人事变动前解除竞业禁止协议，是在为利用这些"商业秘密"清除障碍，铺平道路。

2007年10月，全球最大的耐用消费品统计调研公司——德国GFK公司全资收购了中国本土最大的两家家电通信统计调研公司，即北京中怡康时代市场研究有限公司（下称"中怡康"）和北京赛诺市场研究有限责任公司（下称"赛诺"），因其一家独大借机提价。不料，原被收购企业的部分高管又另起炉灶，于2007年10月组建了奥维团队，以低价抢夺市场。奥维针锋相对地以比GFK公司低廉很多的价格向国内家电企业推销其数据分析报告，以获得市场竞争优势与主动权。再如，2006年7月，由一批中国银联原高管创建的汇付网络科技有限公司宣告成立，进军新兴的中国电子支付业。主打产品为"汇付天下"，集中了银行卡在线支付、跨行小额汇款、在线个人理财等新产品。汇付集中了一批中国银联原高管，其中，原银联创始人、总经理周晔担任汇付总裁，原银联总裁助理穆海洁担任高级副总裁，原银联市场服务部总经理刘钢担任汇付副总裁。当然，汇付的

新业务与原来的东家中国银联的业务存在着一定的竞争关系。

4. 竞争对手挖墙脚

企业之间人才战愈演愈烈，到竞争对手那里去"挖人"已经成为很多企业的惯用手法。从竞争对手那里"挖"来的人才在阅历、能力、资源等方面都可以帮助企业实现快速成长。同时，更容易"知己知彼"，这是商业竞争"百战不殆"的基础与前提。可以说，中高级经营管理人员与核心技术人员随时都有被竞争对手挖走的可能。2004年10月，上海高调宣布重返小灵通终端市场的朗讯手机事业部总裁南岳君杀气腾腾。为此，朗讯不惜在接下来的两年内砸下5000万~1亿美元，欲夺中国小灵通终端市场的10%~15%。中长期目标是与小灵通网络设备持平，夺得国内小灵通终端1/3的市场份额。朗讯手机事业部总裁南岳君在接受记者专访时表示，在G网手机中，诺基亚和摩托罗拉是最好的国际品牌，朗讯的目标就是要打造小灵通终端中最好的国际品牌。为此，朗讯众多的销售代表不但从诺基亚挖来，而且大部分代理商东南北三区的销售经理也是从诺基亚和摩托罗拉过来的。1999年8月，现代城总经理潘石屹麾下的四位销售副总监分别被一次性18万元至25万元的补偿挖跑了，并被要求带销售人员一起倒戈。《现代城部分员工致新闻界的一封公开信》中写道："出于对今后发展前途的考虑，我们销售部部分员工近日正在与另一家房地产公司接触，被公司得知后宣布开除，并扣发被开除员工几个月尚未领取的佣金和本月的工资，此次被开除的员工共有销售部人员36人，公司本部人员4人，扣发佣金和本月工资合计200万元。"销售人员集体"跳槽"事件表明，房地产竞争已经到了人才竞争白热化的阶段。

5. 营销人员不作为

营销人员即便不"跳槽"，也未必安全。当营销人员的素质与能力无法满足企业经营工作需要时，实际上已经对营销安全构成了威胁。同时，销售人员的工作态度、业务能力与工作绩效也会对营销安全构成威胁。最典型的有以下两种症状：一是虽有能力，但态度不端、责任心不强，甚至破坏团队战斗力；二是营销人员以公谋私甚至出现职务犯罪，这种情况并不少见，在本章的其他部分将有介绍。

营销人员风险防范与规避

对于企业来说，关键性营销人员就如一枚炸弹，说不上什么时候爆炸。企业既恨其不能，又惧怕其能。为有效地留住关键性人才，企业可谓绞尽脑汁，包括建立健全人才管理机制、提供良好的薪酬福利待遇、提供良好的工作环境等，但一切似乎依旧无济于事，那些关键性人才总是要去寻找更广阔的发展空间。从某种意义上来讲，企业在做出挽留人才的努力的同时，也要做好积极应对危机的准备，以降低因关键性营销人员出现异动所产生的杀伤力，把企业的损失降到最低点，使企业的权益得以维护。

1. 签订竞业限制协议

所谓竞业限制是指企业在劳动合同或者保密协议中，与掌握本企业商业秘密和与知识产权相关的保密事项的约定，其主旨是约定在劳动合同解除或者终止后的一定期限内，不得到与本企业生产或者经营同类产品、从事同类业务的有竞争关系的其他用人单位任职，也不得自己开业生产或者经营同类产品、从事同类业务。员工违反竞业限制约定的，应当按照约定向用人单位支付违约金。通常，竞业限制协议只能限制高管人员、高级技术人员以及其他知悉商业秘密的员工。一般来说，竞业限制年限一般为1～3年，企业要给离职人员一定的经济补偿。在这方面，华为公司是这样做的，华为和员工签订的保密协议，对辞职的员工提出，"自离职之日起三年内不在研究、生产、销售或者维护华为公司经营的同类通信产品且与华为公司有竞争关系的企业或事业单位中工作，且不以任何方式间接地为上述企业或事业单位工作"。但是，竞业限制也不能解决所有问题，因此当事双方也常常不得不法庭相见。

最近几年，以竞业限制为案由的官司在我国越来越多，而法律界的争议也一直没有停息。由于一些法规的含混不清和缺乏明确的司法解释，操作起来有一定难度。曾闹得沸沸扬扬的李开复"跳槽"事件就牵涉这种协议。作为微软公司的前高管，李开复跳槽到谷歌，微软将他告上法院就是因为李开复违反了竞业限制协议。最后法院对李开复在新公司的工作范围有所限制，也是竞业限制条款在起作用。再如，国内知名软件公司金蝶起诉其前西南区总经理、成都分公司总经理廖某。廖某在 2005 年初调任金蝶客户服务部总经理掌管全国的售后服务之后，其工作绩效不能令公司满意，迫于工作压力廖某提出辞职。同年 9 月，廖某离开金蝶公司，并于 12 月加入用友软件公司。金蝶公司认为这将不可避免地、必然地侵犯金蝶公司的商业秘密，廖某的行为直接违反了《劳动合同书》和《保密与竞业限制协议》中规定的保密与竞业限制义务。2005 年 12 月，金蝶向深圳市劳动仲裁委员会提出仲裁申请，要求廖某继续履行其保密义务和竞业限制义务。《保密与竞业限制协议》规定，"未经甲方事先书面同意，乙方不得在离职后一年内，在与甲方存在商业竞争关系或者其他利害关系的用人单位任职，或者自己生产、经营与甲方有竞争关系的同类产品或业务"。金蝶以此条款为由，要求廖某离开用友公司，并向金蝶赔偿 10 万元人民币。深圳市劳动争议仲裁委员会裁定：廖某在离职一年内，不得在用友软件公司及其他与金蝶公司存在商业竞争关系的用人单位工作，同时廖某须向金蝶公司支付违约金 39960 元。湖南民营企业三一重工股份公司也在类似案件中胜诉并获赔 60 万元。1997 年，李某应聘到三一重工股份有限公司（简称三一重工）从事营销工作，李某从普通营销人员一步步干到分公司经理，手头也逐步掌握了企业大量客户资源。2000 年 7 月 6 日，三一重工为了保护企业利益，与李某签订了一份《保密与竞业限制协议》，规定李某以后若离开公司，三年之内不得自行开展与公司有竞争的业务，不得受聘于其他与公司有竞争关系的单位；如李某违约，公司可要求停止侵权，并支付违约金 3 万～15 万元，追偿损失。李某以前是企业中高层管理人员，负责上海、江苏等地的营销业务，2002 年 4 月离开公司。2004 年，三一重工在上海查案时发现，李某早在 2003 年 7 月就以自己的姓名注册成立了一家从事工程机械租赁和买卖的公司，并在 2004 年将一台非三一品牌的混凝土输送泵车以 228 万元的价格卖给了南京一家公司，而这家公司正是三一重工的客户。于是，三一重工认为李某的行为明显违反了《保密与竞业限制协议》，在拿到充分证据后，当即向法院起诉，虽然李某后来变更了法人身份，但已经于事无补了。根据合同约定的违约条款，李某不但应支付违约金，而且应赔偿三一重工的损失。

2. 签订保密协议

21世纪是信息社会，对于企业来说，信息就是竞争优势，信息就是金钱。企业可以与某些关键性员工签订保密协议，也可以与所有员工签订含有保密条款的劳动合同。由于那些掌握着企业核心技术信息或者负责企业经营管理的中高级管理人员掌握着企业的重要经营信息，所以他们都是签订保密协议的主要对象。在我国，法律允许劳动关系当事人之间通过合同约定有关保守商业秘密的权利和义务。《中华人民共和国劳动法》第二十二条规定："劳动合同当事人可以在劳动合同中约定保守用人单位商业秘密的有关事项。"员工与用人单位之间的保密约定既可以以保密条款的形式写入劳动合同，也可以单独订立一份保密协议，这两种形式的效力相同。保密条款或保密协议中双方当事人的权利和义务由双方当事人自行协商而定，同时保密条款或保密协议应明确保密的范围、期限、员工应履行的保密义务及员工违反保密约定时应承担的责任。需要强调的是保密期限很重要，一般与劳动合同周期相同，如长于劳动合同期，则长于合同期的保密期限一般通过竞业限制条款来约束。

实际上，如果企业无法实现竞业限制，那么保密协议往往难于奏效。诸如富士康国际控股有限公司在香港法院起诉比亚迪股份有限公司。据富士康方面发布公告称，比亚迪从2003年起开始挖富士康墙脚，先后有多名富士康高管转投比亚迪，并且违背富士康的员工保密协议，带走多份保密文件，在比亚迪制定了与富士康相似的生产流程，令富士康损失了51.3亿元的生意。公告还称，富士康向比亚迪索赔的金额会超过50亿港元。在大多数科技型企业中，为了防止企业商业秘密的外泄，员工和公司都会签署一份含有"保密协议"的合同，富士康也与员工签订过保密协议。根据富士康称，比亚迪是蓄意促使原告前雇员违反雇佣合约，向被告披露机

密业务资料，这是引起争端的根本原因。

3. 组织机制化、模式化

"铁打的营盘流水的兵"，营盘是固定的，但是每年都是老兵走、新兵来，就像流水一样，这句俗话常用来比喻在军队里年年都会有新老交替。对于企业营销团队来说，亦是如此。但是为什么有些企业即使在人才上遭遇很大变故营销运转却依然完好，而有些企业则会一蹶不振？其关键在于那些优秀的企业往往有着良好的接班人培养计划以及良好的组织模式、运营机制。在这方面，戴尔是一家为人所称赞的企业。在短短一年里，已经有三位戴尔重量级的人物投奔联想。要知道，这三位在戴尔公司的职位可不一般，包括戴尔亚太区前掌门阿梅里奥、戴尔日本家用及商用销售业务总监 Sotaro Amano 和中国区高级经理人。但着这对戴尔的冲击并不很大，这主要是由于一方面戴尔有接班人培养计划，有着良好的人才梯队，另一方面出色的管理机制也在发挥作用。管理机制健全的企业用流程、标准、程序取代高管的作用，可能一个跳槽的高管带走了一部分技术人员，但企业的核心技术并没有被带走，这样企业受到的影响就小。管理机制健全的企业是不会把安危系于某个人身上的，任何人都不会对企业造成致命的伤害。戴尔就是这样做的：此次戴尔高层跳槽，其后备人才保障机制对弥补负面影响起到了重要的作用。戴尔在高层职位上通过加强对接班人的培养，双主管架构能够在突发情况发生时，保证公司管理的稳定性与延续性，最大限度地降低人员变动对公司业务的影响。

第四节　资金是维系企业生命的"大动脉"

我们知道，资金是企业最敏感的资源，也是企业最关键的资源之一。资金就如血液，如果企业缺乏资金支持，生产经营循环将会停止。根据企业生产经营的循环流程，可以把资金划分为研发资金、采购资金、生产资金、营销资金等多种形态。实际上，安全隐患最大的就是营销资金。营销资金有其特殊性，既可以体现为一种成本费用，也可以体现为一种投资。随着企业营销资金的投入，换来了企业资源的积累与资产的积累，诸如企业获得了渠道资源、客户资源等营销资源，也获得了品牌资产的积累、品牌价值的提升，更获得了市场的回报：销售收入、营业利润、市场份额……

　　企业营销是一个复杂的系统，在营销的每一个环节都有资金流动，形成一个货币流。因此，从营销资金安全的角度去看营销安全有其独特的视角和意义。人类获取财富的方式只有两种，一种是战争，另一种是营销。营销为财富而战，更确切地说是为了利润而战。对于任何企业而言，其资金资源都是有限的。企业压缩的每一分营销成本、节约的每一分资金都是在间接地提升企业利润。同时，企业只有把营销资金用到刀刃上才能发挥最大的资金效率，为企业获得更大的产出。可以说，控制好营销资金就是控制好了企业成本的最大方面。因此，营销资金安全必然要拿到桌面上来谈。

资金安全是一个双向概念

　　对于营销资金，主要有两个去向：一类是固定费用，如营销部门发生的基本费用，包括营销机构的办公费、水电费、内勤人员的固定工资等。这一部分费用在整个营销费用中所占比重较小且变化较小，纳入财务预算并实施财务控制比较方便。另一类是变动费用，包括促销费用、市场建设费用、销售提成费、广告宣传费、工资奖金、赠品费等，这一部分费用在整个营销费用中所占比重较大且项目繁杂，关键是这类费用的多少与企业的销售收入之间并没有严格的正比例关系，控制的尺度不好把握。

　　营销资金安全是指企业在经营过程中，不会因资金资源供应、配置、使用或资金回收而无法保障营销工作的正常运转。从根源上来讲，导致营销资金安全受到威胁的核心因素有三个：第一个因素是企业营销计划制订缺乏科学性，导致营销预算无法满足营销工作需要；第二个因素是企业经

营管理层不科学的营销资金使用及管理决策，使企业在营销上"大投入，小产出"，甚至"有投入，无产出"；第三个因素是在货款回收方面，由于缺乏有效的管理制度，发生呆死账，以及出现货款被侵占、挪作他用等现象。如果换一个视角，对营销资金安全的根源还有一种说法：决策层的战略失当，中层的策略失误，基层的错误执行。

总体来说，资金安全包括资金供应安全、资金配置安全、资金流向安全和资金回收安全。下面通过表格形式对资金安全的各要素加以说明，见表4—1：

表4—1   **资金安全详解**

资金安全构成	说　明	应对措施
资金供应安全	资金能够满足企业营销工作需要，有效支持营销系统的运转以及营销活动的开展	企业自有资金能力与融资能力至关重要
资金配置安全	资金被合理地分配到营销体系的各个环节，既不存在某些环节资金闲置，也不存在某些环节资金紧张	制订科学合理的营销资金分配及使用计划
资金流向安全	资金在流通过程中，不会因管理不善造成货币的滞留、挪用、流失和线外循环，营销腐败或不当使用资金会危及企业营销	规范资金管理流程，强化资金审计监督
资金回收安全	如果出现大量应收账款无法回收，形成拖欠、呆账、死账，企业营销就无法顺利进行	加强客情维系及结算人员管理制度建设

我们知道，企业需要向市场投入资金资源，然后再从市场回收资金资源，所以说资金是一个双向概念。通常来说，资金的投入环节和资金的回收环节与企业的渠道模式有关。一般有以下四种渠道模式，见图4—4：

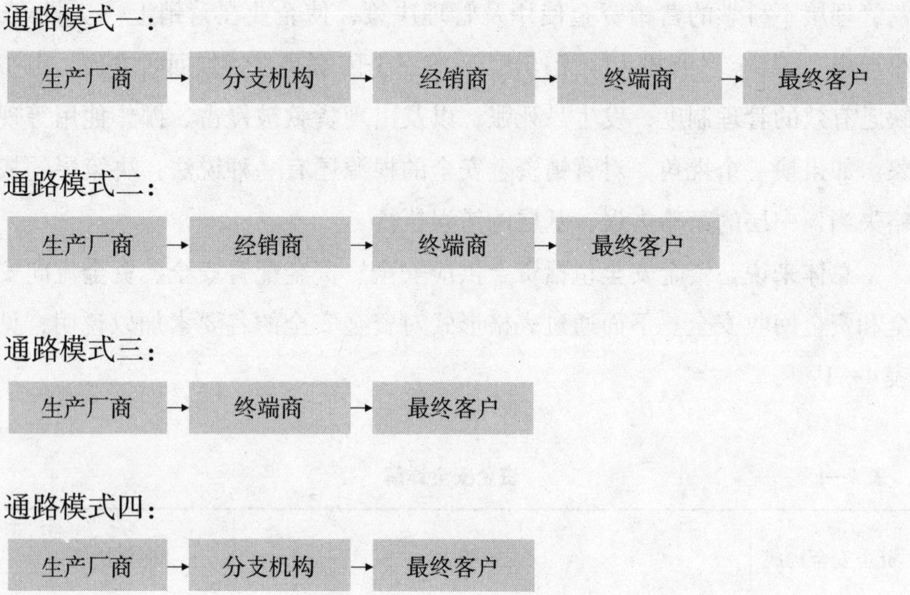

通路模式一：

| 生产厂商 | → | 分支机构 | → | 经销商 | → | 终端商 | → | 最终客户 |

通路模式二：

| 生产厂商 | → | 经销商 | → | 终端商 | → | 最终客户 |

通路模式三：

| 生产厂商 | → | 终端商 | → | 最终客户 |

通路模式四：

| 生产厂商 | → | 分支机构 | → | 最终客户 |

图4—4　企业常见通路模式

无论生产厂商采用上述渠道模式中的哪一种，都必须把营销资金投入到市场中去，再从市场中以货币资金（货款）的形式收回来，这样才完成了资金循环，企业也要依赖于这个循环获得利润，得到成长。在图4—4中，只有通路模式四这种近于直销的模式货款回收风险相对要小一些，货款回收周期也相对短一些。

企业内部的资金安全杀手

实际上，企业在营销投入方面最关键的是资金配置安全与资金应用安全。资金的供应安全主要依赖于企业自有资金滚动能力与融资能力，以及企业对资金的合理控制。在营销资金配置安全与资金应用安全方面，以下操作细节值得企业注意：

1. 资金配置安全

资金配置安全主要是营销资金能够得到有效、合理的分配，既表现在

营销项目上投入的协调与合理，也表现在不同区域市场上投入的协调与合理。企业在某些投入项目上过度投入或投入不足也关系到资金配置安全。正规企业都会在年度营销计划或者项目营销计划中，明确对营销资金的投入项目、投入额度、分配比例，同时还有用于机动的备用金，这就是为了保证资金配置安全。在此，尤其值得一提的是广告资金使用问题。很多企业在广告投入上有赌博与投机心理，虽然有些企业险胜，但我们也要看到很多企业因广告过度投入而导致资金链断裂而倒下了，诸如爱多、秦池……

2. 资金应用安全

资金被侵占、挪用、贪污、套取等资金非法使用都属于资金应用安全范畴，这在企业里并不少见。实际上，对生产厂商营销资金进行侵占、挪用、贪污、套取的往往是企业驻外分支机构（如分公司、办事处）、驻外营销人员（如区域经理、业务员、促销员等），当然经销商也不容忽视。随着生产厂商派驻机构增多，财务混乱问题也日益凸显。驻外机构财务混乱主要表现为五个方面：一是资金使用混乱；二是账目管理混乱；三是货款管理混乱；四是现金管理混乱；五是挤占、挪用、贪污公款及受贿。对于生产厂商，驻外机构为区域市场的营销管理执行部门，分支机构财务混乱犹如毒瘤，严重影响到企业的执行力，甚至导致企业经营瘫痪。因此，驻外机构的财务管理问题必须引起生产厂商的高度重视。对于驻外营销人员，企业应该警惕下列行为：虚报谎报差旅费及各种补贴；在促销员工工资上弄虚作假套取资金；在制作销售物料过程中"吃回扣"等。2007 年 6月，苹果向所有员工包括专卖店店员发放了人手一台的免费 iPhone，作为"活广告"来宣传自己的首款手机产品。9 月，苹果宣布 iPhone 降价 200美元，引起不少用户不满。随后，公司负责人乔布斯表示之前购买 iPhone的用户可以得到 100 美元的购物券返还。结果，不少苹果店店员用自己免费的 iPhone 号码骗取了这 100 美元的购物券。另外，还存在营销人员与经销商勾结套取市场补贴现象。对于经销商，企业要警惕其套取市场补贴的行为。据《中国经营报》刊载：一汽集团在长春的一家汽车经销商骗取厂家价值上亿元的车辆后人去楼空；东南汽车西安某经销商从银行获得厂家担保的"承兑汇票"后难觅踪影。更为离奇的是，河南郑州一家代理多个品牌专卖权的经销商利用骗取多家整车厂的"担保贷款"，买了一家上市公司。可见，企业与经销商打交道，在资金安全上必须多加注意！

赊销：资金安全的外部杀手

赊销是信用销售的俗称，很多企业都是在无奈中不得不采取这种销售方式。赊销是以信用为基础的销售，卖方与买方签订购货协议后，卖方让买方取走货物，而买方按照协议在规定日期付款或以分期付款形式付清货款的过程。市场竞争日益激烈，绝大多数企业都面临销售难收款更难的双重困境。一方面，为争取客户订单，企业不得不降低条件赊销；另一方面，客户拖欠账款，甚至产生大量呆账坏账，使企业面临巨大的资金风险。据相关统计资料，由于我国企业尚未建立科学信用管理制度，企业赊销后坏账严重，并且账款拖欠时间长，平均坏账率达 5%～10%，而美国企业只有 0.25%～0.5%，相差 10～20 倍；中国企业逾期账款时间平均为 90 多天，美国企业只有 7 天；中国企业每年的无效成本占销售总额的 14%，美国企业只有 2%～3%；中国企业的赊销比例为 20%，美国企业则高达 90%。从这组数据可以看出，中国企业在信用管理上的脆弱，以及企业存在的巨大赊销风险。

总体来说，赊销导致的资金风险主要体现为以下三个方面：

1. 债务企业破产或倒闭

很多债权企业因债务企业经营不善破产倒闭、易手他人或恶意躲债等原因受到巨大的损失。2004 年 10 月，号称广州第一家超市的广州家谊超市股份有限公司负债 2 亿元关张，上千家供应商集体上门讨债；2005 年年初，最早在大陆实行会员制的普尔斯玛特连锁超市拖欠供应商货款达 20 多亿元，上百家供应商集体前往其旗舰店追讨货款……以超市为代表的商业零售企业纷纷倒闭，受害最大的当然是为其供货的供应商。为了规范供应商和零售商的行为，国家 11 部委联合发布了《打击商贸活动欺诈行为专项行动工作方案》，商务部、公安部等部门又联合出台了《整治商业零售企业恶意占压、骗取供应商货款欺诈行为专项行动专项工作实施方案》。然而，这并未缓解多少供零矛盾，供应商巨大的资金风险依旧存在。

2. 债务企业恶意诈骗

债务人利用赊销实施诈骗的情况也并不少见，多见于以下几种情况：冒用企业名义行骗、利用合同设置陷阱行骗、利用结算方式诈骗等。据报载，2003 年，东莞、惠州等地区许多电子厂家被香港力汇集团有限公司以贸易为名诈取巨额货款。在短短两三个月内，两地许多厂家均中招被骗，被诈骗金额高达 2000 多万元，最大债权为 200 万元。诈骗者往往这样操作：在互联网上找出厂家的联系方式，通常是一些生产周期短、单价低、转手快的电子产品生产厂家。然后从香港邮寄公司资料过来，包括注册证明、股东情况等，资料详尽，印刷精美。同时，以每月订单批次多，价格合理诱惑厂家，而货款结算方式采用"货到 30 天付款"形式。通常，最初几次贸易付款都很顺利，厂家慢慢消除了戒备。最后，香港方面会称有大生意，在短期内下几次大订单，并承诺安排尽快付款。然而到了付款日却杳无音讯，此时厂家才大呼上当。再如，诸暨的马先生在义乌针织市场有一个摊位，主要销售袜子。2006 年 10 月，店铺里来了一位说广东话自称"李代林"的男子。当天"李代林"就向马先生订购了 1.1 万双袜子，并支付了 1 万余元货款。此后两个月内，"李代林"又数次光顾，和马先生做了几十万的生意，每次都及时付清货款。虽然不知道"李代林"的来路，但看他做生意的手笔和为人处世的方式，马先生觉得这是个值得信任的客户。2006 年 12 月，"李代林"再次来到马先生的店铺，这次他一口气订了价值 44 万元的袜子。于是在 2007 年 3 月 17 日之前，马先生分四次将价值 44.3 万元的袜子送到了"李代林"的贸易公司，双方还将付款日期约定在 3 月 28 日这天。3 月 25 日深夜 12 时许，马先生接到"李代林"公司业务员打来的电话，说"李代林"等人不见了，电话也联系不上。马先生吓坏了：不会是被骗了吧？马先生当夜就赶到"李代林"的公司，看见的场景并非想象中的人去楼空，而是人满为患。原来，这些人都和马先生一样，送出了货物却没有拿到货款。义乌警方很快受理了此案。经统计，受骗的商户多达141家，货物涉及玩具、袜子、计算器、皮具等等多个种类，总价值高达2700万元。最终，这起号称"中国最大的小商品诈骗案"被侦破，被骗的货物大部分被追回。

3. 销售业务人员恶意侵占

实际上，赊销在客观上给了债权企业催款结算的业务人员以恶意侵占、挪用的机会。2001年10月8日，辽宁省朝阳市制药厂领导发现厂里的业务员张某不见了，但国庆节前张某从安徽结回来的货款还没交到厂里。于是，厂领导到朝阳市检察院报了案。原来，张某1989年进厂，开始是厂里的司机，后来转行做原料药的销售员，负责安徽片区原料药的销售工作。当时，朝阳市制药厂与安徽片区药厂平时都是以电汇方式结算汇款。2001年9月20日，合肥市第五制药厂欲结算货款人民币32.5万元。此时，正在合肥的张某正准备回朝阳，他找到该厂总经理，让他把这笔货款存到自己的卡上，由他直接带回朝阳。这位总经理打电话给朝阳制药厂领导，厂领导没有多想，觉得都是老业务关系，并且张某也是厂里老员工，就同意了。但是万万没有想到，9月21日，张某返回朝阳，第二天，他就在朝阳市建行第二储蓄所支取了这笔钱中的5000元。9月24日再次将剩余的32万元支走。张某两次取款后，带着异性好友张某乘坐出租车立即离开了朝阳。潜逃6年后，张某终于被抓获了，被判处有期徒刑11年。再来看一个案例，1997年11月，何某被某公司派到四川宜宾，负责公司在当地的销售工作。第一次接触外面的世界，何某开始和朋友进出当地娱乐场所。不到两个月，除了花光所有工资，还花了近5000元公款。当时正值股市火暴，他便挪用了21万元公款，让妻子炒股挣钱。结果，妻子炒股亏了1万多元。1998年2月19日，无法向单位交代的何某带着50余万元公款潜逃。

更有胆大妄为者，1998年12月起，孙某利用担任随州某医疗单位药品销售员之机，采取截留销售货款不入账等手段，先后将其收取的近60

万元货款转入个人账户。随后,孙某经常携巨款到枣阳市随阳店玩"百家乐"赌博,将公款全部挥霍。2000年6月底,孙某见挪用公款之事败露,遂携带最后一笔截留公款14.8万元潜逃。2006年6月19日,药品销售员孙某被随州曾都法院以挪用公款罪、贪污罪判处有期徒刑17年。还有的业务员与客户勾结共同操作,2007年8月,山西某润滑油集团有限公司发现长治县的销售员苗某在五台县东冶镇客户张某处私自取走货款七万余元,并携款潜逃。他在五台县销售润滑油时认识了开润滑油销售店的老板张某。8月11日,二人经过密谋,由张某以客户名义向公司订购了价值七万余元的货物,货到后,张支付了1/3的货款给苗某,其余货款占为己有。目前,类似案例还有很多。

对于很多行业来说,赊销已经成为行业的潜规则。通俗地说,企业不做赊销意味着"等死",而企业做赊销就可能变成"找死"。诸如生产厂商或经销商与大卖场打交道,一般而言都要有30~45天甚至60天的账期。尽管"跑了和尚跑不了庙",但很多大卖场倒闭后还是给供应商造成了巨大的损失。那么,如何预防与规避赊销风险呢?

首先,强化企业信用基础管理。其一,成立专司企业信用管理的部门。部门职责是最大限度地销售产品,达到销售最大化;最大限度地控制风险,将坏账和逾期账款控制在最低限度。其二,建立健全相应的管理制度。通过建立制度明确信用管理决策人员、信用管理专职人员、营销人员、财会人员等相关的信用风险责任人在信用风险管理中的职责,合理确定考核指标,并采用必要的行政和经济手段来促使这些人员认真履行职责。在对业务部门或业务人员的考核中,应设置与信用管理相关的指标,如应收账款周转率、逾期应收账款控制比例等。

其次,加强过程管理。其一,客户资信调查与评估。为了尽量降低货款风险,营销部门有必要在赊销前对零售客户进行资信调查和信用等级评估。对客户实施资信评估,一方面可淘汰那些信用不佳的客户,另一方面,也便于为客户设定一个"信用额度",从而确保货款的安全回收。其二,严格按程序履行赊销。建立严格赊销程序,要有一个严密的赊销审批权限的制度,形成规范化的管理,避免赊销中的个人意志,避免随便放宽赊销政策。对赊销业务实行合同化管理，用合同来规范赊销行为。

最后，强化交易后管理。其一，动态跟踪、持续预警。货一旦赊出去，就必须密切关注客户的运作情况，对一些不良征兆保持高度警惕，切勿赊销期满才过问，否则，很可能"竹篮打水一场空"。要确保供货商应收账款有效收回，就必须建立动态的客户资信评审机制和账款跟踪管理体系，这样不仅能保障供货商及时了解每个客户的资信走向，还能确保供货商信用政策的实施更加合理有效，更可以确保供货商坏账损失率降至最低。其二，定期对账。要制定一套规范的、定期的对账制度，避免双方财务上的差距像滚雪球一样越滚越大，而造成呆账坏账现象，同时对账之后要形成具有法律效应的文书，而不是口头承诺。建立定期对账制度，供货商要对客户每月发出对账函，由业务人员到对方财务部门取得签章认可，以确保货款数额无差错。同时，还应建立应收账款定期会议制度。其三，专人催收。一是企业应对不同拖欠时间的账款以及不同信用品质的客户，分别采取信函通知、电话催收、派员面谈、法律行动等不同的收账措施；二是对业务人员明确谁赊销、谁收回的欠款清收责任制，使每笔欠款落实到人；三是运用科学的方法对收账费用和收账的成功率做出估计，权衡增加收账费用与减少应收账款和坏账损失之间的得失。

如果通过上述努力，仍无法收回赊销产品的应收货款，那么企业只有走司法途径为自己讨回公道了。

第五节　销售物料是不可或缺的营销武器

所谓销售物料是指企业开展市场营销活动时，所需要的辅助性、支持性物品与材料，包括产品资料、宣传工具、营销道具、促销物品等。做个比喻，销售物料就是企业营销系统人员进行营销实战的武器弹药，是企业打赢营销战的必备资源。总体来说，销售物料可以分为以下几种类型：第一种是产品资料，包括产品说明书、产品价格表、产品手册等，主要是宣

传产品，提供产品销售服务支持；第二种是销售道具，开展营销工作所必需的辅助性工具，诸如产品模型、演示设备、展售工具（如展台、专柜）、配送车辆等，主要是服务于产品销售；第三种是传播物料，主要是营销传播所需资料及物品，包括广告带、广告报样等；第四种是形象物料，主要围绕销售现场用于制造销售气氛与展示整体销售形象，使终端销售生动化，诸如品牌海报、产品海报、促销海报、易拉宝、DM、POP、小报、立牌、吊旗、特价卡、价格标签、展板、跳跳卡、促销服装、遮阳伞、雨篷、内灯箱、横幅、指示牌、产品模型等；第五种是补贴性物料，是根据渠道商销售业绩提供的实物补贴，诸如进货补贴、返利补贴等；第六种是促销用品，主要是开展促销活动时所需要的产品，诸如促销赠品、促销礼品、刮刮卡等。

那么，销售物料安全是什么概念呢？应该这样理解：通过科学配置，使销售物料得到恰当、妥善的利用，使其创造最大的销售价值。总体来说，导致销售物料不安全的因素有以下五个：第一个就是生产厂商在销售物料策划及市场政策规划上失当，方案不切合市场实际或者实效性差；第二个是销售物料遭到毁损，造成物质性损失及经济损失；第三个是销售物料浪费，有而不用或者不当使用，导致销售物料利用效率低下；第四个就是渠道商骗取销售物料，使生产厂商遭受损失；第五个是侵占或他用促销赠品，销售物料没派上用场。这种现象比较严重，有很多种情况：第一种是把促销赠品当正品卖，通常会私自订价外卖；第二种是促销赠品被私自侵占或赠与他人。根据《厦门晚报》报道，24岁的邓某是戴尔（中国）有限公司销售客户经理。据查，邓某没有按照公司的规定，将赠品17寸超清晰液晶显示器交给客户，而是悄悄将赠品邮寄到自己朋友处，再转卖他人。根据公安部门的调查，从2005年9月12日至21日短短9天里，邓某先后将10台、总价值达3万余元的显示器转卖，得款2.4万元，据为己有。另据《新闻晨报》报道，2007年3月22日至同年3月底，某百货商厦化妆品专柜的女营业员鲍某、唐某先后盗窃化妆品赠品，价值共计12万余元。均已徐某不仅到商厦门口帮助接应唐某从商厦仓库盗窃所得赃物，还负责将鲍某、唐某窃取的所有赃物通过网络和电话予以销赃，所得赃款由三人瓜分。

导致销售物料不安全的核心主体有三个：一是生产厂商市场及销售部门，关键是其策划能力与执行能力；二是生产厂商驻外机构及驻外营销人员，关键是其管理能力与责任心；三是渠道商，包括经销商（代理商）及终端商，关键是其支持与配合力度。销售物料作为生产厂商组织资源的重要组成部分，往往是由生产厂商策划、设计及制作，并按照市场政策提供给不同区域市场渠道商，以支持渠道商拓展及管理市场。所以，主要责任在于生产厂商能否科学策划、正确执行及有效监管。

销售物料可增强营销战斗力

销售物料安全直接关系到营销活动的成与败，是企业必不可少的竞争工具，销售物料的作用与价值主要体现在以下五个方面：

1. 提升品牌形象

红花也需要绿叶扶，实际上很多销售物料不但体现品牌形象，更是品牌传播工具。所有销售物料的策划、设计与制作都无法离开统一的品牌形象这一核心。坚持统一的品牌形象，坚持统一的品牌主张，也是实施品牌整合传播的需要。

2. 提升销售业绩

本节强调过，销售物料服务于营销战，那么其目的自然是为了收获更多的战利品。当然，最直接、核心的战利品就是销售业绩，就是市场份额。我们知道，很多销售物料都是促销工具。有些是起到销售推力的作用，有些销售物料则发挥销售拉力的作用，通过"推拉结合"来实现产品销售业绩的提升。

3. 有利于客情沟通

对于生产厂商来说，渠道商、最终用户（顾客）等都是企业的客户，

都有必要建立良好的客情关系。如何有效地与客户做出沟通，关系到营销的效率。诸如生产厂商在发展经销商时，或者经销商与终端商谈判时，运用必要的辅助性演示工具更有利于沟通。同时，很多生产厂商为鼓励渠道商拓展市场，鼓励并支持渠道商开设体验性终端，作为与最终用户的沟通基地，这时也需要生产厂商提供销售物料支持。

4. 激励经销商斗志

实际上，很少有生产厂商直接面对最终用户或顾客，大多数企业的销售要通过渠道商来完成。但是，生产厂商不能让渠道商在前线孤军奋战，而是要提供必要的支援，包括人力、物力、财力等方面的资源。销售物料就是渠道商在市场一线奋斗的武器弹药，不但有利于提升员工士气，更有利于其市场开发的积极性。

5. 提供销售服务支持

对于生产厂商来说，其服务对象往往包括渠道商、最终用户（顾客），而渠道商则往往又包括经销商（代理商）、终端商。在销售物料中，产品说明书、产品手册等销售物料还发挥着指导购买（消费）与服务的作用。

销售物料安全的"三把锁"

销售物料安全管理主要有四个关键环节：第一个环节是策划制作阶段，确保销售物料实用、实效；第二个环节是销售物料按政策配发阶段，使销售物料配比科学，满足市场开发需要；第三个环节是销售物料应用指导培训阶段，提升销售物料应用能力；第四个环节是销售物料使用监督检查阶段，确保把销售物料用到刀刃上，用得恰到好处。

要保证销售物料安全，生产厂商必须加强以下三项工作。

1. 科学合理配比销售物料

生产厂商要在经过充分调研的基础上，制定科学合理的市场政策，包括销售物料的配置、使用、管理等方面的政策及规章制度，使销售物料管理起来有"法"可依。尤其是销售物料如何科学地配置给渠道商非常关键，通常有以下几种方式：一是按经营任务目标奖励，在一定周期内完成任务予以销售物料支持；二是按渠道商进货量配比，确定配置比例，根据渠道商进货量多少进行配置；三是按销售业绩进行补贴，当然是实物补贴，确定补贴指标比率，按比率兑现；四是按市场潜力规模进行评估，根据评估结果进行配置；五是按固定数量均衡地给经销商定量配置，不同区域市场无差异。生产厂商要根据不同类型的销售物料采取不同方式科学地配置，这是销售物料安全的基本前提。

2. 培训指导销售物料使用

随着生产厂商与经销商市场意识的不断增强，组织资源输出也越来越丰富，销售物料就属于组织资源的一种。从本质上讲，生产厂商的组织资源输出实际上是一种营销投资行为，而如何最大化利用源于生产厂商的营销投资以获得最大市场产出，成为一个经销商不得不思考的问题。企业应该认识到，经销商组织能力决定组织资源利用水平，而经销商的组织能力则与来自生产厂商的培训密切相关，包括常规培训与专项培训。企业要教会经销商做事的方法，让经销商掌握市场作战的本领。全面提升经销商的对接能力、理解能力、整合能力、吸收能力、转化能力、利用能力、驾驭能力。

3. 进行必要的监督与检查

我们知道，管理包括计划、组织、监督、协调、控制、奖惩等职能，在销售物料方面也要加强管控。这就要求企业建立起科学、严谨的销售物料管理制度，明确责、权、利，并组织营销人员及渠道商系统学习。同时，要加强在执行过程中的管控力度，包括监督检查市场开发与管理情况；监督检查销售物料管理有无失控情况；监督检查促销计划的执行情况等。

第六节 信息:关系营销成败的商业密码

在战场上强调"知己知彼,百战不殆",商场亦是如此。所谓"知己",就是知道自己要做什么、做得怎样、怎样做得更好。而"知彼"则不仅仅是竞争对手,还包括政府机构、新闻媒体、合作伙伴、目标客户等一切对开展营销工作可能产生影响的外在因素。不过,掌握竞争对手的信息情报是第一位的,无论是出于与其竞争的目的,还是与其合作的目的。如果追根溯源,竞争情报是把国家竞争战略、军事情报体系应用到商业领域的产物,如今已经广泛地应用于市场竞争。所谓竞争情报,就是企业为了取得市场竞争优势,对竞争环境、竞争对手进行合法的情报研究,结合本地区或企业进行量化分析对比,由此得出提高竞争力的策略和方法。由此可见,竞争情报包括三要素,即本企业和竞争对手、竞争环境(包括政策、市场、技术等)和竞争策略。

商业竞争性情报事关企业战略决策,同时在企业微观经营层面发挥作用,诸如在产品研发、产品定位、产品定价、产品生产乃至销售服务各个阶段对企业制定相应策略起到帮助作用,直接针对竞争对手来调整自己的行为。信息情报不但可以服务于企业决策,还可以起到预警作用,通过与竞争对手的对比发现自己的不足。调查显示,进入世界500强的美国公司中90%设有竞争情报部。2000年,美国未来集团对竞争情报优秀公司进行的竞争情报系统调查数据显示,情报对企业的贡献率:微软为18%、摩托罗拉为12%、IBM为9%、宝洁为8%、通用电气为7%、惠普为7%、可口可乐为5%、英特尔为5%。在中国,企业竞争情报工作落后发达国家10~20年,尽管这种落后面貌正在发生迅速的变化,企业界对竞争情报的认识逐步深化。据1999年对竞争情报专业组织成员单位的调查表明,在调查对象中,53.47%的企业正在建立正式的竞争情报组织与网络;18.75%的企业已经建立了正规化的工作流程与情报网络。

微软 CEO 比尔·盖茨在《未来时速》一书中所说："将您的公司和您的竞争对手区别开来的最有意义的方法，使您的公司领先于众多公司的最好方法，就是利用信息来做最好的工作。您怎样获取、管理和使用情报将决定您的输赢！"可见，信息是企业的生命线，是继资金、技术、人才之后企业核心竞争力的关键要素之一，也是 21 世纪企业最重要的竞争工具之一。

信息大爆炸时代的安全隐患

营销信息安全（Marketing Information Security）是指与企业营销相关的各种信息情报在流动、储存、应用过程中，不会发生严重衰减、变异和外泄现象。营销信息安全包括三层含义：第一层是内部信息情报保密程度，即信息情报防窃取及防流失的保护能力；第二层是企业对外部信息收集、加工、整理、分析的正确程度，防止信息失真、腐败、干扰，换句话说只有真实准确的外部情报才是安全的，才能真正为企业经营管理所用；第三层含义是信息情报被误读，主要是企业的合作伙伴误读，诸如渠道商、咨询公司、广告公司等，而给企业营销安全带来隐患。营销信息安全构成可用表4—2来说明。

表4—2 信息安全构成

信息安全构成	说　明	备　注
信息获取安全	信息来源安全、信息途径安全、信息内容安全、信息实效安全、信息分析安全等	信息流动
信息保密安全	信息管理安全	信息存储
信息应用安全	信息分配安全、信息传达安全、信息实效安全等	信息应用

信息安全具有以下几个核心特征：第一个特征是级别性，级别根据信息情报的保密程度可分为绝密、机密、秘密。级别性还体现在对于企业内部工作人员根据其职位职级对信息情报有着不同程度的知晓权。第二个特

征是竞争性，无论是信息情报外流还是变异或者获取了竞争对手的错误信息，都会给企业竞争带来不利影响。第三个特征是不对称性，企业要获取对方情报可能只需要少数几个人就能完成，而情报保护则需要企业各部门员工共同行动才能达到。要知道，企业不同部门有着不同的专属信息情报，它们都会对企业营销发挥作用。

无孔不入的商业情报盗窃

竞争企业之间的信息情报竞争日趋激烈，获取商业情报的手段也多种多样，诸如利用竞争企业在职员工、离职人员、企业网站、企业广告、企业办公垃圾、市场调查，查询相关数据库，雇用商业侦探，购买研究报告，新闻发布会，参观厂房，参加展览，咨询顾问机构等诸多方式，甚至不择手段地为获取情报而违法。1982 年 6 月 23 日，日本日立制作所和三菱电机两家著名电气公司的 6 名雇员被 FBI 警员逮捕，另有 12 名雇员被美方发出了逮捕令，理由是"非法获取有关世界头号计算机生产商 IBM 的基本软件（OS 操作系统）和硬件的最新技术情报，并偷运至美国境外"。1983 年 2 月，日立和三菱公司在承认雇员有罪的前提下与原告方达成和解。需要说明的是，竞争对手会非常关注你的市场战略和营销策略，希望详细地掌握你的营销计划，为了获得这些竞争情报，竞争对手很可能会达到疯狂的地步，下面不妨来盘点一下：

1. 通过商业间谍卧底窃取信息情报

如今，商业间谍已经不是什么稀奇事。早在 1982 年，美国联邦调查局就破获了一起商业间谍案。联邦调查局以盗买 IBM 技术机密的名义，逮捕了日本两个一流公司的九名雇员。调查显示，其中一家公司出了六十多万美元的价码用于获取 IBM3081 电脑的有关数据资料。中国也不乏商业间谍个案：1999 年开始，一家制药集团旗下的某药业公司的四名卧底分布在竞争对手的四个生产车间从事 VC 生产过程中提取、发酵、转化等四道工序。直到 2001 年五六月间，厂方才初步察觉到技术失窃。很快，警方逮捕了唐某、毛某等人，并在网上通缉了其他两名同犯。

2. 录用竞争对手的工作人员获取信息情报

这里的录用包括聘用已离职人员或者采取"挖人"的办法，获得人力资源的同时也获得信息资源。当然，竞争对手往往会关注你企业里的中高级管理人员及核心骨干，这些人掌握着大量的信息情报。法国的道达尔通过高薪挖人快速地建立了销售体系和销售政策，并节约了大量的咨询、调查费用。再如，2002 年 5 月，通用汽车公司的一名前主管被起诉。据调查，他在 1996 年携带着通用的一些重要文件，包括新车型计划、供货价格和即将投产的一条新车型生产线的详细方案加入德国大众公司。有关方面认定，该主管所带走的那些资料对大众有着重要的情报价值。最终，大众公司向通用公司赔偿了 1 亿美元才得以了结。

3. 委托调查组织或私人侦探获取商业情报

实际上，很多企业的情报获取工作并非完全由自己来做，也往往会采取外包的形式。2002 年，Oracle 的首席执行官拉里·埃里森面对外界的追问承认，Oracle 一直在雇用私人侦探调查微软的违法行为，比如派私人侦探去翻竞争技术协会的垃圾桶，试图找到微软公司向这个组织行贿以便影响其反托拉斯案审理的证据。再如，杜邦公司在得克萨斯的比尔蒙特开设了一家工厂，计划生产甲醇。由于工厂还在建设之中，厂房尚未加顶。1969 年 3 月 19 日，受身份不明的第三方雇佣，比尔蒙特的摄影师克里斯托夫兄弟驾驶飞机，在空中对杜邦公司的新建厂房进行了拍摄，经过冲洗后交给了委托方。法院最终认定杜邦公司正在建设的厂房属于商业秘密，克氏兄弟以不正当手段窃取了信息。

4. 从竞争对手的垃圾里寻宝

企业员工必须及时处理办公垃圾，否则竞争对手可能会"变废为宝"。2001 年 4 月，面对主要竞争对手联合利华的强烈质疑，宝洁公司公开承认，该公司员工通过不太光明正大的途径获取了联合利华的产品资料，而这80多份重要的机密文件中居然有相当比例是宝洁的情报人员从联合利华扔出的垃圾里找到的。

5. 收买竞争企业员工

在企业内部总是不乏这样的员工，在利益的诱惑下吃里爬外，出卖企业利益。2002年11月8日，瑞典爱立信公司宣布，该公司5名职员因涉嫌参与一起间谍案，其中三人已于5日被捕，另有两人被停职。爱立信公司称，这三名被捕的嫌疑犯是或者曾是该公司研发部门的职员，另外两名职员因向间谍嫌疑犯提供信息而"违反了爱立信公司内部安全和保密的规定"被停职。

打一场信息情报安全保卫战

企业必须打响一场商业情报战与反情报战，并且要从战略的高度予以重视。不过，这场战争具有不对称性，要知道获取对方情报的任务可能只需要少数几个人就能完成，而情报保护则需要企业全体员工共同行动才能做到。也就是说，竞争情报工作包括两个方面：一方面是搜集、分析竞争对手的情报，另一方面是保护企业自己的情报。随着企业竞争的加剧，企业之间的情报争夺战越来越激烈，因此，保护企业自身信息安全也成了当务之急。这之中有一个核心问题，即只有知道谁会把企业信息情报外泄，才能从源头上采取措施，进行信息情报保卫战。对于政府机构、社团组织（如行业协会）、公共资源（如图书馆、媒体）、专业情报组织等诸多力量，其中的任何一种力量企业都无法对其做出正式而严格的约束，企业只能从自身着手，从自己可约束的力量着手，来维护自己的信息情报安全。除了自身建立健全情报组织机构外，还要强化对外信息披露管理，以及企业信息传播管理。蒙牛副总裁孙先红和蒙牛总裁新闻助理张治国因出版《蒙牛内幕》一书被蒙牛集团董事长牛根生告上法庭。而随着《蒙牛内幕》发行量的增大，从创作过程到出版一直对该书没过问的牛根生突然表示"该书对企业形象有很大损伤"，并以蒙牛集团的名义将孙先红、张治国告上内蒙古和林格尔法院，法院也受理了此案。牛根生的起诉理由有三个：企业不同意披露与竞争对手的纠纷；被告泄露企业众多商业机密；企业也不同意发表与蒙牛无关的如"秘书当官"等内容。对此，有人认为这是炒作、作秀。不过，这也给企业敲响了警钟，如何从自我入手加强信息情报安全管理。

1. 对核心信息情报进行高层次保护

当企业的"商业秘密"申请为国家专利时，企业就可以在不设定严格保密措施的情况下受到国家法律的保护。当然，如果可能，也可以将企业的商业秘密上升为国家机密，以获得更为严格的保护。在这方面，比较成功的一个案例是海南椰风的椰树牌椰汁，由于该椰汁采用的是油水结合的技术（水的密度比油大，油一般浮在水面上，但该椰汁中油水却得到了很好融合），为更好地对该技术进行保密，企业申请通过了国家保密局的二级评定标准，成为国家二级机密。需要说明的是，企业的商业秘密一旦上升为国家机密，若被侵犯，侵犯方就要承担刑事责任。

2. 签订保密协议、竞业限制协议

根据《劳动法》的规定，企业在录用员工时应该签订相应的劳动合同，"保守商业秘密"可以作为合同的一个条款，也可以另行签订单独的保密合同。签订竞业禁止合同可以对企业的商业秘密实施进一步的保护。竞业禁止一般是指企业某些员工在离开原单位一段时间内不允许在与原单位存在竞争关系的企业任职，这段时间一般在三年以下，但企业必须给予该员工以经济补偿，补偿数额可由双方约定。北京市中关村管委会对此有一个相关的规则，即给予的补偿金额度一般不低于该员工过去年平均工资的 1.2 倍。企业外联人员、销售部人员、设计部门的核心人员都应该是竞业禁止考虑的对象。不过，在竞业禁止的时限上要给予考虑，我们国家虽

然没有最长时限的规定，但一般还是以一年为好，同时还要充分考虑给予员工相应的补偿费用。

3. 以假信息情报迷惑竞争对手

从某种意义上来说，信息情报决定成败。我们都知道在《三国演义》中，曹操的使者蒋干因从周瑜处盗窃了假情报，而使曹操中了反间计，杀了善于水战的蔡瑁、张允。等到事后曹操省悟过来已经晚了，只好另换了两个水军都督。结果，赤壁一战，曹操水军一败涂地。在现代商战中，竞争对手也同样可能抛出假情报，制造烟幕弹，使你对竞争对手情报的真假难于识别，甚至做出错误的判断或者决策，而导致错误的结果。当然，你也可以利用这一点来防备竞争对手窃取你的情报，以确保商业情报安全。约翰逊控制器公司主要生产电子化楼宇控制系统，产品用来管理楼宇供热、安全和其他系统。这家公司用了三年时间投入2000多万美元研究开发了一种代码为LOBA的新系统，名为超越系统。但是，该系统还在试验阶段，约翰逊公司就获悉其最大的竞争对手霍尼韦尔公司已经获知新系统的一些情况。霍尼韦尔公司获得情报的来源是约翰逊控制器公司的客户。但是，霍尼韦尔公司却把该项目代码误称为"LOBO"。在这种情况下，约翰逊控制器公司为迷惑竞争对手，干脆将计就计，对一个已经存在的系统进行了改进，并重新命名为"逻辑选择大楼系统"，代码为LOBO，同时故意对此大加宣传以吸引竞争对手的注意。结果，不但使霍尼韦尔公司就新系统收集的情报变得混乱无效，还使竞争对手放松了警惕，不再那么关注约翰逊控制器公司的新系统。此时翰逊控制器公司正好安心地进行新系统研发，并在竞争对手关注度极低的情况下投放市场。

4. 针对合作伙伴的信息情报管制

当竞争对手觊觎你的情报而又无法从你身上下手时，你的合作伙伴就可能成为对方下手的对象。图4—5标明了企业的主要合作伙伴，这些合作伙伴往往掌握着企业的关键性信息情报。

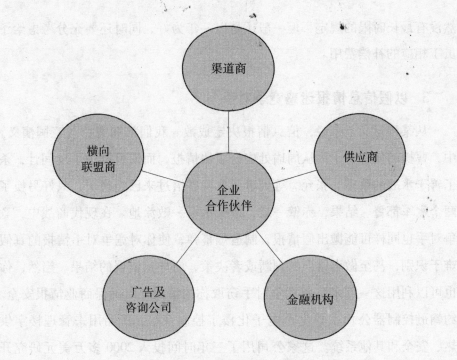

图4—5　企业常见的合作伙伴

　　如何对这些典型的合作伙伴做出信息情报保密约束至关重要。因此，在与这些企业订立的合作协议中，就应该有明确的信息情报保密责任条款以及损失赔偿条款，以对合作伙伴的行为做出明确约束，必要的话甚至要签订独立的保密协议。

案例自检

【案例与背景】

看"旭日升"潮起潮落

20世纪90年代初期，河北省冀州市供销社首开中国饮料市场先河，成功开发了冰茶饮料。1993年，河北省冀州市供销社组建了旭日集团。1994年，旭日集团筹资3000万元，把新品冰茶饮料推向市场，结果获得了数百万元的市场回报。为使产品品质更为完美，旭日集团聘请了国内一流的科研单位参与产品研发，使产品在技术与工艺上得以完善，不但具备天然茶叶的色、香、味，更通过在茶饮料中充入碳酸气使冰茶饮料别具特色。可以说，当时旭日集团发现了一片无人进入的"蓝海"，占据了市场的先机。20世纪90年代，旭日集团缔造了中国本土碳酸饮料的一个神话。1995年，旭日升冰茶销量达到5000万元。1996年，旭日升冰茶销量骤然升至5亿元，可以说是超常规、跨越式的大发展。在市场销售最高峰的1998年，旭日升的销售额达到了30亿元。仅仅几年，旭日升冰茶就占据了茶饮料市场70%以上的市场份额。到了2000年，旭日升茶饮料占据的茶饮料市场份额虽然有所下降，但依旧占有33%的市场份额，在市场份额上仍占据绝对优势。旭日集团取得成功之后，各种各样的光环接踵而至："中国茶饮料第一品牌"、"中国饮料工业十强企业"……同时，旭日升品牌价值也完成了不俗的积累，达到了160亿元。

如果从产品的角度来剖析旭日升最初的成功，可以归纳为以下五点：一是通过专业研发，旭日集团拥有了旭日升饮料产品主剂的核心配方，拥有从配方到工艺的整个产品专有技术体系；二是旭日集团开创了一个新品类——冰茶，当初那里只是一片鲜有竞争的蓝海，产品在市场上拥有了

"先入为主"的优势；三是通过对冰茶产品的专利化保护，使产品在一定时期内几乎垄断市场；四是产品具有良好的文化基础，其背靠的是中华民族源远流长的茶文化，产品文化与消费文化能够快速实现对接；五是在冰茶、暖茶拥有良好的市场业绩后，产品品类得到丰富，相继推出充氮保鲜的"天之情"纯茶系列，还有即冲即饮的"变得彩"系列，以及青春潜力型的"高兴就好"果味茶系列，更有以热饮见长的"茗香屋"系列。在产品生产上，旭日集团采取了"借鸡生蛋"的模式，旭日集团没有自己的工厂，而是通过租赁国内闲置饮料加工设备，在短期内先后启动了国内41家企业的76条生产线。可以说，这在一定程度上保证了旭日升系列产品源源不断地输入市场。但是，详加分析可以发现旭日升在产品方面也存在一些问题。首先，产品结构不合理，"冰茶"产品一品独大，其他产品在市场上的作为不大。这就导致后来康师傅、娃哈哈、统一等茶饮料通过对冰茶产品市场再细分的方式来肢解茶饮料市场时，旭日升优势渐失。尤其是后来，康师傅、统一作为茶饮料巨头在产品包装、口味等方面占据了很大的优势，让旭日升难以招架。美国营销专家 Theodore Levitt 在《营销近视症》一文中指出，一个产业能够兴起，从根本上说是由于它迎合了顾客的需求或者潜在需求，这是一个非常艰难的过程，因为它要求顾客改变消费习惯甚至生活方式去试用一种新产品。当产业度过了导入期而步入成长期，产业前景一片光明时，产业面临的主要问题已经不是发现与开拓市场，而是填补现有市场。此时，产业中的企业经营者往往不能正确认识或是忘记了产业兴起的真正原因，忙于抢占市场而无暇顾及产业的发展大计，以致忽视了顾客的需求变化和悄然袭来的产业衰退的阴影，旭日集团也忽略了这一点。另外，由于旭日集团在生产上建立了过多的协作单位，这种模式也埋下了一定的隐患，在一定程度上造成了产品品质难以统一管控的局面。甚至后来的2007年河北旭日集团试图东山再起时，市场上竟然出现了不合格的旭日升冰茶。2007年4月18日，北京市质量技术监督局对外公布，在对茶饮料的抽查中，希杰（北京）饮品有限公司生产的"旭日升"牌冰茶（345毫升/罐，生产日期为2005年3月7日）因被检出含有苯甲酸，被判定为"质量不合格"的产品。此时，距离"旭日升"撤出北京市场已经近两年。《北京现代商报》记者就此采访旭日集团高层时，旭日集团称已经报案。但警方调查却发现在希杰公司提供的一份和旭日升合作的协议中，竟然大大方方地盖着旭日升的公章，而且经鉴别属于真章。这个真章是如何盖上去的，据媒体报道旭日集团高管也很"糊涂"。不管怎样，这会对旭日升品牌做减法，不利于旭日升品牌重新冲击市场。

　　旭日集团在市场开拓初期，可谓上下同心、稳扎稳打、步步为营。旭日集团向全国市场派出上百名冀州本地员工，上至分公司经理，下至销售业务员，奔赴全国各大城市，进行渠道密植，高效地建立起48个旭日营销公司、200多个营销分公司，并与众多批发商、零售商建立了业务联系，形成了密集的营销网络。可以说，这是一种自有渠道模式，也是一种典型的人海战术。这种模式在市场开拓初期发挥了巨大的作用，旭日升最初的成功也与这种渠道模式密不可分。但是这种渠道模式也存在很多弊端，并在经营过程中逐渐显现出来：一是营销人员完全由冀州本部派出，这在一定程度上束缚了人才的引进，以及区域市场营销本土化。不但束缚了市场营销观念创新，也影响市场拓展的深度。二是这种渠道模式在产品营销趋于平稳之后，人员成本高昂的弊端就会逐渐显露。同时，这种模式也容易滋生腐败以及内耗，这对企业来说是最大的成本。三是从对分公司管理与掌控的角度来说，企业员工更容易失控，分公司经理虽然名义上接受公司领导，但也容易成为"山大王"。实际上，这些问题在不同程度上在旭日集团都有所反应。为此，旭日集团从2000年起就开始了战略重组，并且旭日集团秘书长在接受媒体记者采访时表示"重组已于2001年2月完成"。对于这次变革，旭日集团主要做了以下几项调整：第一步，从企业高层开始进行人事换血，目标是将原来粗放、经验主义的管理转为量化、标准化管理。旭日集团引进了三十多位博士、博士后和高级工程师，开始接手战略管理、市场管理、品牌策划和产品研发方面的工作。其中，集团营销副总经理为可口可乐中国公司的原销售主管。第二步是把一千多名一线的销售人员重新安排到生产部门，试图从平面管理向垂直管理转变。集团总部建立了物流、财务、技术三个垂直管理系统，直接对大区公司进行调控，各大区公司再对所属省公司垂直管理。第三步是把旭日集团的组织架构重新划分为五大事业部，包括饮料事业部、冰茶红酒事业部、茶叶事业部、资本经营事业部和纺织及其他事业部，实现多元化经营。但是，这次大刀阔斧的变革并没有让产品的市场表现有所好转，反而使组织内部先乱了。同时，"空降兵"进入集团并担任要职后，新老团队之间的隔阂日益加深。组织冲突与内耗由此埋下隐患。另外，旭日集团高层大幅调整之后，又把1000多名销售一线业务人员调回生产部门，结果很多员工跳槽。人员的调整不仅关系到员工个人利益的重新分配，更重要的是关乎销售渠道的稳定性和持续性。就这样，矛盾不可避免地尖锐起来，企业也就出现了混乱。

1998年，瑞典利乐公司的总经理在汇源集团做演讲时指出：未来中国将会展开茶饮料大战。当时全场哄堂大笑，大家有一万个理由认为茶饮料在中国是卖不起来的，因为中国有五千年的饮茶历史，被改头换面的茶饮很难得到承认。但后来的事实证明，正是依靠着中国人对茶悠久而良好的认知，企业又依据新的习惯和需要改良了饮用方式，才有了茶饮料市场大战。冰茶作为一个新品类，自然离不开市场教育与引导。无疑，在那个广告至上的年代，广告自然是进行市场教育与消费引导的常规武器。可以说，旭日升品牌的成长与市场销售业绩的成长，与旭日集团广告投放密不可分。除了旭日升在冰茶饮料上先入为主的优势之外，另一个就是因为其采取了恰当的广告策略。旭日升在广告操作上采取了广告代言人模式。产品推出初期聘用了"双胞胎"为代言人，如暖茶用凯露和凯玥，而冰茶则用楚童和楚奇。再后来，刘德华、羽泉、李霞等明星大腕接连登场，为旭日升摇旗呐喊、擂鼓助威。对于茶饮料这种时尚产品，聘请代言人往往可以起到很好的作用。但是，旭日升在广告传播上却缺乏一个核心的品牌主张，品牌传播缺乏主线，并且品牌内涵不清。这一点，我们从其广告中的主打广告词就可看出一二：从"越飞越高，旭日升"到"一种好心情，一种好滋味，畅快的感觉总是最美"，再到"清香在口，凉爽在心"……实际上，旭日升广告围绕产品做足了文章，但在打造个性化品牌上似乎火候不够。后来，由于摊子越铺越大资金链条断裂，旭日集团无力在广告上给予产品销售以更多的支持，这就导致了一个恶性循环：广告力度上不去，

销售业绩就不理想，回款就少，企业资金紧张更无力投入广告。实际上，从 2001 年起，在康师傅、统一、宏宝莱等茶饮料大举进犯茶饮料市场，广告大战硝烟弥漫时，旭日升在广告投入上就已经力不从心，被竞争对手甩在了后面。国内著名财经媒体《赢周刊》记者张少平在一篇采访报道中提到了这样一组数据：据《中国经营报》报道，当年 5 月份对全国茶饮料行业 16 个品牌在 85 家电视频道上投播的广告监测数据显示：康师傅茶饮料（1803.68 万元）、统一系列茶饮料（615.82 万元）和宏宝莱冰枣茶（352.72 万元）的广告投入分别占同类广告费用的 55%、19% 和 11%。而一向以大做广告出名的旭日升茶饮料，4 月份只在杭州有线台投入少量的广告。5 月份，广告投放转向中央一台，投入广告费用约 144 万元。我们再来看看旭日升辉煌时期的广告投放情况：根据《北京娱乐信报》报道，据河北电视台广告部的人员回忆，旭日升辉煌时期每年的广告投入大概在几千万元。旭日升的广告投入也换来了旭日升冰茶最高销售额达 30 亿元，占茶饮料市场 70% 市场份额的骄人业绩。

　　或许出于渠道的可控性以及加大市场开发力度的考虑，初期驻外员工完全由旭日集团自行委派。但是，这种完全自建分支机构的模式往往容易出现两个问题：第一个问题是"山头主义"，分支机构经理或办事处负责人往往成为老虎与狮子，守着自己的山头与森林，为了各自的利益不惜牺牲全局利益。最为常见的行为就是市场串货，为了自己"山头"的利益而不惜牺牲其他"山头"的利益，甚至全局的利益，导致市场秩序混乱，产品价格体系混乱。第二个问题是"风筝断线"，驻外机构容易失控，难于制约，他们在自己的领地内为所欲为，结果导致以权谋私、侵占企业利益、内部腐败等现象滋生。在这种情况下，就需要企业建立起健全的激励与约束机智，否则企业不被竞争对手打败，也会被自己打败。实际上，上述部分症状在旭日集团身上也必然会有所体现，企业高速成长往往带来管理上的滞后。旭日集团在市场迅速膨胀后，出现了以下几个方面的问题：一是总部与分支机构权责不清，分支机构内部也缺乏有效授权，甚至业务员也随意用权。据有关媒体报道，旭日集团原来很多从冀州出来的业务员为了配合企业的考核，私自和经销商达成"君子协议"：只要你答应我的回款要求，我就可以答应你的返利条件；而且，我还可以从集团公司给你要政策，甚至还可以让你卖过期的产品。很多分公司的经理、业务员根本不关心市场上的铺货、分销和监督，而是住进了经销商包的酒店，除了催款和做出不可能实现的大胆承诺之外，就是和经销商一起欺骗企业。二是渠道精益化程度不高。不但做渠道不够精细，并且渠道成本费用过高。很多分支机构忽视了市场通路的精耕细作，甚至很多分公司的经理、业务员根本不去监督市场的铺货、分销。最为明显的一点就是对渠道终端的掌控力不足，这是旭日升市场失败的一个重要原因。从 2000 年开始，旭日升对企业营销模式进行了大规模的改革，将销售渠道重点前移至消费终端，然而此时城市市场已充斥着各种各样的竞争产品。旭日升只能主攻县级市场，结果旭日升花巨资做广告建立的品牌形象却与其目标市场产品销售发生了严重的背离，即在一级市场上难于找到旭日升产品。实际上，这恰恰体现了旭日升的渠道建设短板：一是经销商网络不健全，市场铺货及配送服务能力受限；二是渠道商缺乏必要的忠诚，产品在渠道的安全受到威胁；三是产品在终端难于落地，导致广告投放资源浪费。第三个方面造成了营销资源的浪费，营销资源安全受到威胁与挑战。

　　2002 年 1 月的《智囊》杂志（现已停刊）刊登了这样一个案例：旭日集团曾做过一个大型促销活动：每进 30 件冰茶赠一辆价值 180 元的自行车；每 50 件赠价值 300 元的人力三轮车；不足 30 件的赠购物卡。各地区搭赠的物品不尽相同，但原则是平均每件的促销费 6 元。集团还给经销商们定下任务，允诺年底完成销售额 100 万元的，奖松花江汽车一辆，价值 3.6 万元。政策一出台，立刻收到了前所未有的效果，仅保定某县经销商就进货一万件，并在极短的时间内把一万件货迅速出手，并要再次进货。可事实上，这一万件冰茶本地很难消化，只能是通过更低的价格流到了外地。由于经销商都把车款或促销费打进价格里，到最后，旭日升的低价策略变成了价格大拼杀。促销期过后，旭日升的产品在这一地区周围就遭遇了滞销，因为二级批发商手中的货压得太多了。当时，冰茶的价格一度跌到了 33 元一件，而出厂价却在 40 元以上。一些地区的分公司陷入恶性循环的市场中难以自拔。这篇文章还指出，在 2000 年时，集团为了鼓励经销商士气，发行了一些现金刮刮卡，最大金额达 1888 元。结果许多销售员禁不住诱惑，只发货不发卡，然后自行刮卡领取现金奖励……《智囊》杂志还对当时旭日集团廊坊分公司在清理仓库时所发生的景象进行了这样的描述，"饮料被摔出仓库，宣传画踩在脚下，两米多高的货架被推倒，人们纷纷咒骂……因为好几个月没有发工资了，人们只有发泄似乎才能出一口气……"但对于记者揭露的上述问题旭日集团并不承认。2002 年 2 月，河北旭日集团副总经理王勇向新闻界传达旭日集团在河北衡水市中级人民法院状告恶意炒作者的消息。2002 年 1 月的《智囊》杂志用 8 个页码的篇幅刊登了《旭日升遭遇冬天》、《神话在竞争中灭亡》和《是变革还是埋葬》三篇有关旭日升的文章，并引发了其他媒体的转载与跟踪报道。文章指出，旭日集团已经被讨债大军包围，公司员工素质极差，内部混乱不堪，营销通路崩溃，公司已经陷入"不赔钱就算赚钱"的地步。对此，旭日集团方面予以回应："所有这些报道给旭日升品牌带来了极大的负面影响，原料供应商和产品经销商开始迷惑，旭日升产品购销两旺的市场受到了严重损害"；"文章全篇基本建立在虚构捏造的基础之上，并且用词竭尽诋毁之能事，毫无建设性和善意可言"；"这不是新闻报道中基于疏忽大意或者调查不严谨导致的一个错误结论，而是一种直接在恶意支配下的行为结果"；"文章中说，我们集团在搞有奖销售时，许多业务员自己留下现金刮刮卡和上百个拉环回集团兑奖。实际上根本没有这回事。不要说集团不允许，就是允许，如果想得到上百个有奖拉环，至少得喝几万听饮料，又有哪个业务员有这个本事，编造得简直太离谱了。"旭日集团还认为，文章作者凭空捏造公司职工的来信，凭空捏造廊坊分公司扔砸产品，凭空捏造老总的讲话，凭空捏造讨债大军，凭空捏造众多事实以损害这家中国著名公司的形象。现在已经无从考证事情的真相，但不管《智囊》杂志报道的情况准确与否，关键是"有则改之，无则加勉"，企业都应该从中汲取教训。

进入 2001 年后，旭日升在营销上开始渐入低谷，市场份额也迅速从最初的 70% 下滑为 30%。同时，销售额随着市场占有率的下滑而快速下降，从 30 亿元降到 20 亿元以下。到了 2002 年下半年，旭日升停止铺货，曾经风靡于市的旭日升产品开始淡出消费者的视野。由于债务纠纷，2004年5月21日，河北省拍卖总行在媒体上公告依法拍卖旭日集团所属位于冀州市饮料罐装总厂的生产设备，拍卖原因是"旭日集团2001年向民生银行河北分行贷款尚未还清"。2004年4月28日，这个曾在20世纪90年代中国饮料市场上叱咤风云的茶饮料品牌险些被苏州两家拍卖行作价1050万元拍卖掉，拍卖的理由是旭日升无力偿还所欠上海一家企业数百万元的债务。幸运的是，旭日集团的高层领导极具品牌意识，采取积极的行动使拍卖旭日升商标未能实现，从而使旭日集团保住了旭日升这个他们倾注太多心血的商标。

虽然旭日集团遭受了资金危机、品牌形象受损等多方面困扰，但旭日集团高层并没有放弃重振旭日升品牌的努力。因为他们觉得最宝贵的东西还在，那就是旭日升商标与旭日升饮料产品主剂的核心配方，以及从配方到工艺的整个产品专有技术体系。2005年3月，旭日集团与北京迪乐公司、海南三亚集团，正式组建了"旭日升"战略联盟：迪乐公司对旭日升品牌拥有10年的全国独家经销权和海外推广权；三亚集团取得旭日升饮料独家生产权。对于这次合作，旭日集团的职责是谋划联盟的战略发展，掌控旭日升饮料产品主剂的核心配方，提供从配方到工艺的整个产品专有技术体系；迪乐公司全称北京迪乐国际贸易有限公司，是美国迪乐尤您国际集团成员单位。这家公司立足于发现、挖掘中国内地最具潜力的品牌，进行筛选、培育和经营，而旭日升是它们进入中国内地后合作的第一个伙伴。迪乐已代理了一批中国和国际知名品牌，掌控着部分现代渠道，拥有占据市场主流、市场成长迅速、品类齐全的产品体系。这家公司在牵手旭日集团后，对产品进行了重新包装定位，并加大了促销传播力度来推广旭日升品牌的系列产品。旭日集团战略联盟的另一个合作伙伴——三亚集团，是一个集饮料、纺织、房地产于一体的集团化企业，有20多年饮料生产经营经验。由于资金实力雄厚，三亚集团全部采用自有流动资金，不需银行贷款。长期困扰旭日升的流动资金短缺问题迎刃而解。目前，三亚集团已累计投入1500万元，用于旭日升产品原辅材料购进及设备更新、工艺调整，并在全省首批通过QS质量安全认证。从2006年下半年开始，旭日集团在充分调研的基础上，借助迪乐公司的生产科研力量，同时聘请中国食品工业协会的十几名专家，成功研制了以旭日升为品牌的奶茶、牛奶伴侣、巧克力、海苔、包装茶、牛奶八宝、冲调7大系列产品，这些都是市场上主流化、高成长性的新产品，旭日升品牌由此跳出了单一茶饮料的局限，适应了市场，焕发了活力。

经过战略联盟后，旭日升品牌两翼已丰，或许品牌复兴指日可待。

【问题与思考】

1. 就产品来说，导致旭日升冰茶产品安全受到威胁的因素有哪些？

2. 旭日升集团在营销组织及营销人员管理上存在哪些问题与漏洞？

3. 销售业务员在与经销商合作过程中，在资金安全管理上存在哪些问题？

4. 旭日升快速成长离不开广告支持，但后续资金问题使广告投入乏力，原因是什么？

5. 仔细研读全文，请指出哪一事件关系到销售物料安全？如何解决这一问题？

6. 暂且不考虑旭日集团廊坊分公司员工打砸清仓事件是否属实，针对这种情况你能提出很好的预防及解决措施吗？

本案例编写主要参考文献

卢泰宏：《营销在中国——2002中国营销白皮书》，广州出版社2002年版。

雷永军：《旭日升遭遇冬天》，智囊杂志2002年版。

刘福广：《新大败局》，中国社会出版社2005年版。

张少平：《旭日升欠款5个亿 转移资产还是没钱还》，赢周刊2001年版。

赵广泉：《解读旭日升现象："旭日"是怎样变成夕阳的？》，市场报2004年版。

刘畅：《旭日升："OEM毁了我"》，华夏时报2007年版。

赵广泉：《"旭日"一朝变夕阳 资金链断裂旭日升坐困危局》，市场报2004年版。

余勇：《"旭日升"将虚假报道推上公堂》，大洋网2002年版。

袁国忠：《茶饮料第一品牌陨落的反思》，中国营销传播网2008年版。

熊川：《旭日升坠落：激进变革之痛》，财经时报 2004 年版。

刘天明：《"旭日升"沉浮的幕后新闻》，时代潮杂志 2004 年版。

芷若：《痛惜旭日升》（市场营销案例），中国商业出版社 2004 年版。

朱伟东：《曾经的辉煌已是锈迹斑斑——旭日升的夕阳磨难》，北京娱乐信报 2004 年版。

徐曼：《北京四种饮料两种糖不合格 旭日升冰茶上黑名单》，北京青年报 2005 年版。

读书心得

第五章

渠道安全

渠道是企业营销的主战场，也是企业财富变现的通道，更是企业运转的生命线。但是，几乎所有的企业都面临渠道安全问题，在营销过程中，很多企业由于各种不确定因素和管理失控使渠道运行与管理陷入困境，甚至出现渠道危机。因此，加强渠道安全管理、防止渠道危机是企业经营的重中之重。

中国市场营销渠道是动荡的，制造商、经销商与终端商都在合作与博弈中不断变革。但无论怎样变，都将会使渠道价值链更完善，价值分配更均衡。"谋合"永远都是生产厂商与渠道商为之努力与奋斗的目标。无论是企业内部渠道还是企业外部渠道，渠道力量之间都是"合则通，通则久"。然而，在"谋合"的道路上，企业必须做理性而长远的思考，必须解开合作中的千千结。

通过阅读本章，请读者把握以下几个要点：

1.认识到渠道价值链的脆弱性，并学会如何加固渠道价值链以实现合作共赢；

2.掌握什么是渠道冲突，以及如何防御并化解在营销过程中出现的渠道冲突；

3.认识到掌握渠道的重要性，了解如何驾驭渠道，以及如何应对竞争对手挖墙脚；

4.能够对渠道安全进行预测，及时发现并消除隐患与危机，这是阅读本章的根本目的。

第一节　脆弱的渠道链使营销风险重重

美国未来学大师阿尔温·托夫勒认为："现在所有的市场无非是一个弹性的渠道！"那么，什么是渠道？美国营销大师菲利普·科特勒认为："营销渠道是指某种货物或劳务从生产者向消费者转移时，取得这种货物或劳务所有权或帮助转移其所有权的所有企业或个人。"简单地说，营销渠道就是商品和服务从生产者向消费者转移过程的具体通道或路径。可见，生产厂商必须通过渠道商（包括经销商、终端商）才能把产品（或服务）推广给顾客，完成营销的全过程，经销商通过做中转而分得一杯羹，终端商则负责完成产品市场流通的最后一个环节，把产品资金变现为货币资金。可见，渠道既是营销的主战场，又是企业财富变现的途径。

如今，几乎所有的企业都已经把渠道视为企业的核心竞争力要素。如用友软件就将自己的核心竞争力归结为四个方面：一是专业的销售和服务能力；二是专注的业务领域；三是用友与渠道成员的长期相互信赖的合作以及可持续发展的业务；四是通过渠道实现的规模化竞争优势。在这四个方面中，有两条与渠道有关，可见渠道对于企业经营的重要性。整合营销传播理论创始人、美国西北大学教授唐·E.舒尔兹曾指出："在产品同质化的背景下，唯有渠道和传播能产生差异化的竞争优势。"

但是，渠道制胜并不是一件容易事，其前提是掌控渠道。所谓掌控，首先是"掌握"，即获得渠道资源，其次才是"控制"，即驾驭渠道势力。首先是获得渠道资源不易，中国绝大多数本土企业都没有能力自建渠道，跨国公司在中国市场上也面临着渠道短板。很多企业都曾跃跃欲试大建渠道，但自建渠道之后，因为难以承受高昂的渠道成本费用反而更加痛苦，结果不得不裁减渠道冗余环节与冗余人员。跨国公司更是绞尽脑汁，渠道外包（总经销）、技术换渠道、自建渠道……而"控制渠道"似乎更为不易，渠道合作的过程，其实也是渠道竞争、博弈的过程，这就导致渠道冲突时有发生。中国市场营销渠道是冲突的，从前是制造商把握主动权，现在是终端商更有话语权，而经销商则受着上挤下压的夹板气。究竟风水还会怎样转，是渠道价值链上每一位成员都关心的问题。中国市场营销渠道是动荡的，制造商、经销商与终端商都在合作与博弈中不断变革。渠道运动与变革富含着渠道链上弱势群体被盘剥的痛苦呻吟，以及被淘汰出局的残酷与血腥，更充溢着强势群体占有弱势群体资源的欢呼与雀跃，以及无法填平的占有欲与扩张欲。

　　在这种情况下，渠道合作充满了变数、风险与危机。如果企业对渠道缺乏掌控力，那么市场上的得与失可能就在一夜之间。

渠道安全关系企业营销成败

　　渠道安全是指企业分销渠道的风险系数与危机程度，渠道安全关系企业命运。经营过程中，导致企业出现渠道危机的因素很多，诸如企业渠道建设过度投资、缺乏渠道诚信、营销人员集体跳槽、渠道成员之间的渠道冲突、渠道商"集体反水"与跳槽、不恰当的渠道并购与整合、渠道业务不当外包、过度依赖大客户、准备不充分的渠道改革与创新……

　　对于企业渠道是否安全，主要从以下几个指标来评价，见表5—1：

表5—1　　　　　　　　　　　渠道安全的评价指标

评价指标	说　明	备　注
渠道潜力性	渠道是否符合市场趋势与经营潮流	关系到渠道的合法性、合理性
渠道价值性	对渠道成员价值利益提供与分配的合理性	关系到渠道合作能否健康、长久
渠道可控性	企业对分销渠道的控制能力与稳定程度	关系到渠道资源的占有能力
渠道协调性	企业分销渠道之间的和谐程度与互补程度	关系到渠道能否健康良性运营
渠道效益性	企业分销渠道创造利润与市场价值的能力	关系到渠道投入与赢利能力
渠道模式性	企业分销渠道是否已经模式化、个性化	关系到渠道的核心竞争能力

　　渠道安全存在隐患可能导致以下后果：第一个后果是渠道商"反水"、

"跳槽"，转投竞争对手的怀抱；第二个后果是渠道因非法经营而被叫停，使企业产品失去流通通路；第三个后果是市场秩序混乱，诸如产品串货、价格混乱等；第四个后果就是渠道商忠诚度降低，开始脚踩两只船甚至脚踩多只船。

那么，危及渠道安全的主体因素有哪些呢？见图5—1：

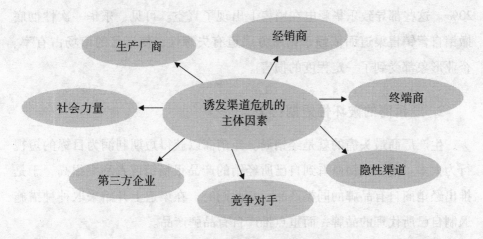

图5—1　诱发渠道危机的主体因素

1. 生产厂商错误的渠道营销

可以说，渠道风险与渠道危机之源并非都来自渠道商，有时生产厂商自身就是罪魁祸首。诸如生产厂商在渠道方面过度投资，导致渠道成本高昂且效率低下。渠道成本费用高到多少，可以来看一个例子：创维中国区总裁杨东文曾经深有感触地表示，创维渠道每年就消耗12亿元，每个月签发的工资单上千万，他的手都在发抖，这需要卖多少家电才能支付啊，以至后来，创维不得不减员增效。

生产厂商不当的渠道变革也有可能导致渠道动荡与渠道危机。2002年5月，乐华彩电对销售渠道进行了革命性的变革，撤销全国30个分公司和办事处，全面实现代理制，将彩电销售业务交给大型家电连锁销售企业代理。在乐华看来，这次渠道变革不但降低了渠道成本，还解决了库存问题，更提高了产品价格竞争力和赢利能力。但结果让人遗憾，这次渠道变革却成了危机的导火索，加剧了危机爆发的进程。渠道改革的负效应很快就出现了，首先是回款额大幅下降。其次，2002年国庆节期间，出现的乐华彩电集中投诉案更暴露了服务危机。再有，以国美、苏宁、三联等为首的家电连锁销售终端，当时只能辐射一二线市场，结果使乐华丧失了在三四线市场的阵地。商业连锁终端的销售能力亦很有限，所占市场份额不到20％。这些都导致乐华彩电在销售上出现了真空。可见，乐华一次性彻底撤销自营销售渠道而依赖于第三方渠道有失理性，使自己的市场占有率、企业形象都受到了一定程度的损害。

2. 经销商的破坏性短期行为

生产厂商最头痛的就是经销商。经销商以获得短期利润为目标的短视行为太多。诸如经销商看到自己所经销的产品很畅销或者利润很高，于是推出经销商自有品牌的同类产品。与此同时，在渠道上开始采取种种措施遏制自己所代理的品牌，而重点推广自有品牌产品。

在这一点上，经销商与终端商还不同。虽然终端商也会推出自有品牌产品，但是对竞争产品的遏制远不比经销商。另外，很多经销商的惰性太强，喜欢向生产厂商等、靠、要，使生产厂商渠道成本费用剧增。再有，很多经销商为获取更大利润，扩张销售区，结果形成区域串货，使市场秩序大乱，并且引发各经销商之间的冲突。经销商的这些行为都可能导致渠道危机。

3. 大型终端商的"渠道强权"

可以说，在中小终端商面前，那些实力强大的生产厂商还很有话语权。但是，在超级终端商面前，几乎所有的生产厂商都失语了。这里的超级终端商是指沃尔玛、家乐福、国美、苏宁等连锁大卖场。这些超级终端商给生产厂商带来的风险主要体现为以下几个方面：一是终端商业务战略性延伸，通过战略性并购或者委托生产商生产自有品牌产品；二是经营行为的霸道性，即不与生产厂商或经销商事先进行充分沟通，就在产品价

格、促销上大做文章；三是过高的通道费用让很多生产厂商或经销商不堪重负；四是账期过长，使生产厂商承担过大的资金风险。

4. 竞争对手的恶性竞争行为

除了自建的渠道外，大部分渠道是公共资源，是竞争对手之间角逐的对象。为了获得渠道资源，竞争对手往往会采取一些极端的竞争行为，诸如渠道垄断等，有的厂商在与经销商的合作中采取"买店"的方式实现垄断，还有许多渠道商以利益，与经销商结成产销联盟，进而把竞争对手拒之门外。再有，竞争对手还会挖墙脚，诸如拉经销商"反水"，或者利用你的渠道来销售对手的产品。这些都增加了生产厂商与渠道商合作的不确定性，增加了合作风险，也为危机的出现埋下了种子。

5. 灰色渠道搅局正规渠道

灰色渠道又称为隐性渠道，是指生产厂商规划外并且不受生产厂商保护的销售渠道，虽然在一定程度上灰色渠道也起到了增加产品销量的作用，但灰色渠道的存在对市场也会形成冲击与影响：导致市场串货，破坏市场秩序，并且消费者在销售服务上无根本性保障，影响生产厂商品牌形象与口碑等。在很多情况下，灰色渠道的出现是受生产厂商的渠道模式影响的，是渠道漏洞为灰色渠道创造了生存的土壤与空间。诸如一些大卖场以超低价格促销产品，导致部分经销商进货后再倒买倒卖，而使大多数经销商的利益受损。再以戴尔为例，由于其采用电话、网络直销模式，产品成本及售价均较低，结果就出现了很多非授权渠道（如经销商、门店）销售戴尔电脑，甚至还有渠道商开展电视直销，这些就是隐性渠道。针对这种情况，戴尔决定在中国加大区域市场覆盖，将现有直销覆盖的 45 个一二级城市，逐步拓展到 1000 家形象店，这对灰色渠道具有一定的打击作用。

6. 第三方企业的战略性介入

市场复杂多变，最为明显的一个特征就是渠道并购提速。当渠道商易主时，其渠道政策就可能发生变化。因为不同的渠道商有着不同的经营理念、经营模式，这可能会导致生产厂商与并购后的渠道商合作关系发生变化。举个例子，2004年3月国美电器与格力空调发生冲突，双方冷战三年后，终于在2007年3月重新修好。2007年，国美电器对永乐电器、大中电器实施了并购。在与国美冲突后，格力空调加大了与永乐电器、大中电器的合作力度。试想一下，如果二者没有修好，在国美并购永乐电器、大中电器后，会有格力空调的好日子过吗？恐怕会冷战依旧。

7. 社会外力导致的"渠道变法"

其实，对于商品流通政府一直在改革，并通过立法的形式规范渠道。最为典型的就是自2005年4月1日起施行的《汽车品牌销售管理办法》，对品牌汽车的销售渠道做了明确的规范。这个办法的出台，提高了经销商的资质与经营资格门槛，使一些小型经销商被淘汰出局。还有，直销企业期待已久的中国直销立法终于在2005年成为现实，《直销管理条例》与《禁止传销条例》于2005年9月1日正式出台。其中，《直销管理条例》于12月1日开始实施，《禁止传销条例》于11月1日开始实施。另外，商务部还正式对外公布了《直销企业保证金存缴、使用管理办法》、《直销企业信息报备、披露管理办法》、《直销员业务培训管理办法》三大直销配套法规。至此，直销四大法规全部浮出水面，并于2005年12月1日同步实施。在对合法直销企业加大保护力度的同时，也对那些非法直销企业加大了打击力度。而此前很多浑水摸鱼的非法企业在直销立法后，其渠道风险立即显现了出来。

价值是合作的唯一纽带

在商场上，没有永远的敌人，也没有永远的朋友，只有永远的利益。也就是说，合作关系的存在依赖于合作伙伴之间相互创造的价值。1985年，迈克尔·波特在其著作《竞争优势》中提出价值链的概念，迈克尔·

波特给价值链下了这样的定义：从原材料的选取到最终产品送至消费者手中的一系列价值创造的过程。企业价值链存在于由供应商价值链、企业价值链、渠道价值链和买方价值链共同构成的价值链系统中，它反映了企业的历史、战略以及实施战略的方式。价值链包括内部价值链与外部价值链。外部价值链包括供应链和顾客链，而内部价值链则是指研发、生产和营销的全过程。在此要强调一个概念——渠道价值链，渠道价值链实际上是外部价值链中的顾客价值链部分，是使产品经由生产厂商到达顾客那里的全过程。当然，不同企业的渠道价值链的环节与长度不同，但基本都呈现这样一个趋势：生产厂商离最终顾客越来越近，渠道价值链也越来越短，或者说渠道越来越扁平化。渠道价值链上的不同成员之间既竞争又合作，结成利益共同体，共同致力于提高市场营销网络的运行效率，由于优势互补、减少重复服务而增加了经营利润。

渠道价值链上的成员应该是一种战略性合作关系，而不是简单的买卖与交易关系。渠道价值链本质是谋求渠道和谐，渠道利益均衡，进而产生良好的互动效应。并且，一个成熟的软件价值链生态系统，应当通过对整个价值链上渠道成员价值的有效规划，实现高效的业务分工。渠道价值链上的成员要做到战略方向统一、利益目标相同、互相创造价值、共同抵御竞争对手、降低合作成本、提升产品市场适应度、提升服务质量，可以说这是渠道价值链存在的基础与前提。恰如科特勒所说："制造商希望渠道合作，该合作产生的整体渠道利润将高于各自为政的各个渠道成员的利润。"正是因为制造商、经销商与终端商这三大渠道势力的渠道合作还未建立起立足于价值互换的共赢规则，才使渠道链过于脆弱，导致很多企业经不起市场上的大风大浪，在"渠道制胜"的口号声中翻了船。实际上，渠道链上成员的紧密合作，正是为最大化争取顾客而合作。对于生产厂商来说，不断与渠道商合作增值价值链，虽然不能提升产品本身的价值，但却能提升附加价值。并且，通过合作渠道商还可以收获延伸价值。

对于生产厂商来说，渠道合作价值可以分为基本价值、附加价值、延伸价值三部分。下面通过表格的形式加以说明，见表5—2：

表 5—2   渠道合作价值的构成

渠道合作价值的构成	说　明	影响价值的因素
基本价值	产品能为渠道商创造多少经济效益，或者说为产品利润提供能力	产品技术领先性、产品市场潜力、产品利润空间、产品后续支持等
附加价值	服务能为渠道商赢利提供多少支持，或者说营销资源支持性输出	市场政策支持、市场协销支持、市场风险担保、销售服务保证等
延伸价值	合作能对渠道商素质与能力有多大提升，或者说提升团队战斗力	对渠道商素质与能力的提升、对渠道商品牌形象的提升、对渠道商业务延伸的帮助

从这个角度来说，提升渠道合作价值是确保渠道安全的根本做点。就如营销大师所说的那样，不要老是向客户叫卖你的产品，而是要不断为客户创造价值。只有通过有效的经营，才能使渠道价值链得到持续的成长。这种经营内容应包括：渠道能力经营、渠道品牌经营、渠道体系经营（通过渠道伙伴的资源交换实现共赢）、渠道伙伴之间产品开发的互动合作等内容。可以说，合作价值才是连接渠道商的金手铐。

1. 提升合作的基本价值

生产厂商几乎都有产品招商的经历，但真正能够打动渠道商的不是那些花哨的概念，以及让人眼花缭乱的市场政策，而是产品。对于产品，渠道商往往会关注几点：产品技术领先性、产品市场潜力（市场容量）、产品价格、产品利润空间等。换句话说，就是产品的综合竞争力。另外，渠道商还关注产品的创新能力，希望能够得到后续产品支持。因为对于渠道商来说，仅靠单品种经营难以获得长足发展和可持续发展。

2. 提升合作的附加价值

生产厂商与渠道商合作需要输出的是组织资源，这也可以理解为对渠

道商的服务与支持。搭建整合化的服务平台，也即组织资源输出平台，同时经销商要有组织资源接收平台，以良性对接组织资源。生产厂商为与经销商共铸渠道价值链，向下游经销商输出组织资源实为关键。生产厂商组织资源输出主要有两种情况：一是常规性组织资源输出，以支持各区域市场经销商拓展市场。但在这种情况下，生产厂商组织资源的输出多为模式化输出，组织资源输出几乎没有考虑到区域市场的差异性，并且输出的资源体系较为完整、规范，最为典型的就是新产品上市或者开展全国性促销活动时，生产厂商往往都有统一的组织资源输出。二是经销商临时性向生产厂商申请，请生产厂商予以资源支持，这种情况如今已很常见。随着生产厂商与经销商市场意识的不断增强，组织资源输出也越来越丰富，其实这也是营销深度化、精细化的重要体现。从组织资源形态来讲，组织资源可以划分为几大类：政策性资源（如价格政策、市场补贴政策、广告支持等）、产品资源（如新产品、促销赠品等）、资金资源（如返利、广告补贴等）、工具资源（如销售物料、《营销手册》等）、人力资源（如业务专员、促销员、专家队伍、代言人等）等，多形态资源组合输出已成潮流。从本质上讲，生产厂商的组织资源输出实际上是一种营销投资行为，而经销商如何最大化利用源于生产厂商的营销投资，获得最大市场产出，成为一个经销商不得不思考的问题。经销商组织能力决定组织资源利用水平，而经销商的组织能力则与来自生产厂商的培训密切相关。正是基于此，很多有远见的生产厂商开始加大对渠道商的培训力度。

2007年3月30日，方正科技组建的方正科技培训学院正式成立，并举办了以"共享、共荣、共成长"为主题的方正科技培训学院成立仪式。方正科技主动出击，成立方正科技培训学院，主要是为代理商的老板和操盘手以及方正科技自身从事渠道销售的人员，在公司战略、经营、销售、人力资源、财务管理等多个方面进行全方位的培训，为所有学员提供最具时代前瞻性的知识信息和经验分享，从而在渠道管理和经营方面帮助渠道商和渠道经营人员补足短板。方正科技力求通过培训学院的培训体系，搭建出与合作伙伴共同成长的一体化平台，全面助力方正科技与合作伙伴的快速发展。方正科技培训学院不仅为各渠道工作人员和方正科技从事渠道销售的员工搭建了一个必要的培训平台，而且为方正科技与合作伙伴的共赢构筑了一条稳定、全面的加速通道。它的成立必将为全面提升渠道的整体能力、提高方正科技与合作伙伴的核心竞争力做出重大贡献。

3. 提升合作的延伸价值

渠道商会很关注生产厂商的品牌影响力。俗话说，"背靠大树好乘凉"，生产商的品牌实力强不仅仅是信誉有保证，更重要的是在合作中自己也能因合作伙伴而生辉。经销商希望通过与生产厂商的合作，提升自身的素质与能力，进而提升经营能力，为自身进一步发展奠定基础。实际上，同生产厂商想尽可能拥有渠道资源一样，渠道商同样想拥有业务资源，这是渠道商做大的基础与前提。

第二节　渠道冲突是渠道安全的最大隐患

企业营销最大的渠道成本在于企业与渠道商之间的摩擦与冲突，这是对产品分销最大的伤害。从某种意义上来说，任何企业都存在渠道冲突，只不过渠道冲突的程度不同而已。就如美国市场营销大师奥格·曼秋诺所言，对渠道无论进行怎样好的设计和管理，总会有某些冲突，最基本的原因就是各个独立的业务实体的利益总不可能一致。所谓渠道冲突是指生产厂商与渠道商之间以及各渠道商之间围绕某一产品分销而产生的摩擦与矛盾，可以表现为价格冲突、市场疆域冲突等多种情况。渠道冲突不但容易造成市场秩序混乱，而且还会影响产品营销目标的实现。

总体来说，渠道冲突主要包括以下四种类型，见表5—3：

表 5—3　　　　　　　　　　渠道冲突的类型

渠道冲突的类型	表现形式	备　注
纵向冲突	渠道链条上不同成员之间的冲突	生产商、经销商、终端商等各种渠道力量之间的冲突
横向冲突	渠道链上同一环节成员之间的冲突	渠道体系内经销商与经销商之间、终端商与终端商之间的冲突
平行冲突	渠道组合中不同渠道类型之间的冲突	企业往往会采取混合销售渠道，即多种类型渠道组合，其中也可能产生冲突
交叉冲突	同时出现上述两种或多种类型渠道冲突	渠道冲突往往具有连锁反应，恰是牵一发而动全身

探寻渠道冲突的内在根源

对于生产厂商来说，有些渠道冲突是可防控的，有些渠道冲突则是无法左右的，诸如渠道商跳槽。但是无论哪种情况，生产厂商都应首先从自己身上找原因，主动寻找渠道管理漏洞，这才是根本出发点。就拿渠道商跳槽来说，很可能是生产厂商品牌影响力不够大、产品利润贡献度不高、合作诚信度不强等因素所致。所以找到渠道冲突的根源，对于确保渠道安全具有重要的意义。产生渠道冲突的因素是多元的，但总体来说渠道冲突的出现主要由以下因素所致：

1. 横向冲突产生的根源

横向冲突包括生产厂商与生产厂商之间、经销商与经销商之间、终端商与终端商之间的冲突。生产厂商与生产厂商之间的冲突主要是为争夺渠道资源而发生的。而经销商与经销商之间产生冲突的一个重要原因就是串货。所谓串货，就是渠道网络体系中的各级经销商受利益驱动，使所经销的产品跨区域销售，造成市场秩序混乱，价格倾轧，严重影响厂商声誉的恶性营销现象。这种现象不但易使其他经销商对产品失去信心，也容易使消费者对品牌失去信任。终端商与终端商之间的渠道冲突则主要是商业竞争行为的冲突。国内家电零售业巨头国美电器作为"价格杀手"令其他零售商颇为头痛，在其向天津、沈阳等城市扩张时都遭到当地零售商的联合抵制。

2. 纵向冲突产生的根源

纵向冲突主要是生产厂商或渠道商不履行合作契约中约定的义务，诸如市场政策、产品配送、促销支持、货款结算、销售服务等方面，产生的矛盾与冲突。纵向冲突的产生主要有以下几大原因：一是渠道信用导致的渠道冲突。渠道链上的成员都有可能失信，但生产厂商失信后果是极其严重的。诸如中旺集团旗下的五谷道场，从 2006 年下半年开始到 2007 年，因资金紧张而失信于经销商。多个经销商打款后，却收不到货。在多次沟通问题得不到解决的情况下，被经销商告上了法庭。再如，2003 年，上海阿迪达斯总部把一个拖欠货款近 60 万的经销商送上法庭，这种令阿迪达斯苦恼的事情不只在一家经销商身上出现。阿迪达斯在中国拥有 300 多家经销商，由于客户数量太多，企业掌控起来也就显得困难重重。二是价格引发的纵向冲突。主要是渠道商在未与生产厂商做充分沟通甚至根本未沟通的情况下就擅自降价，或者开展促销活动而导致双方的冲突。2001 年 4 月，苏宁电器直营企业全面降价，最高降价幅度彩电为 40%、音响为 50%、空调为 35%、洗衣机为 25%、冰箱为 20%。苏宁降价之后，长虹、TCL、厦华彩电的价格也纷纷下调，海尔高层急飞南京扑火，但海尔产品仍然被列入降价名单。虽然海尔以断货相威胁，但并未能阻止苏宁降价政策的实施。三是出现问题时相互拆台推诿导致的渠道冲突。可以说，在利益的获得上，生产厂商与渠道商是一个共同体。换句话说，在利益这条绳子上，厂家和经销商是一条绳子上的两只蚂蚱。但是在很多情况下，诸如经营不利、客户投诉、危机事件等情况屡屡出现时双方却常因相互推诿责任引发渠道冲突。四是生产厂商渠道变革引发的冲突。渠道是动态的，很多企业始终都处于渠道变革之中。营销大师菲利普·科特勒指出：营销渠道决策是公司面临的最复杂和最富有挑战性的决策之一。由于营销环境不断变化，必须定期改进渠道，营销渠道的特性表现为连续性和有时出现的剧烈变化。既然是变革，对制造商而言，也是有阵痛的，当然渠道变革可能绕过原有经销商，也可能减少对经销商的扶持力度，甚至解除合作关系。不管怎样，这些变革都可能引起经销商的不满，进而引发矛盾甚至冲突。固特异轮胎面对市场份额的下滑与消费者消费方式的改变，于1992年进行了必要的通路改革：改变由经销商包销的模式，转为与零售商联合。这就打击了其经销商，引起经销商的对抗。再如，自2007年7月1日起，宝洁公司针对分销商体系再度推出重大调整——分销商对外发货必须严格执行全国统一价格。新政策实施的关键是针对目前分销商的三类客户——零售终端、大批发商、二批商，宝洁定出了三个不同的价格区间，全国分销商都必须按这套统一价格发货，不得逾越，否则将受到宝洁的罚款处分，甚至取消分销资格。宝洁对每一类客户的价格在最高与最低点限价间，只留三个点的浮动区间。但新政实施一个月后，遭到了众多分销商的反诘，不少分销商以"新政价格限制太死"、"统一价格反而使超市的低价产品进一步冲击了分销生意"等为由表示不满。宝洁此举激化了原有分销商渠道和大型连锁超市零售渠道间的矛盾，不仅没有解决新政欲解决的渠道上的串货、假货等问题，还暴露出其在营销战略制订中对国内分销商不重视的弊病。五是特定市场阶段的渠道冲突。2005年3月23日，奥克斯决定退出汽车行业。但是，此前奥克斯曾经对外销售了2000多辆车，产品虽然退市了，但遗留下来的消费者服务问题却引发了渠道冲突。诸如来自江西、海南的经销商多次来到宁波奥克斯总部，就售后问题的处理意见与厂家交涉，结果产生重大分歧并引发了冲突。就已经售出的奥克斯汽车保修期内的售后问题，双方分歧较大。奥克斯提出了一个服务外包的方案：即每辆车付给经销商一笔费用，将保修期服务包干给经销商。奥克斯根据每月平均维修费用给出了1500元两年一次性买断的价格。这比经销商开出的维修清单要低得多，经销商自然不认可这一标准。因而奥克斯员工在与经销商的沟通中发生冲突致使三位经销商受轻微伤。愤怒的经销商在奥克斯门前拉起"奥克斯以骗为生，以欺为本"的横幅，矛盾的升级对双方的利益都造成了损害。

3. 平行冲突产生的根源

很难找到一家依赖某一单一渠道类型拓展市场的企业，大部分企业都是采取渠道组合。由于渠道组合中不同渠道商类型在赢利模式、销售策略等方面往往存在极大差异，这就决定在经营过程中会出现冲突。2004 年，广东绿色世纪保健品连锁经营管理有限公司的目标是在 2005 年底前，通过特许授权加盟的形式在全国开设 1500 家绿色世纪保健品特许连锁店，这是一种近似直销的直营模式。但随着绿色世纪保健品连锁专卖店在全国扩张速度的加快、影响力的扩大，对传统的区域代理制营销模式已经形成了冲击，在一些绿色世纪连锁店与产品代理商并存的市场上，这种冲突日益显现，这就是一种平行冲突。

4. 交叉冲突产生的根源

一旦产生渠道冲突，就可能产生连锁反应，或者说渠道冲突是以交叉形式出现的，这种情况下的渠道冲突比较复杂。诸如雅芳就曾遭遇直销人员与经销商之间，以及厂家与经销商之间的冲突。雅芳（中国）能够成为首家、也是唯一经商务部和国家工商总局批准的直销试点企业，可以说是其多年努力的结果。雅芳转型后直销员与经销商共存，由于销售员可以直接到公司拿货，直接销售将可以降低各种直接或间接的费用，所以直销员拥有了更多的价格优势。而此前，销售人员出货都是经过经销商、专卖店。直销试点的展开，对这些专柜与专卖店的经理的利益造成巨大冲击。同时，由于雅芳在人力资源管理上一向实行严格的"绩效管理"制度，并推行量化业绩指标，雅芳店铺销售员都有自己较为稳定的顾客，转型后销售员势必会带走大量的店铺客户。基于此，2006 年 2 月 11 日，很多经销商为维护自身利益聚集到雅芳广州总部讨说法。可以说，这是一次不小的冲突。雅芳拥有 6000 家专卖店以及 1700 个商店专柜，它们大部分是由经销商投资，占 95% 的店铺也是授权加盟连锁店。当初，雅芳依靠 34% ~ 40% 的利润空间才说服经销商们进行前期的投资，但是自从雅芳开展直销

以来，经销商们生意明显受到了影响，于是引发了这次矛盾的大爆发。

内部渠道冲突的防御之道

麦肯锡咨询公司 1998 年出版的《协作竞争》一书中说道："损人利己的竞争时代已经结束了。"渠道和谐已经成为合作的潮流，也是企业开展营销的需要。但是，如何防御渠道冲突，还需要生产厂商从源头上抓起。凡事预则立，不预则废。对于渠道安全，同样是"安全第一，预防为主"。下面从几个方面来谈谈渠道冲突的防御之道：

1. 合理设计渠道规划

企业在产品进入市场前，必然有一个系统的渠道规划设计过程。这就要涉及渠道组合，渠道组合是指多渠道中的每一个个体独立地承担分销的功能，采取组合的渠道方针能增加产品销售量和提高市场份额，通过不同类型的渠道，实现不同的市场覆盖。要想做到这一点，可以考虑以下几个思路：一是不同渠道采取不同的客户定位，或者说采取目标客户群体差异化；二是渠道品牌差异化，不同渠道投入不同的品牌；三是产品差异化，不同渠道投入不同的产品。否则，就容易产生平行冲突。我们都知道可口可乐采取了自动售货机终端，其在日本安装第一批自动售货机时就遭到了原有零售商的反对。这些零售商认为自动售货机渠道会对零售商业务产生直接冲突。但是，可口可乐在渠道设计时就认识到自动售货机渠道与零售商渠道为消费者创造的渠道价值并不同，所以不会产生冲突，事实也是这样。

同时，生产厂商还要考虑自建渠道与外部渠道的利益关系。为增强对渠道的控制力与驾驭力，增强市场稳定性，很多企业开始自建渠道或者自营渠道。自建渠道很好理解，所谓自营渠道是指企业对大客户直接提供服务并负责维护管理。无论是哪一种情况，对原有渠道商都可能构成伤害，因为那无异于从渠道商口中夺食。耐克在开始建立"NIKE TOWN"品牌旗舰店时，就遭到原有运动用品零售商的阻挠，零售商们以为旗舰店的销售会直接和他们的利益相冲突。但事实证明，旗舰店的建立对原有零售渠道销售起了促进作用，因为耐克品牌旗舰店不但提升了其品牌形象，还增强了其品牌信誉。

2. 渠道创新与变革考虑渠道冲突

渠道是动态的，永远处于变革创新之中，但变革必须考虑规避渠道冲突。当然，渠道变革有些是生产厂商自发的，有些是消费者驱动的，有些则是渠道商驱动的。

美国西北大学营销学教授 W. Stem 先生说过："一个公司可以在短期内变动产品价格、更换宣传广告、聘用或解雇市场调研机构、修改促销计划或者改变产品生产线，但管理者一旦建立起营销渠道系统，就很难、也不愿对其进行改动。"渠道创新为什么难，阻力不仅来自于企业内部，还来自外部渠道商。但是，变革又是必须的。根据麦肯锡咨询公司的分析，新兴的分销渠道往往会带来全新的顾客期望值，并且会影响到成本，甚至可节省 10%—15% 的成本，从而创造成本优势。

总体来说，渠道变革呈现出以下几个特征：一是渠道扁平化。但是，很多企业扁平化进程太快，渠道没有充分的准备时间及相应的系统化调整，就容易产生渠道冲突。诸如连锁大卖场要求厂家直供，不但容易引起终端商之间的冲突，还容易引起生产商与终端商的冲突。实际上，很多行业都在不断地压缩渠道，如 2007 年 3 月，来自山东省内外的 100 多家医药生产企业和近千家大型零售药店，在济南成立了"产销联盟体"，旨在推行由药品生产厂家直接供货到药店零售的模式，以减少流通领域的中间环节，减少药品流通成本，让利于患者。此外，在渠道扁平化程中，也要防御与传统渠道冲突。二是渠道整合化，生产厂商进行渠道整合。渠道整合既表现为生产厂商对现有渠道体系进行整合，也表现为企业并购之后的渠道整合。实际上，无论哪种情况在操作上都很容易引发渠道冲突。2002 年惠普收购康柏后，"新惠普"的渠道整合更是牵动无数经销商的心，急切之中他们甚至打电话给媒体，让媒体去探一下"口风"。可见，渠道整合关联企业利益，也牵动着无数渠道商的利益神经。渠道整合的总体指导思想就是"在调整中求稳定，在运动中求发展"，最大化挖掘并利用资源。三是渠道忠诚化。为追求渠道忠诚，生产厂商往往会把缺乏忠诚度的渠道商清出渠道，或者要求渠道商专营。诸如宝洁就通过"直供"方式控制了超过一半的大型连锁零售终端市场。现在，宝洁将渠道革新的触角伸向了区域代理商。2004 年年底，宝洁提出了"专营专注"的渠道思路，提出经销商必须独立经营宝洁的产品、独立设置账户、独立资金运作、业务员独立办公、宝洁产品拥有独立仓库等硬性规定。宝洁希望据此确保财力、人力、物力等不能随意地被组合和占用，以及不能经营与宝洁有竞争性的品牌。接着，宝洁公司在全国拉开了经销商整合的大幕，大量整改和撤换经销商。对于这次调整，宝洁给出的理由是强化专营专注，将现有的经销商改为专营商，独立运作宝洁公司产品。目前，宝洁公司的经销商大都还代理着竞争对手的产品，面对宝洁的"专营压力"，部分经销商放弃了竞品以维系和宝洁的合作，而没有答应宝洁公司要求的经销商则遭到淘汰。四是客户导向化。哈佛大学的泰德·李维特（Ted LeVitt）在《营销近视病》一书中说道："根本没有所谓的成长行业，只有消费者的需要，而消费者的需要随时可能改变。"世界知名的啤酒品牌 BASS 就曾试图在原有销售渠道的基础上推广直接销售，但直销方案遭到原有渠道的反击。酒类销售便利店联合在一起抵制销售 BASS 啤酒，把 BASS 啤酒从货架上撤了下来。衡量由此造成的损失，最终 BASS 放弃了直销方案。

3. 打造科学合理的渠道模式

渠道模式是渠道合作的"稳定器"，一旦形成独特的渠道模式，可以有效防御渠道冲突。很多企业都在探索差异而个性的渠道模式。2007 年 8 月，天力卓越公司携旗下王牌管理软件——精算系列软件在京召开渠道大会，布局中小企业管理软件市场，并在会上宣布对现有的代理制度进行彻底改革，同时革命性地提出渠道"合伙人"制度。所谓"合伙人"制度，就是精算软件将软件产品、企业管理知识资源作为股本，而渠道商则将地方市场资源作为股本，以虚拟入股形式组建成一个虚拟的股份制公司，精算软件与每个渠道商都是这个公司共同的股东，是互相平等的"合伙人"，从而实现厂商与渠道的资源整合。而这也就相当于精算软件是这个虚拟公司的研发部，负责产品研发和后勤工作，而各地的渠道商则是市场部，负责市场拓展、销售、维护，双方同在一个大平台上协作完成工作。精算软件除了向渠道"合伙人"提供销售协助、售后支持等，还将提供招聘、入职教育、素质培训、岗位培训、价值观念培训等支持。精算软件提出的渠道"合伙人"制度整合了厂商和渠道两者的优势资源，使中间经销商拥有一个绝对优势的厂家资源，而厂家则拥有一个绝对稳定的市场资源，实现了资源的互补，从而形成了不可取代的企业级资源。

再如，海尔集团的产品在国美的销售额中占到相当大的比重，且海尔供应的是产品群，而非单一的产品，海尔在国美的话语权自然也就比较强了。2007年4月27日，国美、海尔100亿元的战略合作协议中，国美承诺将不再向海尔收取合同外的费用以及进场费，双方交易透明化。同时，海尔也保证给国美提供更具市场竞争力和高性价比的商品。另外，海尔将在国美集团渠道中设立100个"海尔旗舰商品展销中心"和200个展示海尔整套家电的"海尔电器园"形象店。这些"店中店"意在推动海尔、国美与消费者三者之间的零距离，开展体验式消费。除100亿元的销售合同外，国美、海尔将建立更深层次的合作关系。尤其值得关注的是，双方已成立国美海尔事业部，该事业部将由双方的采购、销售、研发、服务以及财务人员共同组成。双方将通过开放式的信息化无缝对接，专门针对目标消费群体开发个性化和人性化的产品，并通过双方物流体系的整合，实现B2B、B2C业务，提升供应链效率。这种全新的合作模式有利于降低渠道冲突，提高合作效率，固化合作关系。

宝洁作为全球最大的日用品制造企业，与全球最大的商业零售企业沃尔玛之间的合作并非一帆风顺，也曾遭遇过相互冷战与对抗。但是，就在1987年一切发生改变。当时，为了寻求更好的手段以保证沃尔玛分店里帮宝适婴儿纸尿布的销售，宝洁与沃尔玛联手建立起了"宝洁—沃尔玛协同商务模式"。最初，宝洁开发并给沃尔玛安装了一套"持续补货系统"，该系统使得宝洁可以通过电脑监视其产品在沃尔玛各分店的销售及存货情况，然后据此来调整自己的生产和补货计划。此项措施很快在客户服务水

平的提升和双方库存的下降方面取得了"戏剧性"的效果，并迅速恢复了双方的信任关系。在持续补货的基础上，宝洁又和沃尔玛合力启动了 CP-FR（协同计划、预测与补货）流程。这是一个有 9 个步骤的流程，它从双方共同的商业计划开始，到市场推广、销售预测、订单预测，直至最后对市场活动的评估总结，构成了一个可持续提高的循环。流程实施的结果是双方的经营成本和库存水平都大大降低，沃尔玛分店中的宝洁产品利润增长了 48%，存货接近于"零"，而宝洁在沃尔玛的销售收入和利润也大幅增长，达到 50% 以上。基于以上成功的尝试，宝洁和沃尔玛接下来在信息管理系统、物流仓储体系、客户关系管理、供应链预测与合作体系、零售商联系平台以及人员培训等方面进行了全面、持续、深入而有效的合作，宝洁公司甚至设置了专门的客户业务发展部，以项目管理的方式密切与沃尔玛等合作伙伴的关系，以求最大限度地降低成本、提高效率。"宝洁—沃尔玛协同商务模式"合作模式的建立，给合作双方带来了巨大的收益，并极大地提升了双方的市场竞争能力，巩固并增强了双方的战略联盟关系，这无疑是一个成功的范例。

4. 生产厂商提升渠道执行力

Stern 和 Gorman 给营销渠道冲突下了定义，他们认为："在任一社会体系中，当某一组成部分的行为妨碍其目的实现或妨碍其有效行为模式的成功展现，受挫的气氛便产生了。所以，当任一给定的，诸如分销渠道这样的行为系统中，两个或两个以上的组成部分互相成为对方挫败的目标时，冲突的状态就出现了。"所以，我们可以从目标与行为两个层面来强调如何预防渠道冲突：首先，目标角度。生产厂商的营销目标与渠道商营销目标要具有可对接性，同时对于渠道链条上的各方来说应符合 SMART 原则，即目标的具体性（Specific）、可测量性（Measurable）、可实现性（Achievable）、可行性（Realistic）和时效性（Time）。首先应该承认生产厂商与渠道商目标的差异性，生产厂商追求市场占有率最大化、利润最大化、品牌影响力最大化。而渠道商则追求整体经营效益最大化，其效益可能不仅仅来自某一厂家、某一品牌、某一产品，因此双方必然存在一定程度的冲突。所以，最大化对接渠道目标极为关键，不但要从战略上对接，还要在策略层面对接。

然后，生产厂商要考虑设定目标是否科学及其对渠道商的影响。营销目标定得太低，对渠道商没有激励作用；渠道目标设置得太高，又难于保护渠道商的积极性。生产厂商为激励渠道商在市场上有所作为，往往会制定很多激励政策，诸如返利、物质奖励等。尤其是很多行业，返利对于渠道商的意义巨大。诸如在汽车行业，返利就是汽车经销商们最关心的事情。毕竟现在卖车的利润越来越低，厂家的返利能够缓解一下经销商的资金压力。曾有经销商表示，厂家给经销商的返利表面看上去似乎很高，但实际上大部分经销商都拿不到。原因就是要获得厂家的全部返利，不仅销量上要达到要求，还要通过厂家的各种调查评分，对服务、广告等各种细节进行考核。而考核的标准却完全掌握在厂家的手里，厂家的检查在很大程度上决定着经销商能拿到多少返利。可以说，在这方面经销商还是弱势群体，因为具体拿多少返利，几乎是厂家说了算。生产厂商甚至可以用这些软性指标不合格当借口，拖欠经销商的返利。其实，只有生产厂商善待经销商，合理设定目标，才能获得更好的合作收益。

最后，从行为角度来说一下。只有先统一目标，才能统一行为，为共同的目标而奋斗。在行为上，生产厂商应该做个表率：一是生产厂商必须将渠道政策执行到位，加强渠道考核、落实渠道政策；二是渠道监管执行到位，监管市场秩序、监管市场价格、监管市场行为；三是渠道沟通执行到位，包括长效沟通、多层次沟通、高效沟通……否则，目的不端，则必然行为不正，渠道冲突也就自然难免。

渠道冲突的应对与解决策略

在很多情况下，渠道冲突其实是没有完美解决方案的。只要渠道出现冲突，就必然会对企业营销造成伤害。并且，渠道冲突严重的还会导致渠道合作伙伴分道扬镳或者对簿公堂，甚至导致企业渠道体系分崩离析。道理很简单，因为很多渠道冲突发生后，合作各方为了各自的利益难免会撕

破脸皮, 没有了继续合作的可能, 一切就都可能发生。因此, 对于渠道冲突, 生产厂商必须先做出综合分析判断, 然后再采取相应的行动。

1. 进行必要的分析与判断

渠道冲突发生后, 企业必须考虑渠道冲突是由自身原因引起的, 还是由渠道商引起的; 渠道冲突是人为制造的, 还是意外发生的; 渠道冲突是全局的, 还是局部的; 渠道冲突是合作模式的冲突, 还是非模式性冲突; 渠道冲突的影响是暂时的, 还是长远的; 渠道冲突是可以挽救的, 还是不可挽救的……通过进行上述思考, 才有可能做出正确的应对决策。

2. 制定渠道冲突的应对方案

先明确是化解渠道冲突还是对抗到底。如果渠道冲突不可调和, 那么结果只能有两个: 一是终止合作, 各奔东西; 二是司法诉讼, 追偿损失。来看一个案例: 1997 年, 格力空调遇到了一个大问题, 价格战渗入了市场当中。其根本原因是那些大经销商在全国各地四处串货, 河南跑到河北, 河北跑到北京, 上海跑到四川, 通过提升销量谋求补贴。结果, 无数中小经销商成为受害者, 渠道内部冲突四起。在这种情况下, 格力空调大胆决策, 在 1997 年大胆地砍掉了一个销售额做到了 2.8 亿的大户。这个大客户的串货行为不但扰乱了市场秩序, 还破坏了企业的价格体系, 更影响了众多经销商的积极性, 格力将其砍掉的决策非常正确。再如, 2003 年 8 月, 阿迪达斯也在中国首次把其销售伙伴告上法庭, 理由是这家名为瑞纳的经销商拖欠货款近 60 万元。其实, 这只是一个表象。厂商矛盾的真正起因是瑞纳 2002 年 7 月在某商场开了一家面积超过 400 平方米的耐克卖场。随后, 阿迪达斯也要求瑞纳开一家类似规模的卖场。对此, 瑞纳先是拒绝后又同意, 谈下一处 300 平方米的卖场。但在装修时, 阿迪达斯口头通知终止合作, 并把授权经销店、远期订货、经销权转让给北京宝胜道吉体育用品公司。由于二者之间的合作有排他性条款, 导致阿迪达斯与瑞纳的矛盾升级, 致使瑞纳最终被迫退出代理商队伍。看得出, 面对经销商瑞纳的不忠，阿迪达斯很恼火，进而决定纯化经销商队伍。

如果想化干戈为玉帛，那就需要做很多工作：第一步是调查，即调查渠道冲突根源，摸清渠道冲突的来龙去脉；第二步是诊断，即诊断渠道冲突原因，为制定解决方案以及进行整改奠定基础；第三步是定案，即根据既定渠道管理制度与政策制定渠道冲突解决方案；第四步是协商，即沟通协商解决方案，以达成化解渠道冲突的共识；第五步是综合，即综合各方意见，形成最终各方可接受的解决方案；第六步是补偿，即赔偿受害方经济损失，让违规者受罚，受侵害者得到补偿；第七步是整改，即进行系统化治理整顿，防止类似事情再次发生。

第三节　防止竞争对手挖渠道的墙脚

"得渠道者得天下"，企业之间为争夺渠道可谓费尽心思。渠道竞争中，难免会遇到竞争对手挖墙脚的情况。从本质上来说，这是一种外部渠道冲突。换个角度来看，这也可以理解为经销商跳槽，区别仅是竞争对手与渠道商之间谁率先伸出"橄榄枝"的问题。竞争对手所挖的对象往往是那些具有规模、实力、销售力的渠道商，实际上这类渠道商也最容易跳槽。这类渠道商才是生产厂商的"心病"，甚至心腹大患。

竞争对手挖墙脚的功夫

在日常生活中，"挖墙脚"一词似乎并不顺耳，是一种偷偷摸摸、落井下石的勾当。而在现实的商业竞争中，这招险棋却是企业快速占有市场并赢得竞争的关键一步。只要合法操作，任何人也奈何不得。总体来说，竞争对手挖墙脚往往会从三个方面着手：一是通过渠道买断将竞争对手赶出渠道；二是拉拢渠道商"反水"转投；三是利用竞争对手的渠道"借鸡

生蛋"。

1. 拉竞争对手的经销商"反水"

2003 年 7 月，TCL 开始了策反长城电脑经销商的行动。这次拉长城电脑经销商"反水"实际上是 TCL 图谋进军商用电脑的一步棋。长城电脑原有渠道商的强项恰好是商用及行业领域，在商用机市场的拓展能力、商业资源、客户关系等方面极具优势，于是被 TCL 锁定。2003 年 7 月 16 日，以 TCL 电脑总经理杨伟强为首的 TCL 电脑高层和原长城电脑渠道的上百家代理商齐聚北京九华山庄，召开了以"TCL 大家庭欢迎你"为主题的渠道商大会。会上，杨伟强介绍了 TCL 的竞争优势和在商用市场的发展战略规划，并表示希望有更多的优秀渠道加盟 TCL 电脑阵容；还介绍了 TCL 电脑在培训支持、体系建设、资金支持等方面的渠道策略。结果，引起了长城电脑代理商们的兴趣，并纷纷表示愿意配合 TCL 电脑。为什么这些代理商会有如此大的兴趣呢？原来此前同样在九华山庄神州数码和长城电脑召开的渠道会议上，神州数码成为长城电脑独家总代理，而会上对于经销商们最关心的业务发展面的问题涉及不多，这让很多经销商感到长城没有诚意，因而萌生去意。长城电脑结盟神州数码以后，一些品牌电脑在各地的办事处都在挖长城电脑的渠道，开始出现局面散乱。无疑，这给了 TCL 电脑一个挖墙脚的好机会。

2. 挖竞争企业的核心人员

从某种程度上来说，渠道即人。良好的渠道关系需要销售团队去建立与维护，所以说挖竞争对手的核心销售人员可以解决一部分问题，但绝对不是全部。要知道，品牌影响力对于渠道商来说亦具有诱惑力，他们只随着利益转，而不随着哪个人转，但却可以给某个人以"面子"，给予一定程度的支持。2000 年 8 月 2 日，路强华由于销售理念与创维新任领导层不合拍被免职。在路强华离开后，销售部 100 多名销售人员也随他一同跳槽到高路华。这些人掌握着渠道资源，他们的加入也是高路华能够快速崛起的重要原因。这个问题涉及人员安全管理，笔者将在本书后文予以专门探讨，在此不详述。

3. 把竞争对手"驱逐出境"

如果竞争对手已经先行占据渠道，这时就可以考虑采取渠道买断的措施把竞争对手"驱逐出境"。诸如酒水供应商在拓展餐饮终端时，经常会遇到竞争对手买店的情况，实际上这就是渠道买断。**所谓渠道买断，是指生产厂商出资买断某个渠道商的品类产品的配送供货权或者产品促销权，以实现独享全部或部分渠道资源的目的。**从本质上来说，买店行为是一种垄断竞争行为，也是企业之间渠道竞争白热化的一种反映。从另一个角度看，这是一种终端遏制策略，也体现为一种渠道冲突，因为渠道冲突不仅表现为生产企业与渠道商之间的冲突，也表现为竞争对手之间为争夺某一渠道资源而产生的竞争性对抗。通常而言，渠道买断往往是那些实力强大的经销商所为，其背后也不乏生产厂商的大力支持。当然，生产厂商在设立分支机构自主拓展市场时，也会出现渠道买断这种情况。竞争对手在什么情况下最容易产生渠道买断行为呢？主要有以下几种情况：一是新品牌、新产品上市之际，竞争对手意图通过买店快速占领市场，并实现一定的销售目标，以达到盈亏平衡。二是竞争达到胶着状态之际，竞争导致营销成本费用不断攀升，甚至接近于买店成本。这种情况下也容易出现买店行为。三是潜力型渠道终端即将开业之际，经过调查研究，经销商认为该终端生意会很红火，而新开业的终端渠道买断成本又相对较低，在这种情况下，经销商也容易做出买店的决策。可以说，**竞争对手实施渠道买断是为了买到以下几个机会：产品销售机会、展示传播机会、品牌形象机会、样板市场（店）机会、促销机会，进而在渠道上获得营销的"优先权"。**

对有"反骨"者要敢"改"敢"砍"

不要在自己的渠道阵地被竞争对手占领了，才想办法把渠道阵地从竞

争对手那里夺回来。要明确一点，商战与战争不是完全相同的一回事，要知道当渠道商去意已决时，恐怕没有办法把他们拉回来。我们知道，企业最担心的就是大客户被竞争对手挖去，因为大客户在所有的竞争对手眼里都是熊掌和鱼翅，大客户又往往渠道忠诚度低下。

对于生产厂商来说，你无法干预或阻止竞争对手的行为，只能从自身入手，从经销商那里入手，去解决可能要叛离或者已经叛离的渠道商制造的麻烦。因此，可以从以下两方面来操作：

1. "改"在先

为构筑渠道竞争力，生产厂商都在努力为自己量身打造渠道模式，并不断根据市场形势变化进行渠道战略规划、渠道模式创新乃至再造。同时，加大下游渠道商管理力度，排除异己以达到掌控和驾驭渠道力量的目的。这就需要企业先下手，通过渠道变革打造渠道"防火墙"，增强渠道稳定性，增强企业对渠道的掌控力。所谓"改"即改革、改制、改策，通过改让渠道商忠、专、精、强，这是一种主动式的渠道管理行为。即通过"改"让其"忠"，以防止其日后"变脸"。

那么，生产厂商应该如何改？一是改渠道模式。诸如 1999 年，长虹彩电全面改革销售体系和营销网络，放弃"大户"经销政策，推行许可经销商制。2000 年，格力电器放弃原有的"大户"制渠道模式，以资金为纽带与区域市场的核心经销商组建股份制区域销售公司。二是整肃经销商。生产商中开展得轰轰烈烈的渠道"集权运动"，主要就是为了掌控渠道。最根本的表现就是"渠道模式革新与再造"、"削减不可驾驭的渠道商"，这方面的实例如可口可乐于 1998 年通过"101 计划"整肃经销商，2000 年 IBM 以"蓝星计划"重整经销商，淘汰了几百家渠道胶泥供销商，2003 年上海通用通过"PDCA 计划"整改淘汰经销商，改进表现不好的经销商，根据市场表现对经销商进行评估，淘汰不合格的经销商。三是改渠道重心。改渠道重心包括两个方面：一是从单纯依赖渠道商向自建渠道转变，很多生产厂商自建渠道以减少对渠道商的依赖就是很好的例证；二是渠道重心由经销商向终端商转变。诸如 2000 年年底，诺基亚推出的"蓝龙计划"，其用意所在即是将渠道重心下移为零售代理。

2. "砍"在后

合作是两相情愿的事情，不能强求。企业要敢于大胆换掉忠诚度不高的渠道商，这是一个上策。通过"砍"，惩其不忠。虽然要求渠道商实施"品牌专营"是一种渠道强权，但为了更为长远的利益，痛灭"大户"也是不得已而为之的事。"砍"即对那些不忠甚至已经出现副作用的渠道商进行裁减，此举既对其他渠道商起到警示作用，又可防患于未然。

在这方面要学学宝洁公司和长虹公司。2004 年年底，宝洁对经销商提出"专营"的要求，具体表现为硬性规定经销商必须独立经营宝洁的产品、独立设置账户、独立资金运作、业务员独立办公、宝洁产品拥有独立仓库等。对于那些同时经营宝洁、联合利华、花王、高露洁等多个品牌的经销商，要求其放弃竞争品牌，否则就砍掉该经销商的代理权。即便是销售额达到 6000 万元的最大经销商也被淘汰出了宝洁的经销商队伍。再如，长虹彩电在产品市场推广初期，与当时中国的十大批发商之一的郑百文合作，郑百文在 1996 年长虹彩电的销售额超过长虹总收入的 30%。但是，在长虹与郑百文的合作中，受利益驱动，各自的弱点日益暴露出来。郑百文在确立了自己在全国的总经销地位之后，在渠道、网络的构建上不如当初积极；在产品的促销上，更不像初期愿意给予大量投资；在售后服务上，也显得越来越欠缺；许多方面不受长虹控制，这就大大限制了长虹彩电的全方位市场推进。长虹在其产品投放市场的前期考虑的是铺货速度的快慢，所以要借助经销商的力量。一旦产品在市场上打开知名度，它关心的就是怎样缩短流通渠道，使产品尽快到达消费者手中了。1998 年后，长虹开始学习 TCL 密集分销的经验，对销售策略做出重大调整，放弃单纯依靠大批发商的营销体制，改为大中小并用，专卖店结合的办法，全方位进军市场。此时，长虹已经绕过了郑百文，开始进行密集性分销，以增加市场覆盖面和销量。结果，间接导致作为上市公司的郑百文破产。

防止渠道商脚踩两只船

渠道商的忠诚度是很有限的，而忠诚度低下，就很容易带来这样的问题：渠道商脚踩两只船，甚至脚踩多只船，再严重一点就是经销商跳槽叛变。所以，建立忠诚渠道体系对于企业营销的成功至关重要。世界级管理大师杰克·韦尔奇曾说过这样一句话：当一个企业拥有一种绝对的不可取代或别人很难达到的企业级资源时，再为之全力以赴，一定会获得成功。联想全球渠道战略的新任渠道总经理马克·恩伟勒（Mark Enzweiler）认为联想在中国取得了巨大的成功，其重要根源就是拥有稳定而忠诚的销售渠道。正因为联想的阻击，中国才成为戴尔在全球唯一没能快速领先的市场。如今，越来越多的企业开始打造渠道忠诚计划。诸如惠普在 2005 年11 月 1 日实施了"首选合作伙伴计划"，这项计划强调零售商的忠诚度，并构建了惠普与中东地区的最终零售商建立更紧密关系计划的一部分。

那么，如何提升渠道忠诚度呢？下面从两个方面来探讨：

1. 产销联盟打造的"有限忠诚"

为收获忠诚，很多生产厂商想到了产销联盟。但是，大多数产销联盟的联盟成员之间没有必然的资本联系，都是契约关系。或者说，大多数产销联盟是通过"白纸黑字"建立起来的合作关系。但这种合作关系能够建立起来的渠道忠诚度是有限的，关键是要为渠道商创造价值，然后渠道商才能做出回报。

产销联盟的形态是多种多样的，除了扩大销售这个基本目的外，还有其他目的，诸如以为客户提供增值服务为目的的产销联盟。为了进一步拓展 IBM X 系列服务器、IBM 个人电脑和 IBM 软件的渠道业务，加强与优秀增值合作伙伴的联盟，帮助渠道向高增值态势转型，共同为用户建立"随需应变的电子商务"架构，为客户提供优质的产品、服务支持，以及高增值的解决方案，2003 年 7 月 2 日，IBM 工商企业部推出针对华东区二三级城市的"IBM 中小企业腾越计划"后，又宣布了渠道大联盟计划，正式启动 IBM 华东区渠道大联盟计划。还有以提升渠道商忠诚度为目的的产销联盟。如惠普的 VIP 零售商俱乐部、正泰电器的经销商俱乐部，都是为谋求提升渠道商忠诚度。此外，以战略化深度合作为目的的产销联盟，诸如"定制包销"模式下。如专业手机连锁渠道商迪信通和国内手机制造商天宇朗通公司签订了长期战略合作协议，双方约定将在销售渠道、信息共享、产品支持、售后服务等多方面进行深度合作，共同实现从研发制造到渠道终端的供应链价值提升。

2. 个性渠道模式缔造的渠道忠诚

实际上，生产厂商与渠道商（经销商、终端商）合作，必须打造个性化渠道合作模式，才能提升渠道忠诚度与稳定性。现在看一下来自日本 7－11 公司的渠道联合体的例子，这是一种渠道模式创新。盒饭在 7－11 公司是一个销售量很大并且容易形成经营特色的产品。最初，联合体主要围绕着盒饭的开发体制、销售体制和物流体制展开。7－11 公司不参与直接生产，只领导和主持产品开发，参与合作的中小生产商按照要求进行盒饭的开发生产，并与日本 7－11 公司形成产销联盟。到 1979 年时，这个联合体已发展为由 10 家日餐和西餐生产厂组成。1991 年，第一家副食品加工厂加入。截至 1996 年 6 月，联合体已拥有 55 个公司，116 个加工厂加盟。7－11 公司的盒饭从协同组合的厂家进货，工厂的专业化加工程度非常高。为了保证鲜度要求，7－11 公司实行在线订货，及一日三次的门店配送服务。日本 7－11 公司在联盟中的领导地位建立在通过 POS 系统的销售数据对产品试销等阶段进行分析的基础上，以动态分析结果及时向厂家反馈顾客和市场信息，并对厂家的开发和生产进行指导。

第四节　依赖拐棍儿难走远

如果企业没有能力自建渠道，那么就要有能力驾驭非自建渠道。如果

企业在非自建渠道面前丧失话语权与掌控权，而过度依赖于非自建渠道，那么渠道是危险的，营销也是危险的，企业迟早会出问题。一般而言，过度依赖于渠道商是市场严重供过于求状态下的产物，在生产厂商眼里似乎是谁能傍住渠道商，谁就是赢家。殊不知，过度依赖渠道会产生很多副作用，诸如谈判能力大幅减弱、渠道成本费用增加、渠道忠诚度下降等问题随之出现。实际上，在中国市场上很多企业都吃过这方面的亏。2007 年，厦华电子 1—6 月份亏损 1.77 亿元，1—9 月份亏损了 2.16 亿元，整个 2007 年经营业绩全面亏损。虽然彩电市场竞争极其激烈，厦华电子的绝大多数同行却没有出现亏损。海信、TCL、长虹、康佳、创维等同样以平板电视为核心主打产品的企业 2007 年上半的年经营业绩都是赢利。厦华电子业绩逊色于同业竞争对手，有一个重要原因不容忽视，就是那些同业竞争对手对家电连锁大卖场的依赖程度比厦华电子低。要知道，彩电企业在家电连锁大卖场的销售比例越高，营销渠道费用也就越高，这是厦华电子亏损不容忽视的关键因素之一。

2005 年以来很多日系、韩系手机品牌陆续退出中国市场的一个重要原因就是过度竞争，即手机市场销量虽然每年以 10% 左右的速度增长，但是，市场供给则以 30% 以上的速度飞速增加，手机市场明显呈现出供大于求的特征。更重要的是日系、韩系手机厂商因渠道短板而不得不过度依赖于渠道商。结果，渠道副作用显现，很多手机厂商陷入经营困境而不得不退市。看来，缺乏自有渠道资源或者缺乏渠道话语权和掌控力，是企业挥之不去的痛，甚至成为导致企业落败市场的重要原因。

委身于人的渠道"难唱曲"

无论是哪家企业都不愿在渠道上委身于人，即依赖于外部渠道力量拓展市场。但是，在企业发展的特定阶段，不委身于人又有什么办法呢？诸如很多企业在产品入市初期，在没有渠道资源又无力自建渠道的情况下，只能先寄人篱下，甚至遭受渠道商的盘剥。当然，产品进入市场初期，委身于人未必完全是坏事，至少可以利用外部渠道试探市场，并且降低自建渠道的风险。但是，这并不是长久之计，要想在市场上做得大、走得远，就必须要能够掌控渠道资源。

1. 企业委身于人的四种情况

总体来说，生产厂商在渠道上委身于人主要有以下四种情况：

第一种情况是买断包销。实际上，生产厂商适合提供定制化产品（或者说渠道产品）用于渠道商买断包销，而不适合把企业的所有产品都被渠道商买断，否则把鸡蛋放进一个篮子里很容易误了产品的前途，企业的营销风险也极大。一些实力较强的渠道商往往会通过规模采购、买断、包销等手段不断取得与上游企业的谈判话语权，买断、包销等手段能够保证渠道商的产品差异化，避免市场过度分散，从而助其获得比较丰厚的利润。手机连锁销售商中域电讯早在 2003 年就开始尝试包销手机的做法，陆续与摩托罗拉、波导、夏新、联想、天语等十几个厂家签订了合作协议，数量从几万部到数十万部不等。虽然这种方式对于生产厂商来说具有很多优势，诸如可保证新产品快速入市、降低渠道成本、提高资金周转效率、产品可以获得更大支持等，但是也还有很多风险存在。毕竟买断方渠道资源与能力有限，因此这种买断也存在影响产品市场前途的可能。

第二种情况是以技术换渠道。以技术换渠道也称为"以技术换市场"，这在中国市场上已经不是什么稀奇事儿。但主要是跨国公司以技术换中国本土企业的渠道，本质上是一种资源的交换，通常只是跨国公司的一个过渡性策略。2007 年 8 月 1 日，照明产品制造商惠州雷士与 GE 消费与工业产品集团正式签署为期三年的战略合作协议。GE 照明将聘请雷士作为销售渠道的总代理，借助雷士在中国市场取得渠道优势和发展平台销售 GE 光源和配套电器产品。雷士则借助 GE 照明针对的高端市场，以及利用 GE 在电光源方面的核心技术优势与雷士在照明灯具方面的核心优势相结合，扩充雷士渠道的产品种类和结构，扩大雷士市场版图，提升其在全国市场渠道的竞争实力。其实，"技术换渠道"早有先例，早在 2002 年 4 月，TCL 与松下电器在北京签订了意向性协议，双方在家电领域的技术开发、生产制造、渠道分销、元件采购等方面进行多元合作。TCL 将通过其在国

内拥有的两万家销售网点，面向农村销售松下在国内外 OEM 生产的产品；松下则向 TCL 提供 PDP、CRT 等关键零部件，在产品领域里通过 OEM、ODM 方式进行合作，向 TCL 提供 DVD 等尖端 AV 产品技术。到了 2006 年，TCL 继续与急于进入中国的外资品牌合作，继与松下合作后，又与飞利浦"亲密接触"，再创渠道换技术的双赢局面。2004 年 6 月 20 日，波导手机和西门子移动公司在上海宣布成立战略联盟，这个联盟的实质也是以渠道换技术，即西门子移动公司向波导手机开放其领先的手机开发平台，而波导则以其分布在全国的 30000 家销售网点销售西门子手机作为交换砝码。

第三种情况是独家分销。产品市场分销模式总体来说有四种：独家分销、选择性分销、密集型分销和直接分销。所谓独家分销，即把产品的整个市场或部分市场的总经销或总代理权交给一家经销商来负责分销。虽然很多企业都认识到了把所有鸡蛋放进同一个篮子的风险，但是在很多情况下还是不得不选择独家分销这种模式。跨国品牌进入中国市场往往会采取独家分销。但是随着市场发展，外企就会采取措施降低独家分销的风险，发展第二家、第三家甚至更多经销商，进而把鸡蛋放进多个篮子里。一些跨国企业在中国采取独家分销其实只是囿于国家政策、市场风险等因素作为过渡期市场战略而采取的"跳板策略"，时机成熟后再进行渠道转型或再造。就戴尔电脑而言，最初在中国市场仅有一家经销商四达，后来又有轩洋、北科联、金全城等公司加入，由一家到多家，这样可防止分销商做大难以控制，后来时机成熟后戴尔又转型为直销。2006 年以来，跨国公司换渠道商、换总代理的事情频频发生。3 月，苹果中国将 iPod 中国区总代理商从佳杰科技更换为天雄伟业。8 月，由于销售情况不理想，苹果再次更换 iPod 的代理商，新代理为联想产品分销商之一的北纬机电。而 8 月底，随着苹果的高层人事地震，总代理再次更换，变成了两家：北京瀚林汇和朝华科技。再如，2006 年 6 月，宝洁在山东最大的分销商——潍坊百货集团，被宝洁无条件单方面撤换。此后两个多月时间内，宝洁先后整改或撤换了山东七大区的经销商和河南、山西、江苏等省的部分分销商。

第四种情况是渠道外包。外包虽然很时髦，但却不好玩，外包不当市场很难有起色。2003 年，伊莱克斯空调与上海伊欧电器有限公司签署了中国内地地区空调产品的全面合作协议，伊欧电器全面负责伊莱克斯空调在中国内地的销售及品牌经营，这就是一种外包性质的合作。但伊莱克斯空调在市场上的表现并不理想。业绩不佳的最根本原因在于其渠道外包模式使伊莱克斯和伊欧电器在产品终端促销以及品牌建设方面没有找到平衡点。虽然伊莱克斯空调自 2003 年以来的增长速度尚可，但投入与产出有些不协调。对此，伊莱克斯空调高层指出，伊欧电器为了应付激烈的竞争一度将伊莱克斯空调的价位拉低，照这种趋势发展下去，必会损害到品牌形象。另外，经销商也不满伊莱克斯空调对终端促销推广的支持力度。在这种模式下，在市场推广投入上究竟谁应该承担"大头"显然已经成为合作的焦点。在上海举行的伊莱克斯全球创新概念产品展示会上，伊莱克斯中国区总裁唐佳敦表示，由于市场启动不理想，伊莱克斯已经放弃将空调销售业务继续外包的市场策略，提前与伊欧电器结束合作关系。同时，将在下一冷冻年度全面调整空调业务，其中一个主要措施就是重掌销售大权，企业重建渠道，换一种有利于伊莱克斯的模式。他表示，伊莱克斯收回空调销售大权后，将锁定经销商渠道，以及工程安装、与房地产商合作等特殊渠道。

2. 委身于人的险与痛

中国有句古语：人在屋檐下，怎能不低头。实际上，对于生产厂商来说，"低头"的风险与痛苦并不在面子与心理上，而在渠道成本、市场秩序、市场前途等方面。下面就从两个方面来谈一谈在渠道上委身于人的险与痛：

一是遭受渠道商的胁迫与盘剥。店大欺客，客大欺商，这是商场上的潜规则。实际上，尤其是连锁大卖场的出现，使得一些生产厂商既爱又恨。据媒体报道，在国美收购永乐后，国美采购部曾向某集团发出一份通知。当然，并不只这一家企业收到了通知。通知内容主要有三点：一是要求这家家电集团无偿送上数额约在 100 万元以内的现金，作为庆贺国美永乐合并的贺金；二是拉出产品清单，要求该集团提供清单所列的多款产品，参与国美的促销活动，产品价格被压得非常低；三是要求该集团对国美供货的全部产品不能高于对苏宁供货的价格。虽然很多生产厂商并不买账，但还是有一些厂商认可了这些条件。实际上，大卖场利润主要来源于产品经营收入与收取通道费，这使生产厂商在产品价格、促销支持、通道费等方面备受煎熬。尤其是通道费，比较大的费用包括进场费、节庆费、海报费、堆头费、年终返利。通常来说，通道费要占供应商销售成本的10%左右。虽然2006年11月15日起《零售商供应商公平交易管理办法》正式实施，但是"上有政策，下有对策"，通过进行变通，如免除或减少政策上有限制的收费项目，同时增加其他新的收费项目或者提高年终返利的百分比，渠道商还是可以达到目的。

在很多家电企业的眼里，像国美、苏宁等家电连锁大卖场都成了烫手的山芋，不合作不甘心，合作了又痛心。并且，很多家电企业都对国美、永乐、苏宁等大型家电卖场形成了相当程度的依赖，大卖场已经成为生产厂商甩不掉拐棍。由于分工及实力所限，许多公司通过大卖场进行的产品销售占到其总体销售额的50%以上，诸如合肥三洋曾表示，公司尚不具备自建渠道的能力，目前通过大卖场实现的销售占总体销售的一半左右；华帝股份也称，公司通过专卖店和大卖场进行家电销售，两者比重差不多。

二是渠道商的经营遏制与冷藏。渠道商也有其自身经营战略，在某种程度上来说与生产厂商还是竞争对手。如果按照迈克尔·波特的"五力竞争模型"来说，渠道商的谈判能力就对生产厂商构成竞争。从这个角度来看，很多渠道商更是生产厂商直接的竞争对手。那就是渠道商经营业务的战略性延伸，采取后向一体化战略，诸如经销商采取贴牌方式委托生产企业生产加工产品，当然终端商也可以委托生产厂商生产自有品牌商品（PB），或者自行投资进入生产领域生产自有品牌产品。当然，也可以通过并购方式获得自有品牌。新宇亨得利从名表连锁起家，发展到一定规模后通过收购瑞士名表品牌"尼维达"、"奥尔玛"和"龙马珍"等拥有了自有品牌，虽然这些自有品牌的生产制造依然分包给第三方，但毕竟是自己的孩子，在店销中自然会悉心照顾。另外，渠道商也会通过自有品牌直接与上游供应商合作，这样就能更好地控制产品开发生产和供应链的各个环节，实现"消费通过流通引导生产"，通过生产、供应、销售和产品四个终端的控制，牢牢掌控住市场的主动权。另一方面，自有品牌的广告成本低、采购规模大，库存费用和广告费用大大低于制造商的品牌商品，所以自有品牌可以与其他品牌拉开25%至30%的价格差距，显现出巨大的价格优势。虽然很多生产厂商把为终端商代工生产自有品牌商品视为稳固自身与终端商关系的机会，但也不要忘了终端商毕竟已成为自己的竞争对手。

可以说，从经销或代理别人的品牌到拥有自有品牌，是渠道商心中一个永远的情结。也就是说，越来越多的渠道商把"渠道＋自有品牌"作为自己的利润模式。就拿零售巨头沃尔玛来说，它早就涉足自有品牌的经营，目前沃尔玛旗下大约有五六个品牌，涵盖服装、食品等多个领域，并且自有品牌销售状况表现都很不错，不过都不用"沃尔玛"的名字。2003年，沃尔玛有30%的销售额、50%以上的利润来自其自有品牌。再如，百安居作为建材零售巨头，英国百安居在过去二三十年中其自有品牌的销售额占英国百安居的30%。百安居的自有电动工具品牌已超过全球最大的两个同类品牌"博世"和"百得"成为英国销量领先的品牌。2003年，百安居百丽彩（Colourspaint）在英国的销售额达到5.6亿元人民币，占英国百安居油漆销售的33%。

经销商对自有品牌亦是趋之若鹜。2006年初，三星2.5寸笔记本硬盘国内总代理博科思推出了自有品牌的移动硬盘产品，这款硬盘的特色在于它的存储介质，这款硬盘使用的是其所代理的三星"金盘"2.5寸笔记本硬盘。紧接着，博科思推出了其自有品牌移动硬盘产品的第二款新品。虽然博科思的经营理念是：专业、专注、专一，但那主要体现在代理三星2.5寸硬盘方面，也就是说，发展自有品牌的前提是要先做好三星硬盘的销售。博科思推出自有品牌移动硬盘得到了三星的支持，因为其使用三星"金盘"作为存储介质，其实也是在间接销售三星硬盘，自然会得到三星的认可。

实际上，恰恰是渠道商这种后向一体化的战略行为容易造成渠道冲突，也容易增加生产厂商的渠道风险。2003年11月，双星石家庄总代理商石家庄友隆实业发展有限公司自立门户另创品牌"派勒斯"，其旗下

100 多家双星专卖店随即一夜之间改换门庭。本来，石家庄市场在双星集团全国市场位列前十，市场容量达到 5000 万元。石家庄一年能销售 200 万双双星鞋，仅连锁店销售收入每年就达 2000 万元，友隆也排在双星全国十大代理商之列。基于石家庄极其重要的市场地位，双星集团不得不重新指派代理商来重做石家庄市场。虽然双星集团有品牌基础，但渠道不得不重建或恢复。

尽管占据渠道优势，但并非每个自有品牌都能顺利成功。美国著名的网上购物渠道经销商百思买旗下转投资公司 vprMatrix，在 2002 年第四季度破天荒推出自有品牌笔记本电脑（NB）——15.2 英寸宽屏笔记本电脑，并掀起全球宽屏笔记本电脑市场风潮，但好景不长，在戴尔、惠普、东芝等笔记本电脑大厂压力下，vprMatrix 被迫低价清出库存，并逐渐淡出笔记本电脑市场。

获得稳定而可控的渠道资源

可以说，获得稳定而可靠的渠道资源是每一个企业的愿望，但关键是如何获得。总体来说，企业获得渠道资源主要有以下三个途径：

1. 自建渠道：易掌控但风险大

企业自建渠道有三种可能：第一种是采取独资制，完全自行投资建立分销渠道。第二种是合资制，与地方渠道势力合资组建分销渠道。第三种是授权制，通过品牌授权经营，吸引加盟商加入，主要采用特许加盟、自愿连锁等方式。事实上，很少有企业完全自建渠道，高额投资背后必是高风险。自建渠道主要有以下几个目的：一是增强渠道稳定性，稳固企业的市场根基；二是通过建设自有渠道（如专卖店），提升品牌形象；三是打造复合化渠道，实现销售服务功能……自建渠道只是企业自有渠道的一部分，也是非常关键的一部分。自有渠道还有两种情况：第一种情况是封闭性渠道，对其他品牌具有严格的排他性；第二种是公共性渠道，甚至还服务于竞争对手，但是渠道可以掌控。

最近几年，自建渠道已经呈现出追求规模化、连锁化的趋势。2007 年 8 月，长虹成立了乐家易连锁管理有限公司，在全国范围内大举进军零售业。随着国美、苏宁等家电连锁大卖场在国内家电零售市场越来越强势，这些大零售商对家电厂家的利润压榨也越发变本加厉，除了进场费、上架费、展示费、管理费等惯例收费之外，甚至在地平面媒体上的周末促销广告也让生产厂商来埋单。基于此，长虹决定建设一个属于自己的零售渠道，以保证合理的产品销售利润空间。乐家易不是一个为长虹服务的封闭式销售平台，而是一个独立运作的开放性销售平台。除了销售长虹系列产品之外，还包括其他家电厂家的产品，甚至包括橱柜厂家的产品。另外，也有企业建设公共型连锁商业渠道的，诸如 TCL 集团于 2005 年 5 月在深圳注册成立的"幸福树"就是中国第一家定位于三四级市场的全国性专业电器连锁公司，它主要向各地家电经销商推广加盟店模式。按照 TCL 最初的计划，在此后三年内，TCL 的"幸福树"将在全国各地遍地开花，规模达到 2000 家。"幸福树"中长期目标是对其旗下的门店进行统一采购和物流配送，终极目标是获得在三四级市场上绝对的话语权，最终实现工业资本和商业资本的糅合，获得超额利润并且垄断市场。但是"幸福树"的发展并不顺利，也未能实现其成立之初设定的三年内开店 2000 家的目标。在未成规模的情况下，"幸福树"利润空间有限，处于重组中的 TCL 集团无奈地收缩了"幸福树"计划的战线，并交由兄弟公司 TCL 多媒体收编。

2. 渠道收购：收购容易整合难

渠道收购包括直接收购与间接收购。所谓直接收购，是指企业直接收购渠道商而获得渠道资源，以收购分销商、终端商为主。2005 年，中国眼镜业掀起了一浪接一浪的收购热潮，其中最引人注目的是意大利卢森提卡先后收购了北京雪亮眼镜公司和广州明廊眼镜公司。卢森提卡完成收购后，将拥有 149 家眼镜零售店，从而成为中国市场上高档眼镜店的领先运营商之一。无独有偶，欧洲最大眼镜业投资公司荷兰 HALHoldingN. V 与益民百货正式签约，斥资 2. 14 亿元收购其旗下的上海红星眼镜 78% 的股份。

HALHoldingN. V 公司是欧洲最大的眼镜业投资公司，在全球拥有 6000 多家眼镜销售网络，收购益民百货也是为了深度拓展中国市场。间接收购是指通过收购其他企业进而同时获得被收购企业的渠道。诸如欧莱雅收购小护士，除了觊觎小护士品牌外，也是看中小护士在全国所拥有的 28 万个销售网点，此次收购对于欧莱雅来说可谓鱼与熊掌兼得。

3. 渠道联盟：价值决定姻缘长短

渠道捆绑也可以称为渠道联盟。捆绑形式是多元的，可以有资本联系，也可以没有资本联系，而只是单纯的契约联系。以资本为纽带的渠道联盟，尤以格力空调最为显眼。1997 年 11 月，格力在湖北成立了第一家湖北格力销售公司。该销售公司是以资产为纽带，以品牌为旗帜的区域性销售公司。该公司由格力出资 200 万控股，其余四家经销商武汉航天、中南航运、国防科工委、省五金各出资 160 万组建而成，开创了独具一格的厂商合作的专业化销售道路。自此，格力将其通过与区域经销商组建合资公司来管控渠道的模式大举推广，并获得了成功。格力空调的渠道模式是通过与当地代理商组建合资销售公司进行销售的，因此双方形成了紧密的利益共同体。同时，格力空调作为上市公司，在 2007 年还通过送股拉近了与经销商的关系，增强了渠道的稳定性以及对抗连锁零售商的实力。

没有资本联系而以契约形式存在的渠道联盟以娃哈哈公司的渠道联合体较为典型。娃哈哈联销体在运作上采取如下模式：每到年底（12 月份），娃哈哈公司都会在杭州总部召开全国经销商大会，而参会经销商的一个最基本条件就是要交齐来年的保证金，并与娃哈哈公司签订新年度的经销合同。保证金的交纳额度为全年度任务额的 15% ~ 20%（签订合同的条件为如数交纳保证金）。经销商向娃哈哈公司交纳的保证金，以预付款的形式存到娃哈哈公司账户，娃哈哈公司以高于中国人民银行的同期利率向经销商支付利息，同时要求经销商在每次用预付款提货后的 15 个工作日内将预付款补齐。这样既保证了经销商的利益，更保证了娃哈哈公司在经销商群体中的号召力。

大规模自建渠道未必是上策

渠道忠诚具有无限的魅力，但是无法驾驭的渠道商根本就无从谈到渠道忠诚。2007 年，法国达能欲强行并购娃哈哈集团。其间发生了这样一件事：2007 年 4 月 8 日，宗庆后做客新浪披露达能强购事件内幕，认为达能提出收购非合资企业要求是恶意并购。4 月 9 日，达能集团致信新浪财经，提出对事件的三点态度，认为达能的大股东利益遭到损害，4 月 10 日，娃哈哈集团向新浪财经发表"娃哈哈全国经销商代表声明"，声明发表了经销商的三点看法：第一点是没有娃哈哈，没有宗庆后，就没有经销商的今天；第二点是法国达能中国团队在中国的所作所为很让经销商为今后的发展担忧；第三点，经销商表示任何时候都愿意跟着宗庆后及其团队重新创业。可以说，这来自全国的 1000 余家娃哈哈经销商，给宗庆后以无限支持。我们不必感动于娃哈哈经销商的忠诚度，而更应当感叹于娃哈哈的渠道合作模式——联销体模式。当然，联销体也并非完美无缺，但至少可以在企业没有投资的情况下，获得相对忠诚可靠的渠道体系。

在此，笔者要提醒那些想全资自建渠道的企业，本节所强调的扔掉拐棍儿独立行走并不是说企业必须大举自建渠道，大举自建渠道很可能是一个陷阱。当初，三株集团推广三株口服液、威特集团推广威特四联、沈阳飞龙集团等都曾大量设置分支机构，甚至把销售机构设到县乡镇一级。结果出现了很多问题，诸如渠道成本高昂、财务秩序混乱、工作效率低下等问题也随之而生，企业后来走向下坡路不能说与此无关。实际上，大多数企业采取的都是混合渠道模式，即"自建渠道＋外部渠道"，恰是无自有渠道不稳，无外部渠道不活。

那么，如何理解自建渠道呢？自建渠道是指企业全资或部分出资建设的销售渠道，当然还包括企业付出某种权益（如品牌使用许可、专利使用许可等）获得的渠道专营权。自建渠道包括自建的分支机构、专卖体系、增加渠道销售人员等。而自有渠道则是指能为企业所掌控及驾驭的渠道，即自有渠道是"自建渠道＋外部渠道"的总和。所以，企业需要自有渠道

而不是自建渠道。很多企业都曾大力自建自营渠道，但经过市场检验后，又不得不进行渠道瘦身。就拿家电巨头 TCL 来说，20 世纪 90 年代后期 TCL 开始自建渠道，到 2000 年时自建网络已基本完成。TCL 公司全国的销售分公司达到 31 个，销售点达到 25000 个。当年，TCL 的销售业绩确有很大提升，彩电业务跻身国内三强。但是，高速扩张的同时没能顾及渠道效率，盲目追求渠道规模的弊端也在进入经营维护期后日益显现。2001 年，TCL 不得不进行"渠道瘦身计划"，采取了一系列的减、裁、撤等措施，将庞大的渠道网络进行了精简，将高峰期间遍布城乡的 15000 多人的销售大军削减至 7000 人。实际上，不仅 TCL 公司有此遭遇，康佳、乐华、创维等企业也都有过渠道瘦身行动。诸如乐华从 2002 年 5 月起，采取了"砍掉分公司，实施代理制"的改革措施，以降低渠道成本压力。这些都可作为自建渠道的前鉴。

案例自检

【案例与背景】

格力空调与国美电器的江湖恩仇录

在众多家电生产厂商与国美、苏宁等家电连锁大卖场越贴越紧的时候，格力空调似乎是一个另类，不畏大卖场强权，敢于同大卖场叫板，成为家电营销市场上的一个亮点。其实，格力空调与国美电器"怨"来已久。早在 2003 年，以"价格杀手"著称的国美电器在深圳开展了一次令格力空调非常恼火的促销活动，那就是"买威力、送格力"大型促销活动，即买威力 KF—50LW/J 两匹柜机即送价值 1828 元的格力小一匹单冷挂机。这次促销活动虽然得到了消费者的积极响应，但格力空调却颇为恼火。格力空调认为，以自己空调业"老大"的身价为名不见经传的威力空调做"嫁衣"，不仅有损格力空调的品牌形象，还在一定程度上扰乱了格力空调在深圳的价格体系。为此，格力空调除了向国美方面提出严正抗议外，还向国家工商部门投诉了此事。

然而，一切似乎并未结束。2004 年 2 月，成都国美电器和成都格力空调发生争端，原因是成都国美在没有提前通知厂家的情况下，突然将所售的格力空调大幅度降价。对此，格力认为国美的价格行为严重损害了格力在当地的既定价格体系，也导致其他众多经销商的强烈不满。在合作中，国美要求绕过格力省一级销售子公司，由格力总部直接供货；格力也不让步，认为格力将视国美与其他一级市场家电零售商一样，一律一视同仁。如果按国美要求做，不但扰乱了格力的市场价格体系，而且严重损害了其他家电零售商的利益。在二者相持不下的情况下，2004 年 3 月 9 日，国美北京总部向全国销售分支发布了"把格力清场、清库存"的决定。通知

说，格力的经销商模式以及价格等都不能满足国美市场经营的需要，要求各地分公司将格力空调的库存及业务清理完毕。在此之前，事发地成都的六家国美卖场已无格力空调销售。

格力空调与国美电器连锁大卖场的冲突主要体现在以下几个方面：一是模式冲突，即供应模式与采购模式的冲突，格力空调坚持的是传统销售代理模式，区域市场的经营授权区域销售公司执行，而国美则坚持厂家直供、批量采购模式；二是价格冲突，国美电器往往要生产厂家在产品不涨价的情况下，消化吸收因原辅材料涨价而增加的产品成本；三是在货款方面，按照格力方面的说法，国美要求格力给国美的销售返点要高于其他企业、经销商，并且要求在空调安装费上扣除40%作为国美的利润……实际上，这些都是二者冲突的导火索，条件成熟时必然会被引爆。

然而，对于国美电器的清场行动，格力空调似乎并不在乎。国美电器的"清场令"并没有得到格力空调的积极回应，也没有得到相应的让步。其实，格力空调的底气就在于其销售未受到实质性影响，因为2004年时格力空调90%以上的产品都是通过自己的专卖店以及零售终端卖给消费者的，而家电连锁大卖场的销售量在格力的总销售量中只占很少的一部分，只有1%。更具戏剧性的是，格力2004年全面撤出国美、苏宁后，其销售额不降反升，连续三年的销售额与净利润实现突破。格力空调主营收入由2003年的100.42亿元增长至2005年的182.48亿元，净利润相应由3.43亿元增至5.10亿元。在2006年，格力空调前三季度的表现尤为惊人，而同期海信电器、深康佳赢利不足1亿元，TCL巨亏约7亿元，四川长虹、青岛海尔的赢利则分别为2.21亿元和2.69亿元。格力电器的经营业绩似乎在不断证明着格力渠道模式的稳定性以及正确性，更证明了没有国美电器的支持格力空调的"地球"照样转。

格力空调与国美电器分手后，双方的高管人员都曾经公开表达各自的想法。在"清场事件"后，格力电器总经理董明珠曾对外表示"事情由国美开始，也应由国美结束"，而格力空调董事长朱江洪则表示，"在平等的条件下，格力还是非常乐意和包括国美在内的不同销售渠道进行合作"。同时，他还强调，"格力没有针对国美电器，也不是要永远抛弃国美。如果双方能真诚合作，在平等的条件下合作，格力还是非常乐意和他们合作"。当时国美电器方面也表示，"尽管格力在空调生产领域排头，但对于国美而言，格力在其空调销售中比重仅为3%至4%"。国美电器的老板黄光裕也曾经公开表示，国美电器与格力空调合作的"死结"是格力方面的代理销售政策，这不符合国美全国统一的直接供货销售策略。同时，黄光裕也曾语意坚决地表示，"是打破僵局还是接着合作，对方应该拿出行动"。可见，无论是国美电器，还是格力空调，彼此都对对方念念不忘，只是都不愿主动降低合作条件。实际上，这开启了国美电器与格力空调的"冷战期"，只能等待有朝一日出现"破冰"之举。

无论是格力空调还是国美电器，虽然谁也不肯率先给对方一个积极的回应，但并不意味着对对方彻底失望，还是各怀想法。就在2004年，家电零售大鳄国美与空调巨头格力刚刚互下"封杀令"之际，格力空调就与在北京有42家连锁门店的家电零售巨头大中电器加大了合作力度。在与大中签约前不久，格力与上海最大的家电销售商永乐电器签署了类似的区域性合作协议。此举更证明了格力空调并没有忽视家电连锁大卖场这一新兴渠道。虽然大型家电连锁企业销售额仅占整个市场份额的不足30%，它们要想成为市场渠道的主导力量还得等三至五年；但这并不意味着格力电器对这种第三方渠道态度冷淡或视而不见，相反格力却是希望在"双赢、共赢、多赢"的框架内谋求合作。

合久必分，分久必合。换句话说，就是没有永远的朋友，也没有永远的敌人，只有永远的利益。格力空调与国美电器彼此之间具有巨大的吸引力。拿格力空调来说，在2004年二者发生冲突时，格力就已是一个连续9年行业排名第一、2003年销售额高达90多亿元的空调龙头企业。格力电器从1996年至2007年，连续12年保持空调行业产销量、销售额、市场占有率第一的位置。尤其近三年，格力空调更是保持着良好的发展势头，预计2007年全年销售收入有望突破350亿元，比2006年净增近120亿元。多年来，格力空调奠定了国内空调市场的领跑者地位，格力品牌深入人心，并以"好空调，格力造"和"买品质，选格力"享誉国内空调市场，在广大消费者中享有很高的声誉，先后多次荣获"中国驰名商标"、"中国名牌产品"、"国家免检产品"、海关总署"进出口企业红名单"、B.I.D "WQC 国际之星金奖"、B.I.D "杰出成就和商业声誉国际质量最高奖" 等诸多荣誉。可以说，在国美电器的卖场如果找不到格力空调，不仅是消费者的遗憾，也一定是国美电器的遗憾。而反过来再看国美电器，在 2004 年与格力空调发生冲突时国美就有 130 余家大型连锁商城，年销售额达 200 多亿元，已跨入中国商业连锁三甲行列。尤其最近几年，国美电器得到了大幅发展与扩张。2006 年 11 月，国美电器耗资 52.68 亿元并购永乐电器，二者成功合并后，拥有 900 家门店的国内最大家电连锁集团——新国美集团正式成立。按照新集团的五年规划，国美将最终形成 2500 亿的年销售规模。2007 年 12 月 16 日，国美电器在北京总部召开新闻发布会，宣布以 36.5 亿元的价格通过第三方曲线收购大中电器，并且全面接管大中电器的业务。

　　国美电器的发展呈现出几个势头：一是门店大型化，不仅是国美还有苏宁都在启动大店战略，进行旗舰店建设。二是市场向二三线市场扩张。中国家电市场调查课题组 2003 年的调查显示，在一级市场，家电连锁占整个家电零售市场的比重超过 65%。但在二三级市场上，家电连锁的市场比重低于 20%，市场影响力相对较低。而格力的自有渠道则主要集中于三四线市场，家电连锁企业的"下乡"趋势，不能不引起格力空调的思考。虽然传统代理销售模式依旧具有生命力，但是包括格力空调在内的家电企业谁也无法否认第三方商业连锁渠道的巨大潜力与高速成长力，谁也无法忽略这一新兴商业渠道的存在与巨大价值。

　　或许合作价值使商业奇迹出现了。2007 年 3 月，双方重归于好，举行了"国美—格力战略合作升级、签约采购"仪式，并确定了一份价值两亿元的采购大单，协议规定国美电器将把格力生产的大量包销机型作为其旺季突袭市场的重磅炸弹。

【问题与思考】

1. 国美电器与格力空调渠道冲突的根源在哪里？

2. 格力空调从国美电器全线撤出，为什么没有对格力空调造成严重损失？

3. 格力空调渠道安全度很高，是因为其采取了哪些有力措施？

4. 对于国美电器与格力空调的冲突，你认为孰是孰非？

5. 你认为是否真的存在一种中间模式，可以重塑二者的合作关系？

6. 随着国美电器企业规模的不断扩张，对格力空调的渠道安全是否又构成了新的威胁？

7. 对于 2007 年国美电器与格力空调结束"冷战"，你认为会有一个很好的合作前景吗？

本案例编写主要参考文献

梁启华：《透视格力与国美冲突》，经营管理者杂志 2005 年版。

王英：《国美挑战格力 揭幕家电渠道变革冲突》，财经时报 2004 年版。

石磊、闫薇：《国美格力利益面前重修旧好 谁先改变?》，经济观察报 2007 年版。

吴焕：《国美格力互下封杀令 格力闪电般"转嫁"大中》，北京娱乐信报 2004 年版。

刘映花：《格力冷应对国美清场令 董明珠称从未与国美商谈判》，北京晨报 2004 年版。

陈军君：《格力空调深圳遭"暗算"国美促销又惹非议》，中国经济时报 2003 年版。

吴江：《国美格力仍在"角力"》，羊城晚报 2004 年版。

读书心得

第六章 ······

服务安全

有产品的地方就应该有服务，服务与产品是"孪生兄弟"。产品做到"零缺陷"不易，服务实现"无憾化"更难，危急时刻考验着企业营销。要做到服务安全，就必须打造系统的、完善的、缜密的服务体系，并建立起服务危机的防御、应对与化解机制，这是实现无缝化营销的基础与前提。

无论是制造业，还是服务业，服务都是不可不谈的话题。对于制造业企业来说，服务不仅仅是对产品营销的有力支持，更是对产品的有效补充，或者说服务是附加产品；对于服务业企业来说，服务就是企业的全部。基于此，服务安全是任何企业开展营销活动都必须考虑的问题，没有服务安全就没有营销安全。

读者通过深入阅读本章，要达到以下四个阅读目标：

1.认识到服务在营销过程中所发挥的重要作用，做到产品与服务两手抓、两手硬；

2.对服务安全的概念有一个透彻而深入的理解，并把握服务安全对企业营销的意义；

3.深度把握无缝化服务的本质，并通过打造系统化的服务体系实现无缝化服务目标；

4.掌握如何防御并解决服务失误，建立服务失误管理的长效机制，防止服务危机发生。

第一节　营销:没有服务不成器

对于服务业企业来说，服务就是企业的全部，就是企业的生命线，其重要性不言而喻。

对于生产厂商来说，服务不仅仅是对产品营销的必要支持，还是对产品品质的有效补充，或者说服务还体现为有形产品的附加产品。并且，服务伴随产品营销的全过程，包括售前服务、售中服务及售后服务。在产品营销方面，出现了这样一个趋势：企业不只是卖产品，而是卖整合化的解决方案。什么是解决方案？解决方案就是立足于客户的实际需要，而为客户提供的产品、信息、服务等的一系列项目的定制化组合。实际上，这是企业由卖产品向卖整合化服务转型的一个典型特征。卖解决方案，而不是卖单一产品，是国际顶尖 IT 巨头在开发中小企业客户过程中屡屡受挫后才总结出的经验，如提供"四海一家的解决之道"的 IBM 公司。杰克·韦尔奇领导下的通用电气公司就是通过将传统的"卖产品"转向"卖解决方案"而成功地摆脱了困境。这种扩展意味着通用电气不只卖产品，它需要将产品放到客户的整体经济系统中考虑，从而把通用电气与客户之间的单纯的产品交易关系转变为真正的伙伴关系，要做到这一点，通用电气就需要为客户提供解决方案。如今，通用电气已经将提供解决方案的做法延伸到维修、服务和融资等许多方面。

对于制造业企业，则存在着这样一个潜规则：产品介入度越高，产品营销就越需要服务支持。所谓高介入度产品是指那些单位价值较大、价格相对昂贵、技术含量较高、使用方法复杂的产品，客户在购买这些产品时，需要进行全面的信息收集和对产品进行仔细的比较，并且还要从该领域内的专家或已使用者那里得到证实，才会产生购买及消费行为，诸如房地产、汽车、电脑等都属于高介入度产品。而低介入度产品（如食品、饮料等快速消费品）则不需要客户花费太多的精力，决策过程也较为简单，往往客户凭借自身经验与判断能力就可做出购买决策。换句话说，产品技术含量越高、使用的复杂程度越高、产品总价越高、使用周期越长，往往也就越需要服务支持，这也是 IT、家电、汽车等行业重视服务的重要原因之一。

可以说，没有不需要服务的营销，服务是营销的保护神！那些单纯地把服务视为成本、费用的企业，正在遭受来自市场的惩罚。从表面上看，那些公司似乎是在为企业增加利润，但实际上则恰恰相反，虽然财务报表似乎变得好看了，但客户的脸色却难看了。美国有一家名为刚茨威利的研究机构，这家机构的威利博士通过对 56 家零售公司进行研究后发现了一个惊人的结果：在财务上表现出色的公司往往在客户满意度方面分数较低。可见，客户服务不足是多么危险的一件事！

服务对企业营销的奉献

总体来说，服务对产品营销可以在以下 10 个方面发挥作用，并使产品营销更加游刃有余：

1. 服务可以弥补产品缺憾

一种产品很难做到质量"零缺陷"，"零缺陷"只不过是一个美好的愿望和遥远的目标而已。总体来说，缺陷包括三种：一是设计缺陷，指产品在研发、规划、设计过程中，就存在未能解决的品质问题；二是生产缺陷，指在产品生产过程中，由于参与生产人员工作责任或者设备设施出现问题，而使产品品质不达标；三是警示缺陷，指企业对使用产品的潜在危险以及不正确使用产品可能遭遇的危险未加以明确提示或警示说明。当然，存在上述缺陷的产品或服务往往未达到国家或行业标准，并且存在危害客户人身、财产等方面安全的风险。很多产品都存在安全隐患，诸如果冻，尤其凝胶果冻，为防止孩子"一口吞"导致窒息，企业都要在包装上加以提示。否则，客户在购买产品或接受服务时，出现问题，必然会带来抱怨与不满。这些缺陷或不足如果是致命的，恐怕就不是解决客户投诉

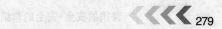

（退货、退款或赔礼道歉）那么简单了，有时还会上升为一场危机。通过提供完美的服务，可使产品缺陷得以修复或者使客户的抱怨与不满得以消除。也就是说，通过优质的服务可以解决产品缺憾，从而获得客户的满意。

2. 服务可以促进产品增销

我在为企业做培训时，有学员提出如何才能提升销量的问题。我告诉他们，要抓住问题的本质与源头，答案只有两个基本出发点：一是增加新客户，形成新的消费增量；二是提升老客户的消费频率与消费量。但是如何做到这两点呢？相信很多企业立即会想到做广告、开展促销活动、搞公关等，有时营销行为的功利性恰恰降低了营销的实际效果，而有些看似南辕北辙的做法却收到了良好的效果。像汽车行业往往把相当大的一部分精力放在老客户身上，加强客户关怀，诸如开展回访、联谊、自驾游等活动。为什么要对已购车的用户提供看似浪费金钱的投入？就是因为老客户往往会成为企业的兼职销售员，为企业带来新客户。并且，根据帕累托法则，开发一个新客户的成本是维系一个老客户成本的5倍。可见，做老客户的工作实为上策。服务可以促进产品增销，这从理论上可以找到恰当的支撑点。服务以最大化挽留老客户和吸引新客户为目标，并通过服务提升客户满意度和忠诚度。如果客户非常满意，会将其满意的感受告诉8个人，而非常不满意的客户就会把其不满甚至要告诉200个人，这种负面效应不亚于病毒繁殖。显然，缺乏服务不但不利于老客户保留，更不利新客户开发。

3. 有利于实现低成本营销

实现低成本营销可以说是每一个企业的愿望，无论是服务企业还是制造企业。服务可以降低企业营销推广成本，主要体现在以服务沟通取代广告、公关等沟通手段，通过服务（人际沟通）获得客户的认同与忠诚。以服务实现低成本营销有很多模式，如医药保健品行业的会议营销、化妆品行业的专业线营销等。很多做得很好的化妆品品牌并不走传统的日化线

（通常的商场、药店等终端），而是走专业线（把产品送到各美容院销售）。在专业线销售模式中，企业很少甚至几乎不做广告，完全依靠美容院的美容师推荐给消费者，在服务过程中实现销售。还有，戴尔电脑的成功一直被认为是戴尔模式的成功。戴尔公司根据顾客的订单装配产品，然后直接将产品寄送到顾客家中。这个模式的要义就是抛开传统商业销售链的中间商和零售商环节，节省了成本，降低了产品价格。戴尔模式具有三大特征：一是低成本，低成本一直是戴尔的生存法则，也是戴尔模式的核心；二是力求精简，这是戴尔提高效率的主要做法；三是注重树立产品品牌和提高服务质量，这是戴尔的另一个法宝。与其说戴尔是直销模式，不如说是服务营销模式。你看，客户咨询、订货、销售、服务等工作都是在服务平台上实现的。

4. 赢利重心由产品到服务

很多企业正由基础业务为重心转向延伸业务为重心，诸如电信行业、信用卡领域，都将赢利的重心由基础服务转向增值服务，无论是固定电话市场，还是移动电话市场，都体现出了这个规律。再如，汽车销售行业，经销商将业务重心由整车销售逐步转向售后服务市场。随着很多行业基础业务利润趋薄，许多企业不得不开始寻求新的利润池。在国际汽车业，汽车整车销售利润在整个产业链利润构成中仅占20%，零部件供应占20%，而50%~60%的利润则是由服务环节产生的，包括维修、保养、检测、救援等。而在中国，经销商的汽车销售利润至少要占总利润的60%~80%。但是随着一轮接一轮的价格战，汽车销售的利润将越来越薄，汽车产业的价值链正向售后服务市场延伸，这个市场将成为新的利润池。再如，中国家电维修市场规模达到100亿元，利润远高于家电制造与销售业。针对这种情况，2004年12月起，飞利浦除了自行设立品牌服务旗舰店以外，还对全国1000多家特约维修点进行大力整合。除了服务于自身品牌产品销售外，更是瞄准了家电维修业的利润蛋糕。松下电器（中国）在早些时候悄悄将统管维修服务的部门独立成单独法人——松下电器（中国）顾客技术服务公司。2004年12月11日中国维修业全面开放之后，松下电器（中

国）在大部分领域仍与特约维修点合作，但在高端产品领域，则直接进行售后维修。

5. 服务正在成为营销模式

"服务就是销售"，这一主张虽然有些难于理解，但却是一个事实。在德国大众汽车内部流传着这样一句话：对于一个家庭而言，第一辆车是销售员销售的，而第二辆、第三辆乃至更多的车都是服务人员销售的。我们知道，服务对销售的贡献是"留住老客户，开发新客户"。其实，这个作用的实现要依赖于把服务模式化，并且要是一种销售模式。我们都知道万科地产做得很好，但你知道"万客会"吗？万科房地产通过万客会吸引准客户，再通过会员服务把准客户发展为真正的客户，同时这些客户还会推荐一些新客户入会或购买房产，这就是俱乐部营销模式。其实，又何止房地产行业，汽车行业、零售百货业、健身美体、美容行业等都是俱乐部营销的典型行业。同时，服务还衍生了很多销售模式，服务过程就是销售过程，如医药保健品行业常用的会议营销模式、旅游营销模式、数据库营销模式、一对一营销模式等，其原理就是通过服务加强与客户的沟通，凭借深度服务实现销售目的。

6. 服务可提升产品附加值

所谓附加值，就是企业提供给顾客的除了产品核心质量以外的所有价值。实际上，这里的附加值包括物质价值与精神价值（或情感价值）。奇瑞在2006年发布了"快·乐体验"服务品牌，建立以服务提升产品的机制。从物质价值角度看，奇瑞备件平均价格下调30.1%，使奇瑞汽车成为同级别使用成本最低的产品；而A1四年12万公里以及A5的VIP特色服务更使其服务成为产品最具差异化的卖点；2007年已形成的遍布全国的客户服务网络，为奇瑞用户提供了更便捷的产品维修保养通道；24小时工程使全国所有用户免除了爱车维修养护的后顾之忧。从精神价值角度看，奇瑞四季服务活动、车主俱乐部为产品提供了更科学的驾驶及养护常识遍布。全国的奇瑞汽车城的建成不仅提供了奇瑞全系产品的销售，更提供了全系产品的一站式服务；除此以外，1000 台代步车、1000 台奇瑞服务车、上门服务等各种措施都为奇瑞的产品提供了更多的附加值。一位营销大师曾说："不要老是向客户叫卖你的产品，要不断为他们创造价值。"其实，不断创造价值的过程也就是附加价值产生的过程，即在基本利益的基础上给客户提供额外的利益。从表面上来看，为客户创造附加价值的过程似乎是多付出了，实际上付出的同时也获得了品牌竞争优势，企业与客户都是附加价值的受益者。

7. 防止透支企业营销资源

我们知道，价格战、广告战等低层次竞争手段很可能会透支企业的资源，导致企业出现过度营销，诸如企业利润大幅下滑甚至亏损，甚至资金链断裂。服务战则不同，其本质是一种"价值战"，通过提升服务价值提升企业竞争力。笔者建议那些热衷价格战、广告战的企业不妨学一学惠普：面对国内激烈的价格竞争，惠普认为与其他厂商打一场低层次的价格战是一件很不划算的事。惠普发现，许多用户尤其是商业用户需要的是能满足用户高层次要求的产品，他们对产品总体拥有成本的需求早已超出了单纯的价格层次。于是，2001 年，惠普在推出新品——LaserJet 1000 型打印机时，将其广受用户欢迎的"金牌服务"的期限延长到了三年，用服务建立竞争优势。结果惠普成功了，面队竞争对手发起的价格战，惠普反而越来越稳地站住了激光打印设备市场老大的地位。再如，康佳集团为配合 i－sport36 等系列运动高清液晶电视在奥运期间推出，宣布将升级先前已获得巨大成功的"1＋3"VIP 服务模式，建立针对细分市场的服务运作体系，除了延长"包修时间"等增值服务以外，还通过与其他产业的关联合作，为客户订制增值服务。

8. 可以增强市场应变能力

通过开展服务可以拉近企业与客户的距离，而通过近距离接触客户，企业可以获知客户的真实需求与真实想法，以及改进企业经营的相关建议，这对于企业增强市场反应能力至关重要。"不听客户言，吃亏在眼

前"。市场反应能力体现在速度与质量两个方面，对于企业而言，市场机会可能转瞬即逝，企业能不能抓住并把握机会，要看企业信息是否灵通，企业是否敏感。如果企业不能在关键时刻快速成功，那就是一种失败。而客户的参与程度直接关系到企业市场反应的"质量"，诸如产品研发、新品投放、广告测试等环节都需要客户的积极参与，他们的需求、意见、建议和感受都非常重要。IBM 就做得很出色：他们让客户积极参与企业产品研发，使产品一面市就能准确对接市场。

客户的反馈信息，对于产品研发、市场战略、营销策略的制定及调整大有裨益。无疑，这将大幅增强企业适应市场、应变市场的能力。企业没有做到这一点，必然要受到市场的惩罚：休布兰公司在 20 世纪 70 年代曾推出"美酒配佳肴"的配餐，这种配餐包括上等的开胃菜和一小瓶酒。但是由于缺乏与客户进行必要的接触和沟通，结果客户把这一小瓶酒当成了把它当成掺有盐和香料的劣质烹调用酒了，而不是向企业预期的那样把酒与食物混在一起享用。

9. 可增强差异化营销能力

如今，很多企业都主张差异化营销，但又都困惑于如何实现营销的差异化。的确，对于制造业，在产品、技术、工艺、概念、包装等方面差异化的操作空间越来越小；对于服务业，在经营业态、经营项目、经营产品等方面，竞争对手也很容易跟进。差异化的本质就是创新，企业缺乏创新能力就必然缺乏活力。对于差异化营销，企业有两张牌可打：一是"服务牌"；二是"品牌牌"。但是打"品牌牌"对于没有完成品牌积累的企业来说太遥远，无法在营销上获得立竿见影的效果。而服务本身就具有差异性，服务因环境、时间、地点、对象等多种因素而异，因此这是对小企业开展差异化营销极为有利的一面。总体来看，实施服务差异化可以从服务定位差异化、服务理念差异化、服务概念差异化、服务模式差异化、服务价格差异化、服务承诺差异化、服务体验差异化、客户管理差异化等方面着手。服务定位差异化是先导，只有准确定位才能对接市场，才能围绕这个定位大打差异化服务营销牌。

10. 服务成为产品的另一半

实际上，很多产品在客户面前只不过是"半成品"，因为如果没有生产厂家或者经销商提供的专业化服务，客户就无法获得产品完整的使用价值。诸如空调、热水器、灯具灯饰、防盗门等产品，都需要生产厂家或经销商的专业人员安装，然后消费者才能享受到因购买产品而获得的利益。因此，把产品卖给用户并不算销售的完成，只有把它们为用户安装到位并保证用户能够正常使用才算完成销售。如果缺乏服务支持，消费者绝对不会购买产品，买产品必须要省心、放心，这已经成为众多消费者的基本要求。最近两年又出现一个新名词：现代制造服务业，即围绕制造业生产制造过程（尤其是前端和后端）的各种业务，开展专业的服务活动，这类服务活动总称为现代制造服务业。在这种模式下制造出来的产品只不过是一个核心点，以此核心点来做服务文章，打造一个完整的"大产品"。其实，这是在简单的生产制造利润空间越来越受到挤压的情况下，用服务来大幅增值制造产品的新产业形态。服务型制造是制造与服务相融合的新的产业形态，服务型制造向客户提供的不仅仅是产品，还包括依托产品的服务或整体解决方案，在这种情况下单一的产品只是一个"半成品"。

服务与产品是一对孪生兄弟

有产品的地方就应该有服务，可以说这是一个颠扑不灭的真理。笔者倡导"全程营销"理念，包括全程品牌营销、全程产品营销与全程服务营销。服务在产品营销的不同阶段发挥着不同作用：产品上市前，服务主要是发挥市场启蒙教育的作用；产品上市阶段，服务除了承担市场启蒙教育的作用外，还要发挥产品品质担保的作用；在产品强销阶段，服务主要体现为企业的差异化卖点，并用以获得竞争优势；在产品市场巩固阶段，服务主要是强化客户忠诚，发挥客户忠诚销售力；在产品衰退阶段，服务主要发挥树立品牌形象，维系品牌忠诚的作用。因此在培训中，我反复强调的一个观点是，产品与服务是一对孪生兄弟。

因此，为保证产品营销的顺利进行，要做到以下"六个同步"：

1. 服务与企业生产经营同步

如果按销售阶段来划分，服务可以分为售前、售中与售后服务。在售前、售中服务阶段，可能主要是信息沟通服务；在售后服务阶段，主要是解决产品使用难题或产品的技术性故障问题，解决客户的不满与抱怨。这是几乎所有企业都认可的服务理念，但是绝大多数企业对此的认知还只停留在表面，往往是轻售前、售中服务，重售后服务。这种观念其实大有问题。格力空调已成为中国空调行业的佼佼者，是不折不扣的空调第一品牌，它坚持的就是全程服务理念："服务应贯穿于产品生产、营销的所有环节，与售后服务相比，售前和售中服务更重要。"为此，格力从原材料的源头抓起，将完美的服务贯穿于设计、试制、生产、安装维修等产品生产、营销的各个环节，建立起"一切以客户为中心"的产品服务体系和一套独特的标准。再如，春兰集团提出的"大服务战略"，也是强调服务必须贯穿于整个生产经销活动，而非仅停留在最终的售后阶段。可见，真正的售前服务绝不仅仅始于产品上市前的市场铺垫与预热阶段，而是始于产品论证、技术研发等初始阶段，否则新产品得不到消费者的欢迎，还谈什么服务？

2. 服务渠道与产品渠道同步

有产品的地方就要有服务，因此服务渠道要与产品渠道同步，做到产品所在，服务可及。可能建立产品渠道要比服务渠道容易些，但是难绝对不应成为借口。在拓展服务渠道上，企业可以有以下几个思路：第一个思路是把服务外包给专业服务商，不过要对服务商进行资质、信誉与能力的评估。第二个思路是打造复合化渠道，把产品销售与服务融为一体。复合渠道对于汽车行业最为常见，诸如汽车4S店就是集汽车展示、产品销售、服务维修、信息反馈等多功能于一体的复合性终端。再如，太阳能热水器行业的皇明品牌推出了由经销商负责打理的融销售、服务等多功能于一体的4S店，这也是一种典型的复合渠道。第三个思路是自建服务渠道，自行出资设置驻外服务机构。不管怎样，服务渠道必须本着"可辐射原则"，力求能够有效地为产品销售渠道提供配套支持。

3. 服务技术与生产技术同步

服务技术是服务能力的重要体现，如果服务人员没有解决产品问题的技术能力，服务等同虚设。因此，生产厂家要对服务人员进行必要的技术培训，一旦有需要，就要能排除客户的疑难。尤其是新产品，更要在产品上市前对服务人员进行必要的技术培训。在中国市场上，手机行业就存在这个问题。根据中消协的统计，目前围绕手机问题的投诉占总投诉量的9.6%，高居首位。导致这种问题的原因，就是很多手机厂商本身缺乏自主研发能力，而是依靠贴牌加工或者散件组装进行生产，很多手机产品没有经过充分的测试就投入市场。结果问题频现：自动关机、通话质量差、杂音、掉线、乱码……由于维修服务人员技术水平严重不足，导致服务质量更为低下。当然，服务技术培训的方式是多种多样的，如岗位练兵、技术比武等。

4. 服务标准与领先标准同步

服务标准不能以企业自定标准为纲，而是要参照国家标准、国际标准，以及竞争对手的服务标准。否则，起步时就把标准定得过低，在强势竞争对手到来之时或者国家强制执行某一标准时，企业就要吃亏，客户更不会买账。服务标准已经成为产品市场竞争力的重要体现，尤其那些高技术含量的耐用消费品和工业品。只有解决客户的顾虑——"买得起，修不起"，才能真正地服务于产品销售。诸如在平板电视领域，中国本土品牌为提升自身竞争力，纷纷提高服务标准，以打败外资品牌或合资品牌。2007年上半年，康佳、海信、TCL、创维、长虹、厦华、海尔等国内平板电视机生产企业承诺，为显示屏等主要部件提供三年保修的服务，而外资品牌平板电视机生产企业将显示屏的保修时间定为一年或两年。通过做到服务标准与领先标准同步，才有可能获得更大的竞争优势。

5. 服务传播与服务执行同步

服务传播是指企业通过各种媒体、宣传品、服务人员等途径向客户传达服务信息，包括服务项目、服务标准、服务保证、服务活动等诸多方面，以塑造品牌形象或者促进产品销售为目的的传播行为。在此要强调一点，那就是服务传播要能"落地"，也就是说通过各种媒体或宣传途径传播出去了，就要能够得到有效执行。否则，说到做不到，承诺变成了空头支票，后果更加严重。实际上，这种情况比比皆是。新加坡航空公司为了使自己在国际航空领域里成为行业佼佼者，于是对公司的员工实施无理由投诉制度。只要有客户投诉，公司不问客户为何投诉，首先是检查自己，被投诉的员工将被立即解聘，而不接受任何申诉。新加坡航空公司最终取得了成功，成为全球最好的服务公司和全球营利性最强的服务性公司之一。但是，"无理由投诉"能够成功的前提是该公司特殊的企业文化基础，或者说是在企业文化氛围很浓的情况下才获得成功的。有些企业出于模仿国外企业或者制造噱头，盲目在广告中大肆传播所谓的"无理由投诉"、"无理由退货"等服务承诺。这些跟风者与噱头的玩弄者不考虑企业具体的文化氛围和背景，盲目操作，必然会遭遇挫败，甚至因"名实不符"受到消费者的唾弃。即使真的执行了，恐怕企业也已经倒地了。

6. 服务内容与市场需求同步

如今，企业最常说的一句话就是"市场导向"。其实"市场导向"这个说法并不准确，而应是"客户导向"。既然产品研发讲究"客户导向"，服务又何尝不是如此呢？企业应该为客户提供什么样的服务，不完全由企业说了算，也不完全由政府行业管理部门说了算，而是由客户说了算。并且，企业还要善于站在客户的肩头，不断为客户提供超越其期望的服务。在企业间的服务竞争日趋激烈的情况下，服务内容正在向消费者价值回归，服务内容能够更好地体现客户的价值。所以，此处的"服务内容与市场需求同步"有两层含义：一是服务内容要瞄准客户期望，甚至超越客户的期望；二是服务内容与竞争对手相比，要具备"比较竞争力"。从这个角度来说，企业的敌人不仅仅是竞争对手，还有自己的客户。

警惕特殊时期的服务真空

所谓服务真空可以理解为企业的服务盲点，服务真空可能是阶段性的，也可能是长期性的，可能是全局性的，也可能是局部性的。这很好理解，诸如春节期间往往会出现用工荒，这导致一些商场超市的服务无法得到保障。为解决这个问题，苏宁电器出台两大举措，一是提前储备充足的服务人员，二是提前释放消费者的采购和服务需求，平稳、合理地安排人员和货源，保障消费者对假期服务的需求。当然，有时企业也需要主动制造服务真空，以维护企业的利益。只要是生产厂商或经销商认可的正规销售渠道，都要对客户提供服务支持。生产厂商会对产品流通渠道做出渠道规划，会直接明确正规渠道与非正规渠道。因为非正规渠道销售的产品本身品质可能就存在很大的安全隐患，为其提供服务不但助长了假冒伪劣的气焰，更会大幅增加服务成本。2007 年 8 月，某电视购物栏目开始销售戴尔的一款笔记本电脑。对此，戴尔（中国）公司方面表示该电视购物公司的销售行为未经戴尔的任何授权，消费者在该电视购物栏目购买的戴尔产品，其品质及售后服务戴尔都无法保证，建议消费者还是通过戴尔官方网站或打电话直接购买。

1. 政策不明朗情况下的服务真空

在中国市场上，由于遭遇平板电视的阻击，CRT 彩电日薄西山。2004年前，在中国内地市场占有率达到 93.2% 的 CRT 彩电状况已是大不如前，CRT 产业整体呈下滑颓势，而平板电视大有取代 CRT 的趋势。《2007 年中国平板电视城市消费者需求状况调研二季度报告》显示，两年前有意购买CRT 电视的消费者为 43.6%，而 2007 年上半年这一指标已降至 11.3%。但是，传统的服务模式已经无法支撑平板电视市场的发展。产品和服务被称为平板电视产业发展的双翼，但在某种意义上，服务的重要性甚至要超

过产品本身。平板电视服务的滞后和缺失，使付出高额资金的消费者享受不到相应的高品质服务，而平板电视问题成堆的背后所显示出的服务危机也将威胁到这个新兴产业的前景：一个无法得到消费者认同和满意的行业是要被"上帝"无情抛弃的。截止到 2007 年年底，国家尚未推出具体的平板电视保修政策，平板电视市场存在很多亟待解决的问题，这些问题束缚着平板电视市场拓展。诸如：由于平板电视零部件为厂家垄断或进口，导致维修成本高昂；检修费（开盖费）被消费者以不合理收费名议投诉；维修服务人员对平板电视的服务能力还很有限，致使很多消费者遭遇越修问题越多的麻烦……

2. 服务要滞后于产品退出市场

很多企业都存在这种情况，那就是一些产品在市场上已经丧失生命力，或者没有什么出色的表现，或者已经出现更优秀的创新产品，在这种情况下很多企业会选择让老产品在市场上战略性退出。据国外媒体报道，2007 年 12 月，索尼公司宣布停止生产背投电视。背投电视曾经被认为是平板电视市场中液晶显示器（LCD）和等离子显示器最有前途的竞争产品，但由于电子产品制造商最近几年开始提供大尺寸并且价低的 LCD 和等离子产品，背投电视需求一直在萎缩。基于此，此前已经有爱普生、日立等品牌战略性放弃背投产品。产品退出可以，但不要忘记了老产品还有很多客户需要接受服务，企业必须继续为他们提供一如既往的服务。戴尔退出 PDA 市场时就考虑到了这一点。戴尔曾在全球 PDA 市场排名第四，但全球 PDA 销售量持续急剧下滑。2007 年 8 月，由于受到智能手机的冲击，戴尔退出了掌上电脑（PDA）市场，专心 PC 及相关外设产品销售，但 PDA 产品的配给及售后服务将继续保留。由于越来越多的掌上电脑都整合了手机功能，单纯的 PDA 产品销量在逐年萎缩，因此戴尔方面决定停止生产、销售自有品牌的 PDA 产品。戴尔方面表示，戴尔退出 PDA 市场并不会影响已经购买戴尔 PDA 产品的用户其后续的保修服务，戴尔将继续为这部分消费者提供配件及相关保修。

第二节　服务失误:服务安全的杀手

　　我们知道,生产安全事故源自生产管理上的疏忽与漏洞。对于服务安全来说,危机则来自服务体系的不健全,以及服务经营行为的不规范。那么,什么是服务安全呢? 所谓服务安全,就是指企业服务体系的风险系数与危机程度,即企业服务体系对各种经营风险的防范能力以及经营危机的抵御能力,它使企业营销能够得到服务体系的有效支持,确保企业营销系统良性循环。准确地说,服务安全源自服务失误,但并非每一个服务失误都会对服务安全构成威胁。服务失误在实际工作中在所难免。因此,对于企业来说,如何应对服务失误,实施服务补救,化解客户抱怨,防止其升级为危机,已经成为企业必须学会的本领。

服务危机形成的脉络

　　并非每一次服务失误都能升级为服务危机,因为需要多方面因素的作用,才会形成危机效应,见图6—1:

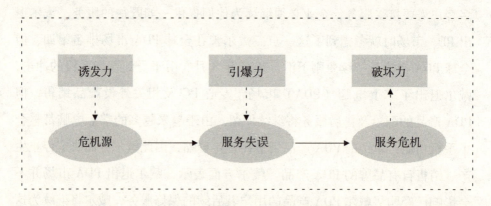

图6—1　服务危机形成示意图

1. 危机源

零点调查公司于 2003 年 8 月针对京沪两市 478 家资产规模在 500 万元以上的企业的中高层管理人员进行了随机抽样调查访问，调查发现仅有 45.2% 的企业处于一般危机状态，有 40.4% 的企业处于中度危机状态，14.4% 的企业处于高度危机状态。可见，企业危机不容忽视。可以说，世界上没有哪一个企业敢宣称自己 100% 健康。实际上，每一个企业的机体内都存在着不健康因素，只不过在没有达到一定环境条件下，其魔鬼的一面还没有完全显现出来。这就如人体任何一个部位都可能癌变一样，潜藏的危机只待条件成熟就会爆发。也就是说，祸起萧墙，根在自身。所以，一旦危机找上门来，企业千万不要认为是自己运气不好或者有人暗算。其实，一切危机都来源于企业自身。

2. 诱发力

那么是什么因素诱发了危机的出现？主要有以下几大因素：第一个诱发因素是客户，客户因不满而投诉，在未得到妥善解决的情况下导致危机出现；第二个诱发因素是媒体，媒体肩负舆论监督的职责，其新闻触觉非常敏感，经常揭露一些企业内幕、曝光行业黑幕；第三个诱发因素是政府相关部门，诸如技术监督、行业监管等部门在监督检查中发现问题，导致企业爆发危机；第四个诱发因素是竞争对手，竞争对手的恶意攻击或蓄意炒作，常使企业陷入被动，形成危机；第五个诱发因素是社会公众，主要是企业的言行引发社会公众不满，事件不断升级扩大，最终上升为危机。

3. 引爆力

炸药包只有点燃导火索才能爆炸，才具有杀伤力，可见导火索尤为关键。企业在存在危机源的情况下，经过诱发力的作用就可能暴露出一些问题，此时新闻媒体就有可能会参与进来，新闻媒体在此时就充当着炸药的作用，通过传播把事件的影响扩大化。结果，事件升级，形成危机。这时企业所承受的压力就由单方面压力转为社会性压力，要承受来自社会方方面面的质疑、谴责与背叛。这里有一个关键，那就是新闻媒体在何种情况下会主动参与进来，这往往存在两种情况：第一种情况是这个事件具备新闻价值，尤其是性质恶劣的事件，在这种情况下就具备了引爆条件；第二种情况是被竞争对手暗算或抓住小尾巴，竞争对手亲自操作媒体公关或者委托专业公关传播公司人为制造新闻，使事态扩大、事件升级，乃至最终形成一场危机。

服务失误的罪魁祸首是谁

出现问题时，客户喜欢把气都出在企业身上，企业成了客户的出气筒。但是，服务失误的责任未必都在企业身上，很多服务失误的罪魁祸首是客户自己。总体来说，出现服务失误主要有以下四大原因：

1. 服务人员服务缺陷

服务人员是决定服务质量的关键，不但不同的服务人员的服务质量有差异，即便是同一个服务人员在不同环境下提供的服务其质量也往往存在差异。所以，服务质量往往存在很大的不稳定性，一旦偏离服务标准，就会出现服务失误。

2. 服务系统出现故障

服务系统故障是一种硬件故障，在企业中并不少见。我们知道，现在很多企业都建立了呼叫中心（Call Center），服务人员借助辅助设备与辅助工具提供专业化的服务，但这些设备与工具很容易出现故障。

3. 客户的互动能力差

服务具有一个基本特征，那就是参与性，即客户往往要参与服务生产。那么，客户参与生产的水平如何，必然关系到最终服务质量。诸如客户参与企业提供的体验性服务活动，如果不严格按照服务提供者制定的标准流程执行，就可能出现问题。

4. 存在服务认知偏差

企业为客户提供的服务往往通用性强，差异化、个性化不足，而客户所需要的服务则往往是充满个性化色彩的。恰是这种差异的存在，导致企业提供的服务在客户看来存在一定偏差。另外，企业在设计服务产品时，未对顾客作充分的调查或者未充分了解顾客的文化背景差异等，都会造成顾客与企业对产品的理解不一致，从而导致服务失误的出现。虽然很多企业在提供"定制化服务"，但也只是一种有限定制，即批量化定制，而非完全的一对一定制。所以，企业很难消除服务提供者和服务接受者之间的认知偏差。

服务失误的连锁反应

服务发生失误，客户可能会有不同的反应。客户反应的方式与强烈程度与下列三个因素有着较为密切的关系：身体伤害程度、精神伤害程度和经济损失程度。对此，无须深入解释。不管怎样，服务失误必然会带来客户的消极情绪与行为反应，从这时起客户就开始了抱怨之路。

根据客户对服务失误可能做出的反应，可以把客户分为四类：自认倒霉型、说理诉苦型、情绪愤怒型、大发牢骚型，下面通过表格的形式加以说明，见表6—1：

表6—1   抱怨的客户类型

客户类型	特　征	补充说明
自认倒霉型	这类客户往往会保持沉默，极少会采取行动	未必会做出品牌转换
说理诉苦型	这类客户往往会向企业服务人员抱怨其不满	未必会做出品牌转换
情绪愤怒型	情绪容易激动、愤怒并往往会采取积极的行动	品牌转换的几率很大
大发牢骚型	这类客户善于广泛抱怨并会采取一些行动	品牌转化的几率很大

说到这里，就会发现服务失误的后果很严重，往往会出现以下严重后

果：一是客户做出品牌转换而"跳槽"；二是客户虽然没有"跳槽"，但品牌忠诚度降低；三是品牌形象受损，负面口碑广泛流传……因此，企业必须实施服务补救。有研究表明，出现服务失误后，得到及时有效的补救的顾客，其满意度比那些没有遇到服务失误的顾客的满意度还要高。美国消费者办公室（TARP）经过研究也发现：在批量购买中，未提出批评的顾客重购率为9%，抱怨未得到解决的顾客重购率为19%，抱怨得到解决的为54%，抱怨得到快速有效解决的其重购率高达82%。同时，也有研究表明，在提出投诉的客户中，有本质区别54%～70%的人在问题获得解决的情况下，才会再次上门消费。如果客户觉得问题解决得够满意，这种比例会攀升至95%。

服务补救的临门一脚

对于服务失误，有些企业顺其自然、懒于补救；有些企业消极补救，得过且过；有些企业积极补救，认真对待。那么，什么是服务补救呢？简单地说，服务补救就是企业针对服务失误而采取的策略性行为，目的是把企业损失降低到最小。Tax 和 Brown 是这样定义服务补救的："服务补救是一种管理过程，它首先要发现服务失误，分析失误的原因，然后在定量分析的基础上，对服务失误进行评估并采取恰当的管理措施予以解决。"从这个定义我们可以看出，服务补救的实质不仅是一种在服务营销过程中的管理行为，而且是企业在出现服务失误后的一种危机公关活动。为清晰说明问题，我们把服务补救的过程以图示的方式加以说明，见图6—2。

我们来看两个类似服务失误的例子，首先来看戴尔。2006 年 8 月 7 日，戴尔中国网站上标错了一款服务器的报价。原本价值人民币 8999 元的 SC430 双核服务器标价只有 976.56 元。结果，有不少消费者对这款标错价格的服务器下了订单。戴尔公司发现这个问题后，戴尔（中国）有限公司公关部表示，"这确实是一个明显的错误，因为工作人员在网站上输入报价的失误导致的"。同时，戴尔公司也向消费者表示了歉意，同时给予已订购者 25% 的优惠。对于一次性购买多台产品的消费者，戴尔提供其

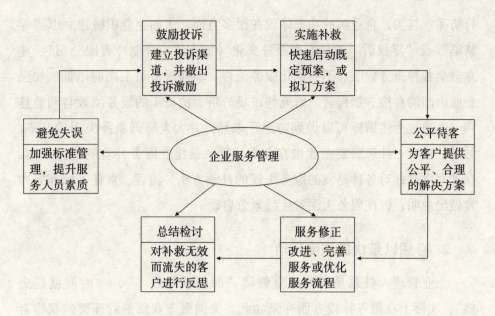

图 6—2 服务补救的流程

中五台享受 25% 的优惠。再来看一看来自 IBM 公司的案例：IBM 中国网站也出现过类似戴尔的服务失误，将价值为 2000 元的 COMBO 刻录机错误地标价为 1 元。当时，已经有很多消费者下了订单。IBM 公司在发现错误后，除了修正价格外，还发表了公开声明：承诺按照错误的标价——1 元把产品提供给那些已经下了订单的客户。为此，IBM 公司损失了数百万元，但是却成功地躲开了一场危机，并通过这次服务失误树立了良好的美誉度以及品牌形象。

服务补救虽然没有什么固定的章法，但却有着规律性的服务补救规则：

1. 防比治更重要

服务补救不一定是服务失误出现以后的事情，事前预防也是一种服务补救，这就是防。服务出现失误后，企业通过与客户沟通为客户提供满意的解决方案，这叫治，这也是亡羊补牢的办法。服务补救必须是防治结合，尽管某些服务失误可能防不胜防，甚至无药可治。那么，企业如何进行防呢？其实，企业防的功夫体现在很多方面，诸如企业积极建立以"零缺陷"或"零投诉"为核心的服务文化（如大连三洋制冷有限公司）、建立健全各种服务标准、不断优化服务流程、加强服务员工岗前培训、加强企业内部的自检、加强客户研究与市场分析、把员工的服务绩效与利益挂钩……通过上述措施可以做到防患于未然，并大大降低服务失误的几率。另外，还有一件事需要企业做在前面，那就是建立服务补救的紧急预案，在预案中要针对各种易发的服务失误的补救方法、流程、责任、标准等内容做出说明，以在服务失误发生后紧急启动。

2. 必须以最快的速度行动

企业管理人员总是喜欢反复强调"时间就是效率"、"时间就是金钱"，实际上在服务补救方面亦是如此。美国服务业质量管理奖的获得者 Patrick Mene 创造了"1－10－100"的服务补救法则，即出现服务失误后，当场补救可能要使企业花费 1 美元，第二天补救的费用就会是 10 美元，而以后进行补救的费用会上升到 100 美元。这是对服务补救经济效益的最好诠释。那么，快速高效的服务补救，究竟能给企业带来什么呢？首先，你要知道充满抱怨的客户可能是一个不良口碑的制造者，他们可能会把抱怨传达给他们身边的人，为你的品牌抹黑；其次，随着时间的推移，消费者会更为愤怒，让客户重新满意的成本也随之增加；最后，客户有可能会采取进一步的投诉行动，这样不但容易把事件升级，也让企业解决起来难度更大。

3. 公平合理是一杆秤

企业要解决服务失误，就必须有一杆公平合理的秤。既不站在自己的角度说话，也不站在客户的角度说话，而是站在事实的角度说话。如果进一步分解，又可分为三种情况：过程公平、结果公平、相互对待公平。2003 年 7 月 12 日，广州两位消费者到麦当劳餐厅用餐，发现点的红茶中有极浓的消毒水气味。根据餐厅管理人员解释，其原因可能是由于店员前一天对店里烧开水的大壶进行消毒清洗后，未把残余的消毒水排清所致。就这个案例，我们以表格的形式来说明过程公平、结果公平与相互对待公

平，见表6—2：

表6—2 　　　　　　　　　　服务补救的公平合理原则

项　目	公平合理	不公平合理
过程公平	在消费者提出后，麦当劳餐厅方面表示出现问题可以协商解决	消费者发现问题后想投诉，麦当劳餐厅却无人接待、置之不理
结果公平	消费者指出红茶中有消毒水的气味，麦当劳表示歉意并重新提供无问题的红茶	麦当劳餐厅方面拒不认账，并表示红茶绝对没有消毒水的气味
相互对待公平	麦当劳餐厅热情接待消费者投诉，并认真做好客户投诉记录	麦当劳餐厅虽然接待了投诉，但态度冷漠，冷眼冷语，甚至还带有嘲讽

4. 需要一份保证书

就如人犯错误后要写保证书一样，客户不但要看企业的态度，还要看企业的处理结果、整改措施以及今后的承诺保证。很多时候，企业只是承认错误并给予客户补偿是远远不够的。因为明天客户还会不会选择这家企业尚是未定的答案。如何让客户继续选择自己的企业？企业可以选择性地做出服务保证，降低客户再次选择的风险。这就如一个曾经犯过错误的学生除了向老师检讨外，还要向老师保证以后再不犯类似的错误。不过，企业要慎重考虑服务保证的前提、标的、标准、形式、数量、额度等事项，如果企业做出过度承诺而无法兑现的话，服务失误将再次发生。如果企业一而再再而三地失信于客户，那时恐怕真的就回天无术了。

第三节　服务失误源自服务体系短板

企业需要健全的服务体系，服务体系是服务安全的保护伞。对于企业来说，构建服务体系就是建立作战体系，并且这个体系越是天衣无缝，敌人也就越是无机可乘，胜算的几率也就更高。因此，企业间服务营销战总体体现为服务营销体系的比拼。美国的一些服务营销专家提出了一个概念——"无缝隙服务"，所谓无缝隙服务就是企业为客户提供没有间断的、不使人误解的或者无可争辩的服务。然而，无缝隙服务必须在企业服务体系极其完善的情况下才能实现，否则无缝隙服务就是水中月镜中花可望而不可即。那么，什么是服务体系呢？服务体系可以理解为企业服务要素的总和，包括企业服务生产与营销这两大系统，而服务生产又可分解为服务运营与服务传递两个子系统。如果缺乏服务体系的支持，企业的服务生产与营销就无法进行。因此，服务体系是实现企业服务战略的战术基础，如果说服务战略是万丈高楼，那么服务体系则是高楼的基石。

企业服务体系的构成

服务体系由五个组成部分构成，也可以称为五个子系统，见图6—3：

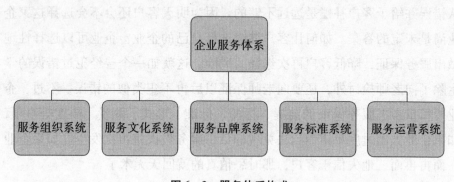

图6—3　服务体系构成

1. 服务组织系统

服务组织系统包括企业内部服务组织、外协服务组织，它是肩负着服务管理、调度与执行的工作主体。企业内部服务组织包括企业服务委员

会、客户服务部门，企业外部服务组织包括服务渠道商、服务外包商等。

2. 服务文化系统

服务文化系统是企业实施服务生产、销售等经营行为的基本指导思想和文化纲领，包括服务模式、服务理念、服务制度、服务文化环境等内容。其中服务模式是指服务的基本方式、方法和策略，服务理念包括服务宗旨、服务方针、服务理念、服务口号等，服务制度主要是对服务组织内工作人员行为的管理规范，而服务文化环境包括服务形象体统、服务环境系统等。

3. 服务品牌系统

服务品牌系统肩负企业服务品牌管理、服务形象建设等职能，是服务体系的新成员。如今，越来越多的企业开始打造服务品牌，以确保服务基业永固。

4. 服务标准系统

服务标准系统包括服务范围、服务项目、服务流程、服务质量等具体服务规范，是评价服务质量的标准体系。服务标准不仅是服务组织考核服务员工、服务合作伙伴的标准，也是客户考核企业服务质量的标准。

5. 服务运营系统

服务运营系统是肩负服务生产、服务销售等职能的经营中心，实现服务生产、提供、销售、传播、沟通等职能。

服务风险究竟隐藏在哪里？

服务体系中的任何一个环节都隐藏者巨大的风险，危及服务安全，进而影响营销安全。下面从 11 个方面来探讨：

1. 服务标准公开的"数字风险"

所谓服务标准，就是企业对某项服务工作应达到的质量目标，企业通过把服务质量目标具体化而制定成具体的服务标准。这不但是企业服务工作的标准，也是客户考核企业服务是否达标的标尺。总体来说，服务标准包括几种类型：服务时间标准、服务费用标准、服务行为标准、服务程序标准、服务保证标准等。为吸引客户，企业在服务标准上可谓费尽了心思。越来越多的企业将服务标准具体化、明确化，使客户更容易感知其服务质量。其中一个重要举措就是把服务标准量化，甚至数字化。这本是一件好事，既有利于企业按服务规范执行，也有利于客户维护自身利益。但是，服务标准量化一定要讲究科学性。企业既不能"设套"给自己钻，又要保证这个量化标准在市场上具有竞争力，对客户来说具有诱惑力。因此，立足国家或行业标准，参照竞争对手的服务标准，对自己的服务标准有限升级是一个明智的选择。诸如清华同方电脑针对竞争对手"一年免费上门，三年有限保修或三年有限上门"的服务承诺，把自己的服务标准定为"三年免费上门，六项免费政策"。要知道，服务标准是不能无限升级的，这涉及大量成本。企业要把握好服务标准量化的度，过度服务不见得是好事。

2. 服务业务外包的"瘸腿风险"

管理大师彼得·杜拉克预言："在 10 年至 15 年之内，任何企业中仅做后台支持，而不创造营业额的工作都应该外包。"对于很多企业来说，服务并不是利润点，而只是后台支持业务。所谓外包就是指企业将生产或经营过程中的某一个或几个环节交给其他（专门）公司完成，生产、服务、销售等领域都出现了外包。如今，服务外包已经成为一种潮流。把专业的事交给专业的公司去做本是一件好事，但是也存在一定弊端或者说服务外包有很多风险，诸如服务质量的不可控、信息传递的迟滞等。另外，虽然很多企业服务并非专业外包，但却采取了授权服务或委托服务的模式，同样存在风险。现在很多企业把呼叫中心业务外包，因此需要签订服

务水平协议（SLA）。这不同于传统的服务协议，协议中要求服务提供商保持一定水平或"标准"的服务，而这些服务由呼叫中心来保证。

3. 服务水平协议的违约风险

所谓服务水平协议（SLA）通常是指企业与服务承包方为保证服务质量，与承包方共同确立的一种双方认可的服务质量约定。这是一种外部的服务水平协议，企业内部也可以有服务水平协议。需要强调的是，服务水平协议未必是以契约的形式出现，未必要经过甲乙双方签字盖章。以下几种情况都属于服务水平协议：对外公开宣布的具体服务标准；广告中发布的对服务质量的承诺；销售或服务人员在工作中对客户的承诺……就服务水平协议本身来说，是一件好事，但前提是企业要练好内功。

4. 服务效率低下的速度风险

服务效率体现为几个方面：服务接待效率、内部处理效率、服务处理效率等。影响服务效率的因素很多，诸如服务人员的素质与能力、服务网络分布与服务半径、零部件及备品资源的充足程度、服务设备设施的技术性能等。很多企业为提高服务响应能力，提出了"7×24"服务（全天候服务）、限时服务等措施。麦肯锡2007年开展了一项个人金融服务调查，这次调查针对亚洲12个市场13000名消费者进行了面对面访谈。其中，在中国15个省份的16座城市、针对来自各收入阶层的受访者进行了4178人次的面访。在调查中，有24%的受访者表示，过去两年有过不愉快的银行服务体验，其中60%的人认为一线服务效率低下是引起客户不满的主要原因。

5. 企业过度服务的成本风险

所谓过度服务是指客户在接受一些产品或服务后，产品或服务的某些特色或功能根本用不上，但这些特色或功能却占用了他们的购买成本。过度服务客户群往往具有以下几个基本特征：一是产品或服务复杂难用，成本高；二是产品或服务存在他们并不需要的多余功能，这些功能对他们并没有实际意义；三是对企业创新的价值不予认可，使创新价值没有得到体现，乃至影响到投资回报。在医疗服务行业，最常见的过度服务就是要求病人做不必要的检查，以及开列大处方，这样做有很多危害。2004 年 5 月，《成都商报》刊发了一篇题为《嘿着嘿着 100 袋中草药扛回家》的文章，披露了成都某民营医院为来求医的病人开了 100 副中草药，花去 2800 元的事。结果，见报后在百姓中引起强烈反响，医院形象受损。

6. 恪守企业传统的责任风险

世界上唯一不变的就是变化，因此服务也需要随需而变。这种变化包括多个方面，诸如随区域市场变化、随客户的实际需求变化等。是企业意志重要还是客户的需要重要，是按自己的标准服务还是按国家的标准服务，是企业必须思考的问题。以戴尔公司为例，它曾强势地奉行"让中国融入戴尔"，而不是"戴尔融入中国"的策略，这使戴尔付出了比微软更惨重而长久的代价，要知道微软为自己当初的傲慢付出了 10 年的代价。

7. 服务文化排斥的冲突风险

任何一个企业都有其服务文化，包括理念文化、制度文化与环境文化。尤其是那些已经把服务品牌化的企业，更是具有鲜明而个性的服务文化。这里有一个服务本土化问题，尤其是在理念层面实现本土化。企业服务能够很好地为广大客户所接受，关键是服务文化能够很好地与消费文化相融合。在这方面，肯德基是最为典型的案例。肯德基虽然定位为"世界著名烹鸡专家"、"烹鸡美味尽在肯德基"，并且以鸡类食品擅长，但是它在中国市场上并不保守，针对中国人的口味、饮食结构、就餐习惯、消费特点等开发了很多适合中国人口味的本土化产品，诸如寒稻香蘑饭、皮蛋瘦肉粥、榨菜肉丝汤、海鲜蛋花粥、香菇鸡肉粥等，并将这些产品在不同区域投放。到 2007 年，肯德基在中国区域推出的三十多款新品中，至少有一半是具有中国特色的，甚至还一度被业界指其抢占了中国的"八大菜系"。

2003 年 2 月 11 日，拥有肯德基、必胜客等知名快餐品牌的百胜集团

中国区副总裁韩定国向记者透露，肯德基原料供应本土化程度已达到95%，向肯德基提供各种食品和包装原料的国内供应商已从2000年的200家增加到470家。除薯条、土豆粉等少数种类需进口外，肯德基在中国已经基本实现了原材料国产化。

8. 服务形象混乱的形象风险

在客户眼里，服务队伍既有正规军，也有游击队，正规军比游击队更值得信赖。因此，一旦企业的服务队伍在客户心目中树立了游击队的形象，就会影响企业的口碑。为此，很多企业谋求打造服务正规军。2002年9月9日，青岛赛维家电服务产业有限公司正式成立，这是中国从大型制造业中真正剥离出来的第一家大型服务商。赛维的前身是海信维修服务中心，2002年赛维开始向独立的第三方服务公司过渡。2004年伊始，赛维完成过渡，逐步转为独立的第三方专业品牌服务商，这也标志着中国家电服务产业化真正的开始。再如，在目前的装修市场上，油工在家装或工装中都发挥着重要作用。但就专业而言，目前市场上还没有专业油工。由于工人手艺参差不齐，施工质量难以保证，使许多好的油漆涂料产品没有发挥出应有的性能。油漆涂料行业中的立邦公司就从中发现了树立自身服务形象、促进产品销售的好机会。立邦与家装协会连手对一些技术较好的油工进行专业培训，提高他们的专业技能，使施工质量得以提升。立邦针对专业油工，不但提出了服务标准，还实现了持证上岗，使施工规范化，借助这一举措，立邦成功树立了其专业化服务的良好形象。

9. 服务概念炒作的噱头风险

为在服务上打出差异牌与个性牌，同时也为易于传播与炒作，很多企业想到了"概念"。总体来说，服务概念主要包括几种类型：一是服务品牌概念，诸如浪潮服务器"360°专家服务"、普乐士的"贴心24"等；二是服务模式概念，诸如快递公司提出的"门到门服务"、物业管理公司提出的"5S服务"、"无人化服务"等；三是服务标准概念，诸如"五心级服务"、"五星级服务"、耀马空调提出的"四小时服务圈"等；四是服务技术概念，诸如美国电话电报公司采用的"遥控服务"，该公司推出了电信医疗，即利用美国电话电报公司全球信息技术提供的兼容电脑，以及特别设计的医疗外围设备和照相机的帮助，医生不需与病人接触就可对病情做出诊断。1995 年，美国最大的电信医疗计划在得克萨斯州监狱执行。这家监狱有 2500 名犯人接受了电信医疗。企业打概念牌无非是想标新立异，作为差异化营销的亮点或者炒作的噱头，以增加营销的砝码。不过，服务概念要有实际意义，更要有实际内容支撑，否则反而会给企业带来麻烦。

10. 服务政策趋同的亏损风险

很多企业在经营中，张口闭口必言"客户就是上帝"、"客户永远是正确的"。如果从抽象的角度来理解，这种视客户为衣食父母的精神并没有错。但在实际为客户服务过程中就未必如此了。美国高科技半导体制造商 LSI 乐基公司在通过 ABC 法分析后，发现企业大约90%的利润来自10%的顾客，并且还惊讶地发现公司对半数以上的顾客的服务都是亏损的。由此可见，客户未必都是企业的朋友，甚至有些客户还在"坑害"企业。毛泽东同志曾经说过这样一句话："谁是我们的敌人，谁是我们的朋友，这是革命的首要问题。"ING 网上银行在其他企业沉浸在"一切以客户为中心"的服务理念之中时，却特立独行，每年都要"炒掉"3600 位客户，以降低服务成本，提升服务。当然，说到这里并不是要企业放弃对一些低价值客户提供服务，而是要告诉企业要注意服务政策。对客户也应分出等级，并且进行差异化管理与服务，否则必然会造成企业成本上升与利润降低。当然，这对于以赚取利润为目的的服务业更具有现实价值。对于制造业，在服务政策范围内，必须公平地对待每一位客户，这是一条服务准则。

11. 服务沟通不顺的爆炸风险

聪明的企业不要让客户把苦水往自己的肚里咽，而是要让客户把苦水都向企业倒出来。如果客户不把苦水都倒给企业，那么就可能会采取以下举措：一是什么也不说，自认倒霉，但从此就与企业"再见"了；二是向号称"第四种权力"的媒体和政府执法部门说出自己的抱怨，这时就体现

为客户投诉，会给企业带来更大被动，不仅在经济方面受损失，还可能使企业形象受损；三是向身边的亲朋好友或企业的其他客户抱怨，这时每一位不满意的客户都可能影响身边的很多人，结果客户的抱怨就会如病毒一般快速扩散，使潜在客户不"上钩"，老客户也纷纷倒戈。可见，看似小小的抱怨却很可能会点燃熊熊烈火，甚至烧毁企业的市场。

因此，企业必须给客户创造倒出心中苦水的渠道，让他们的抱怨能说出来，并且是直接向企业说，而不向"外人"说。为此，很多企业建立了顺畅的客户沟通渠道，力争把一切问题解决在"家里"。其实，沟通渠道很多，诸如可通过呼叫中心、网站来接受客户抱怨，在服务场所还可以设计客户服务接待处接受客户的抱怨与投诉。对于制造企业，还可以在产品包装、产品说明书上标明客户服务电话及通信地址，以实现顺畅沟通。另外，企业还可以通过活动主动收集客户意见或了解客户抱怨，诸如"客户问题有奖调查"、"客户意见座谈会"、"客户回访"等，主动把问题收集上来并逐一解决。企业不要不经意地积累客户抱怨，要知道客户的忍耐是有限的，量变必然要导致质变。如果客户的愤怒真的爆发了，场面可能也就难于收拾了。

服务要不断优化升级

罗马不是一天建成的，同样，服务体系也不是一天就可以做到完美的。企业需要不断地对服务体系进行完善与升级，才能确保企业在不同竞争阶段的营销安全；也就是说，服务体系也要做到与时俱进、随需而变。

1. 服务体系也要与时俱进

如何理解服务体系的与时俱进？那就是服务体系要满足客户不断增长的需要，要满足企业与竞争对手竞争的需要，要满足企业自身发展的需要。对于一家良性发展的企业来说，服务体系扩张与升级是企业必然要面对的问题，包括服务组织的扩张、服务网络的增加、服务项目的增多、服务标准的提升、服务技术的改进等诸多方面。如果企业不能保证服务体系适时扩张与升级，那么可能会出现很严重的后果。方正科技作为中国的优秀企业，早在1999年就适时推出了自己的服务品牌——"世纪航程"，并建立了相对完善的服务体系。2001年，"世纪航程"升级为"全程服务"，并以关爱、无限、完美、体验为其核心理念。到了2002年，方正科技又以"全程服务"为基础成立了方正科技技术服务公司，并通过ISO 9001国际质量管理体系认证，进一步实现了服务体系的升级。2006年，方正科技立足于"全程服务"打造服务联盟，吸引那些愿意加入该联盟以提高服务水平的授权经销商，并且鼓励优秀的联盟成员申请成为方正科技"全程服务"的授权服务商。此外，方正还帮助加盟成员获得国家认可的服务行业资格证书并提供各类型的支持服务，这其中还包括定期发放新产品技术资料、组织技能提升培训、向用户优先推荐联盟成员，以及帮助其进行市场宣传等。方正科技服务体系的不断升级，足见其充分认识到服务是企业生存与发展的生命线，是企业安全的保障。

2. 企业要不断进行服务投资

企业不应单纯地把服务投入视为成本费用，而是应把服务投入视为一种投资。因为服务投入不仅仅会收获客户满意度与忠诚度，更可能会促进服务品牌的形成。可以说，对于一家具有规模的企业来说，服务投资具有两个特点：一是长期性；二是高额性。无疑，这是在考验企业的"体力"与"耐力"。企业的每一个决策都可能需要增加投入。举个简单的例子，大多数汽车厂商把保修标准定为"两年/10万公里"，而福迪汽车SUV率先提出"4年/20万公里超长保修"的服务标准，比其他品牌多出"两年/10万公里"，这样的承诺必然需要企业增加服务投入。再如清华同方电脑为实现其"三年免费上门服务"计划，新增投资就高达5000万元。2007年初，瑞星为完善技术服务体系的建设，除了投资1500万元扩建呼叫中心外，还推出了以下措施：免费发放100万册"瑞星安全宝典"；免费发放200万张"远程救助、数据恢复"优惠券；免费的瑞星安全就业培训，并提供100个就业实习机会；在全国80个城市组织200场次的专家义诊；提供企业级VIP专业安全服务；提供双网智能切换升级提速服务等几大举

措，这些都需要巨大的服务投入。可见，随着竞争的加剧，增加服务投入已经成为更多企业的共识，但也需要企业把握好投入的限度，要既能保证营销安全，又能保证服务安全。

3. 用高科技装备服务体系

很多企业的客户数量是巨大的，客户需要也是多元的。因此，传统服务上的人海战术已经无法保证企业服务体系的正常运转，在这种情况下就需要用科学技术来武装服务体系。最为典型的就是呼叫中心的建设，目前呼叫中心已经广泛地应用于金融、通讯、医药、商旅、餐饮、IT、汽车、房产、家电等领域，很多企业都已经成为受益者。呼叫中心（Call Center）又可称为客户服务中心或客户关怀中心，是以通讯网络为依托，以先进的计算机和 CTI 技术为支撑的新型综合信息服务系统，是客户与企业有效沟通的重要桥梁，现代呼叫中心涉及计算机（软硬件）技术、Internet 技术、计算机电话集成技术（CTI）、数据库（商业智能 BI）技术、客户关系管理（CRM）技术、交换机（PBX）通讯技术、企业 ERP 技术和企业管理、项目管理、团队管理等诸多方面的内容。它已经成为一个统一高效的服务工作平台，它将企业内为客户提供的分属各职能部门的服务内容集中在一个统一的对外联系"窗口"，采用统一的标准服务界面，为用户提供系统化、智能化、个性化、人性化的服务。呼叫中心不但可以有效提升客户满意度，更是提升企业竞争力的重要手段。

呼叫中心包括呼入型、呼出型与混合型，具体采用哪种类型是由企业业务性质决定的。目前，国内呼叫中心的职能主要还是以呼入型为主，呼出型也占有一定的市场份额。传统上的呼入型呼叫中心是一个成本中心，像客户服务、订单处理等都是这类呼叫中心的主营业务。但其未来的趋势是将呼叫中心由"服务"或"Order Taking"状态转变为积极的销售状态，使呼叫中心服务于企业营销。像戴尔就是利用了呼叫中心来建立它庞大的电脑帝国。呼叫中心不但承担起了服务职能，更是企业的核心销售平台。

可以说，企业建立呼叫中心也是一种应时、应势之举：其一，呼叫中心成为企业服务客户的后台，对各区域市场上的服务起到枢纽作用，可以有效统一企业服务；其二，在客户数量与服务业务剧增的情况下，呼叫中心可以增加服务效率、提高服务质量；其三，可以增强企业与客户之间的互动与沟通，信息能够最大化传播与流通；其四，有利于增强企业快速反应能力，化解客户抱怨、解决服务失误、管理服务危机。

长安汽车采用 Avaya 的 S8700 呼叫中心平台后，为企业和客户之间搭建了一座桥梁，让双方能进行有效的交流。通过呼叫中心的建设，长安汽车最大限度地实现了利用以客户为中心的资源，缩短了销售周期，降低了销售成本，并及时发现了扩展业务所需的新市场和新渠道，从而提高了客户价值、满意度和忠诚度，增强了企业的赢利能力和市场竞争力。再如，美的家电也通过建设呼叫中心实现了客户信息管理、派工管理、客户咨询、客户投诉管理、危机事件管理等职能的统一处理。同时，呼叫中心拥有灵活自定义的呼出管理模块，方便管理市场调查、客户关怀等，有利于将呼叫中心从成本中心向利润中心转变。通过呼叫中心运营的大量信息积累，美的还对自己的客户群体进行了多种分析，如客户的消费偏好、各种产品在不同时段和不同地域的销售差别等。呼叫中心的数据收集、加工、分析等技术手段，为美的的决策提供了有力的支持。

让服务体系坚不可摧

对于服务业企业来说，服务体系往往是利润中心，简单地说，企业要依赖于服务赚钱。但对于制造业企业来说，服务体系则多为成本费用中心。但无论是服务企业，还是制造企业，无不希望自身能够拥有稳固而坚不可摧的服务体系。这不是一个梦想，最好的办法就是打造品牌化服务体系，用服务品牌为企业服务保驾护航，确保服务基业永固。服务品牌也可以成为"大火烧不掉的品牌"，成为企业最宝贵的资产。如今，很多企业都认识到了这一点，纷纷打出服务品牌，在 IT 行业、家电行业、汽车行业、服务业等行业尤为突出。诸如科龙集团的"全程无忧"、方正科技的"全程服务"、一汽集团解放卡车的"感动服务"、爱普生的"EPSON 服务"、浪潮服务器的"360°专家服务"、东风柳州汽车公司的"阳光在线"、

普乐士投影机的"贴心24"……

1. 什么是服务品牌

服务品牌简要概括就是企业服务体系的个性化名称、标志或符号，是企业服务信用的保证。不过，服务品牌的形成要经过市场以及各种社会力量的认可。也就是说，服务品牌与企业品牌、产品品牌一样，有其外在形态与独特形象，并且服务品牌必须具有个性化、差异化的特征，而不应雷同。另外，服务标识（或商标）必须经过市场检验，以及各种社会力量的认可。服务品牌是否形成，不是自我标榜的商业炒作，它需要经过知名度、信任度、美誉度及忠诚度的长期积累。

如果把服务品牌进一步细分，可分为三种类型：企业品牌、客户品牌和业务品牌。对于服务行业来说，很可能不再另行推出服务品牌，而采取企业品牌与服务品牌合一的策略，或者把客户进行细分，以开发针对不同客户的服务品牌，或者按照业务进行细分，开发针对不同业务的服务品牌。苏宁电器倡导的"苏宁服务"，采取的就是企业品牌与服务品牌合一的策略；国美电器作为服务企业，则采取了单独命名服务品牌的策略，推出了"彩虹服务"；中国移动则针对不同客户推出了全球通（面向中高端）、动感地带（面向年轻时尚一族）、神州行（面向中低端）等客户品牌；中国联通则推出了一些品牌化的服务业务，诸如"China V – net 互联星空"、"WLAN 天翼通"、"网络快车 ADSL"等数据业务品牌。所以，对于不同形式的服务品牌，企业要有一个辩证的理解，有时企业品牌、客户品牌和业务品牌之间也并不是那么泾渭分明的。

2. 服务品牌的构成

总体而言，服务由两部分构成：基本服务和附加服务，这是服务品牌的载体。就基本服务而言，企业之间的差异往往并不大，这些服务内容基本是按国家或行业服务标准来实施的，企业在服务方面的核心竞争优势不在这里。而附加服务则包括超值服务与增值服务。超值服务是企业超越国家或行业服务标准规定的基本服务范畴，或者服务领域拓宽，或者服务期限延长，或者服务更加精细，或提供更多的消费体验等，往往超出客户预期，很多情况下基本服务计价已包含超值服务。举一个例子，2004 年 3 月，清华紫光电脑推出"新境界"服务品牌，把行业内通行的"三年保修服务"延长至五年，这就是一种超值服务。而增值服务则不同，往往围绕基本服务展开，作为基本服务的补充一般要另行计价。其实，附加服务或者说品牌附加价值才是企业间服务营销战的重心所在。如果给服务品牌做个手术，就会发现服务品牌的构成要素，与有形产品的构成要素并无更大差别。只不过各种要素在产品品牌与服务品牌中的含量不同，如文化含量、技术含量等，这决定了打造有形产品品牌与服务品牌的重心差异。服务品牌也要像产品品牌那样，拥有品牌价值、品牌个性、品牌主张、品牌文化与品牌形象。总体来看，服务品牌主要由七大核心基因构成，这七大核心因素分别是：服务质量、服务特色、服务模式、服务技术、服务价格、服务文化和服务信誉，任何一个基因缺失都会导致服务品牌出现缺陷，也难以成为完美的服务品牌。

3. 服务品牌为什么

激烈的市场竞争促使企业主动去寻找差异化的卖点和做点，于是一些企业想到了打造服务品牌。其实，日益复杂的市场环境，更在逼迫企业（尤其颇具市场规模的企业）打造服务品牌，服务不能滞后于产品营销，服务要先于产品营销或同步于产品营销。企业打造服务品牌除了服务战略因素驱动外，还有以下五个关键因素：服务产品有形化、服务构成产业链条、服务渠道走向独立、服务成为营销工具、企业热衷服务战。通过把服务品牌化，能制造比竞争对手更个性化的差异优势，这的确是企业决胜于竞争的最佳做点。无论是在企业界还是学术界，"差异化"都是一个热度较高的词语，有些人认为目前差异化营销的最大机会在渠道和传播。其实，随着渠道资源的日益公共化，渠道的差异机会越来越小。传播确实有很多差异化的做点，可是传播做起来并不轻松，风险成本较高。于是，很多企业热衷于服务战，企业打服务战是对的，服务质量的提升是无止境的，差异化机会也很多。但如果企业再把服务品牌化，那就是一个更大的差异化机会。

4. 服务品牌之路还很漫长

在国内的营销市场上,服务品牌还在探索之中。虽然很多企业都推出了服务品牌,但在推广上投入的资源还不够,即便是大企业,也有很大的炒作成分,雷声大雨点小。服务品牌还面临一个深化、细化、精化的过程。总体来说,服务品牌还存在很多问题:其一,服务品牌空心化,形式上的东西多,实质的内容少。企业在进行服务品牌规划时,不如产品品牌规划做得精细,在品牌识别、品牌价值、品牌主张、品牌文化、品牌个性等方面工作做得很少。很多企业做服务品牌,实际上就是给自己的服务体系起个名称。这样,品牌的内涵及外延都不丰富,品牌个性也不鲜明。其二,目前服务品牌管理处于一种粗放状态,精细化程度不够。服务品牌目前还谈不上管理,如果说存在管理也是对服务或服务营销进行管理,大多数企业都没有建立企业服务品牌管理机制及管理体系。其三,服务品牌传播力度不够,缺乏足够的传播支持。目前,服务品牌主要依赖于服务人员,以及开展各种服务或公关活动来实现服务品牌传播。在广告传播方面还有待于加强,各种传播手段及传播工具还有待整合。

案例自检

【案例与背景】

戴尔遭遇服务安全挑战

1984 年，迈克尔·戴尔创立了戴尔计算机公司（以下简称戴尔公司），并于 1985 年推出了首台自行设计的个人电脑——Turbo。接下来，戴尔的发展可谓日新月异，很快就成为全球五大计算机系统制造商之一，并于 1992 年首次被《财富》杂志评为全球五百强企业。2005 年，戴尔公司还被《财富》杂志评为"美国最受尊敬企业"，并且位居榜首。2006 年，戴尔公司继续上榜《财富》"美国最受尊敬企业"，只是由第一位下滑为第八位。在 2007 年《财富》杂志发布的 2007 年度"美国最受尊敬企业"排行榜中，戴尔公司已经榜上无名。戴尔在这个世界上成长最快的市场上，以超常规的速度走出了一条跳跃式的发展之路。如今，在全球销售的每五台基于标准技术的计算机产品中，就有一台来自戴尔公司。经过不断努力，戴尔公司保持了增长性、利润率、资本流动性的平衡，为股东带来了高额的回报。

可以说，戴尔公司的成功来自于其低成本竞争战略与差异化营销模式，创造了一个熊掌和鱼可以兼得的奇迹。自 1998 年起，戴尔公司将"直接经营"模式引入中国。戴尔公司的营销理念非常简单：通过电话与网上销售，按照客户要求制造计算机，并向客户直接发货，这使戴尔公司能够明确有效地了解客户需求，继而迅速做出回应。这种直销商业模式消除了中间商，减少了不必要的成本和时间，让戴尔公司可以更好地理解客户的需要，并且还让戴尔公司能以富有竞争性的价位，为每一位消费者提供具有丰富配置的强大系统。通过平均四天一次的库存更新，戴尔公司能

够把最新技术带给消费者,这远远快于那些运转缓慢、采取分销模式的公司。尽管惠普、联想等竞争对手紧追不舍,但根据市场调研公司 iSuppli 的研究结果,2006 年戴尔依旧坐在 PC 市场老大的宝座之上。不过,在 2007 年惠普大有超越戴尔摘取桂冠之势。市场研究公司高德纳咨询公司和 IDC 研究数据显示,2007 年第三季惠普全球范围内 PC 出货量已超过戴尔,近三年来惠普首次重回全球 PC 市场第一位置。

不过,与可口可乐、麦当劳等众多跨国公司一样,戴尔公司的成长史也自然少不了危机相伴。2005 年以来,戴尔公司被"笔记本起火事件"、"笔记本爆炸事件"等问题所困扰。对于 2005 年所发生的多起"笔记本起火事件",戴尔公司经过调查宣布,"笔记本起火事件"是由"过热而导致的事故",这一问题是由于某个电池供应商的制造过程出现问题所致。为此,戴尔公司于 2005 年 12 月 17 日,在全球范围内召回 3.5 万块问题笔记本电脑电池,其中涉及美国市场的 2.2 万块。然而,一切似乎并未结束。2006 年 6 月、7 月,两家著名的科技新闻网站(The Inquirer 和 Engadget)分别刊登了戴尔笔记本自燃的照片,引起了轩然大波。2006 年 8 月 14 日,戴尔公司在实施危机公关后,启动了其有史以来规模最大的一次召回,在全球召回 410 万台笔记本电脑的锂电池,这些电池可能存在过热起火问题。当然,这并不是戴尔所遭遇危机的全部,2006 年仿佛成为戴尔公司的多事之秋,出现了公司多名高管人员跳槽、全球召回锂电池、网上报价出错等一系列问题,戴尔公司元气大伤。

进入 2007 年,戴尔公司在中国市场上又遭遇了更大的麻烦。2007 年 4 月起,全球电脑液晶面板市场供应紧缺。同时,电脑液晶面板价格上涨,尤其是 17 英寸、19 英寸液晶面板,涨幅达 5 美元。结果,包括戴尔公司在内的产业链的下游 PC 企业都吃尽了苦头。但是,并非所有 PC 企业都痛苦不堪,诸如长城电脑就因收购了液晶显示器生产商冠捷科技,获得了可靠的电脑液晶面板来源。不但在数量上可以得到保证,并且在价格上也获得了竞争对手难于得到的优势。同时,因为走传统分销渠道的 PC 厂商按库存销售,不存在像戴尔那样"先接单,再供货"的情况,也就自然没有陷入像戴尔那样接单却不能按时供货的窘境。戴尔公司的直销模式更是由此显露缺陷——直销模式可以通过零库存使成本下降，但一旦上游产业链发生原料紧缺等突发事故时，生产滞后的直销模式将可能面对不可承受之重，所增加的成本也将非常明显。结果，导致戴尔公司无法按承诺在一到两周的时间内向部分客户兑现交货承诺，拖延交货时间甚至超过1个月。

　　2007年4月，戴尔就曾因液晶显示器缺货导致戴尔中国区发货延迟，并于6月19日在官方博客上向消费者道歉，表示消费者不能及时拿到产品的原因在于全球17寸、19寸显示器缺货。当时戴尔还指出，这种缺货现象只是"暂时的供应短缺"。8月8日，戴尔中国在其官方博客上再次就拖延交货时间向消费者道歉，但网友们对戴尔的道歉并不买账。针对中国消费者的抱怨，戴尔公司在道歉时称"关于戴尔部分产品的订单情况，最近很多用户和我们反映，您订的戴尔产品不能够及时到货。对于我们给您的工作和生活带来的不便，我在这里向您道歉"。同时，戴尔公司表示，通过从其他地区紧急调货，可基本解决供货紧张的情况。戴尔公司还表示，愿意接受消费者的退款要求，但"估计需要3周的时间您的钱款才能回到您的账户"。很多消费者在抱怨的同时，提出索赔要求，但并没有得到戴尔公司的积极回应。在这种情况下，消费者开始采取"集体行动"，使戴尔交货危机升级。许多消费者通过315维权投诉网等途径进行投诉，一时间关于戴尔拖延交货日期的投诉大量出现。而一个"万人集体诉讼戴尔拖延出货时间，维护消费者权益"的网上活动也开始快速展开，活动发起人希望能召集数以万计的受侵害用户，一起对戴尔公司发起诉讼，将戴尔推至舆论的靶心。

　　在这次被业内人士称为"拖货门"的事件中，戴尔公司被中国消费者抓住了"小尾巴"，诸如：在明知液晶面板供应紧张将导致延迟交货的情况下，却不事先告知消费者，戴尔公司被指"对消费者毫无诚意"，甚至是"隐瞒事实、欺诈消费者"；在消费者投诉过程中，戴尔公司销售代表的服务态度与服务质量不高，让很多消费者十分懊恼；对于道歉，戴尔公司方面的博客是由站长发布，并表示由戴尔直通车的站长个人表示歉意，于是消费者质疑道歉是代表戴尔公司还是仅仅站长个人，认为戴尔公司对待消费者态度傲慢；对戴尔方面只道歉不赔偿的处理决定，九成网民认为戴尔公司应给予赔偿⋯⋯这次事件，《财经时报》、《南方日报》、《每日经济新闻》、《新快报》等众多平面媒体及无数网络媒体参与调查、传播，使戴尔品牌形象大打折扣。

可以说，戴尔在销售服务上可谓问题累累：戴尔在削减了呼叫中心的成本之后，其负责任的客户服务声誉已经受到了用户的抨击。面对来自网络的一片批评之声，戴尔最近推出一项计划，投资 1 亿多美元改善其服务。2007 年 7 月 19 日，中国家用电器维修协会公布了 PC 上门维修服务行业顾客满意指数。数据显示，行业平均满意指数为 78.8 分。其中，同方得 82.8 分，索尼 80.7 分，海尔 79.5 分，惠普 79.2 分，联想、方正分别为 77.9 分，戴尔 77.2 分，戴尔排名靠后。再如，截止到 2006 年 8 月 2 日 12 点，在参加腾讯科技专项调查的 9201 名网友中，有 69.32% 的网友表示，今后不会再购买戴尔笔记本产品，17.22% 的网友表示是否购买要视戴尔以后的态度而定。戴尔中国自从 2004 年以来有关售后服务质量的投诉屡见报端，并出现霸王条款以及业务员伪造订单的事件，戴尔的品牌影响力和产品美誉度接连受到挑战。

戴尔公司正在进军分销渠道，更应好好地反省一下自己，要知道服务安全是头等大事！

【问题与思考】

1. 你认为导致戴尔公司出现这次"拖货门"危机的根本原因是什么？
2. 面对客户抱怨，戴尔公司为化解客户的抱怨采取了哪些行动？还应该怎样做？
3. 影响服务安全的因素是多元的，这次"拖货门"危机反映为哪几个方面？
4. 面对这次"拖货门"危机，戴尔以博客为阵地进行线上公关，你认为恰当吗？
5. 你认为这次"拖货门"危机会给戴尔产品营销带来哪些负面影响？
6. 戴尔进入分销渠道销售产品，如果再次遭遇上游产品采购问题，会不会出现更大的服务危机？

本案例编写主要参考文献

赵衡：《戴尔遭遇四重门》，环球商业评论杂志 2006 年版。

部落、王仪瑛：《戴尔拖货门事件升级 万名网友联名欲诉》，新快报 2007 年版。

凌建平、郝匀嘉：《拖延交货或惹万人诉讼 戴尔中国再次道歉》，每日经济新闻 2007 年版。

胡杨：《假冒电池惹祸》，钱江晚报 2006 年版。

读书心得

后 记

成为第一胜过做得更好

世界顶级营销大师阿尔·里斯、杰克·特劳特在他们合著的《品牌22律》中提出了这样一个观点：成为第一胜过做得更好。对此，我举双手赞成，我甚至把这句话作为自己的座右铭。要知道，这句话不仅适用于企业参与市场竞争，对于个人职业发展来说亦具有重要的指导意义。我渴望成功，渴望在英雄辈出的中国营销界"杀"出一条"血路"，并努力在营销的制高点上竖起自己的一面大旗。为此，我一直在努力寻找一个点，并力求在这个点上使我成为第一。这本关于企业营销安全管理的实战专著就是我所找到的一个点，在这个点上，我希望在营销安全管理理论上能够有所突破。虽然最终攀登到营销安全理论巅峰的未必是我，但至少我已经创新起跑！我不敢说自己是一个高手，但我却可以自豪地说我是"先手"，"先"就是一种优势。

要想真正征服世界，不能依靠血腥的战争，也不能依靠充满铜臭味的金钱，只能依靠伟大的思想，因为伟大的思想可以影响到人的灵魂。虽然还在路上，我的成就还不够大，但我无时无刻不在期望伟大的营销思想能在我的大脑里诞生。作为职业咨询策划人，过的就是"食脑人生"，卖的就是"进步思想"。当然，我深知那种人云亦云的"同质化思想"并不值钱，不但无法引起理论界的争鸣，更不会有企业愿意掏腰包"埋单"。我还相信，在市场上没有"第二"，只有"第一"。所以，无论是进行营销理论研究，还是为企业提供咨询策划服务，或者进行实战营销培训，我都始终坚持创新、创新、再创新，努力做、敢于做第一个"吃螃蟹的人"。如此行事，在中国营销界才能有自己的声音，在企业界才能有丰硕的咨询策划成果。

正是在上述思想的主导下，我才策划、构思并创作了这本关于营销安全的实战专著。不谦虚地说，这本书是中国营销安全理论体系的开山之作，也是企业进行营销体系安全检核的第一本实战指导读本。我相信通过这本书可以为企业敲响警钟，使企业不断在检核中完善自身的营销体系，并做到天衣无缝、无懈可击。要知道，很多企业在营销上"病"得很重，甚至病入膏肓，已经到了最危险的时刻。很多企业都有做百年老店的梦想，但是如果营销体系漏洞百出、危机四伏，那将注定企业与基业长青无缘。

时至今日，我已经在市场上打拼十余载。仔细盘点，我已经累计出版《营销就是为消费者造梦》、《品牌王道》、《营销的真相》、《服务营销战》、《汽车广告·公关战》、《汽车品牌·推广战》、《新渠道主张》等十余部专著。在这十余部专著中，我认为最具社会效益的就是本书。因为对企业来说，真正的关心不是向企业"报喜"，而是"报忧"，这本书就是向企业提出"忠谏"。相信明智的企业会认识到，只有不断地发现自身存在的问题，不断完善自我、提升自我，才能得以持续发展。

营销大师杰克·特劳特指出，"营销是一场认知战"，最成功的品牌往往是率先进入消费者心智的品牌。我也希望这本书上市后，能快速抢占读者的心智，打赢心智战。就营销安全理论体系而言，很多企业都可能觉得很"陌生"。不过，我想这种"陌生"只是未曾正视。我相信读者朋友一见到这本书，就会产生一种似曾相识的感觉，因为营销安全的方方面面可能就发生在读者身边，并很快与本书成为"老熟人"。真理掌握在读者手里，相信在中国 8000 万营销人当中，一定会有慧眼识珍的读者给我投上赞成票。如此幸甚！如此足矣！

感谢那些营销领域里的先行者们，尤其本书每章中"案例自检"部分编写过程中，参考了很多专家及作者的研究资料，在此一并表示感谢！正是以他们的智慧为阶梯，我才站得更高、看得更远、走得更快！

　　感谢那些在生活上与事业上支持我的亲朋好友，正是因为他们的激励与鞭策，才使我不断锐意前行，才有了今天的积累与收获！

2008 年 2 月 1 日于长春